童芷苓

徐幸捷　唐燕能 * 主编

朱继彭◎著

上海人民出版社

20世纪40年代在上海的童芷苓

1939年5月3日，十九岁的童芷苓在天津拜师荀慧生

1949年同乔奇合拍《女大亨》电影

1963年童芷苓在电影《尤三姐》中主演尤三姐

20世纪50年代童芷苓在《三请樊梨花》中饰樊梨花

20世纪60年代童芷苓主演《武则天》

"四人帮"垮台后童芷苓推出第一部新戏
《王熙凤大闹宁国府》，饰王熙凤

20世纪60年代童芷苓在《四郎探母》
中饰铁镜公主

童芷苓在《拾玉镯》中饰孙玉姣

20世纪80年代童芷苓在《杀惜》中饰阎惜姣

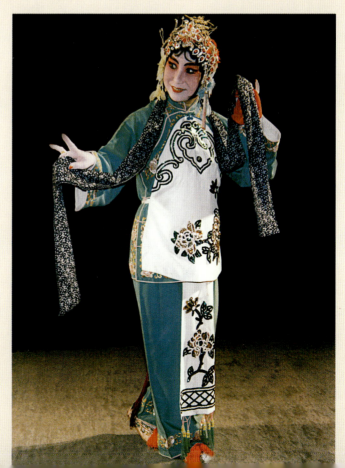

童芷苓在《戏凤》中饰李凤姐

童芷苓生活照

丛书总序一

刘厚生

京剧是中国流行最广的全国性大剧种。百余年来,著名演员人才辈出,从程长庚到尚长荣,一代又一代,如同明亮光辉的星球闪烁在祖国上空。他们创造了、丰富了京剧艺术,为民族文化建设作出了不同风格、不同程度的贡献。但是在旧社会,他们却是经常被侮辱和被损害、被歧视的"戏子"、"贱民"。除了少数人曾被人写过观点态度常常成问题的简略小传外,几乎没有什么正规的、像样的传记或自传作品出版,应该说这是旧社会的耻辱。

新中国成立后,这种缺失很快引起文化界的重视。20世纪50年代中,梅兰芳口述,许姬传、许源来、朱家溍记录整理的《舞台生活四十年》,和盖叫天口述,何慢、龚义江记录整理的《粉墨春秋》两部大作先后出版,引起了全国的惊喜,受到包括海外华人和研究中国京剧的外国学者在内的广泛赞扬。其后,为名家写传风气渐起,尤其是粉碎"四人帮"之后,国家进入改革开放新时期,人们思想解放、眼界开阔,为京剧、昆剧以至多种地方戏著名演员写的传记或口述自传,不说是风起云涌,也可以说是遍地开花。我没有具体统计数字,就见闻所及,说已有百种上下当不是过高的估计。为各剧种著名演员写传,已顺理成章成为戏曲史论著作的一个有成果的分支。

现在上海戏曲学校和上海人民出版社准备有计划地系统地出版一套《菊坛名家丛书》,我以为是一个有价值的设想。京剧名家众多,应写可写但还没有被写传记的还大有人在;即使为已有传记的传主重新再写,也是常见甚至必要之事。作者写作角度不同,资料研析不同,作者同传主关系不同,特别是现在写跟多年前写环

坤伶皇

座

境不同，都会影响传记内容。本丛书的第一批传记中有言慧珠传、童芷苓传、李玉茹传、孟小冬传、赵燕侠传、小王桂卿传六种，其中初次写传和再次写传的都有。

丛书的价值，一般说来应体现于所收各书的写作成就上。读者们当然希望一套丛书所收每一本书都能达到既真实准确又有文采的高水平，但同时还要能展示出一套丛书的共性。因此，从根本上说，丛书的总的意图取向，大的框架范围，整体风格的要求是十分必要和应当明确的。《菊坛名家丛书》在这一点上显示了鲜明的特点。那就是，收入丛书的传主都是同上海这个城市有密切的关系，也要求写传者多从这个角度落笔。这些传主，或是北方出身成名、后以上海为家的，或是上海出身成名后去北方又常来上海的，或者上海土生土长、又常去外地巡演的，等等。第一批六位传主都在此框架之内，其后二批三批当也不会例外。我以为这个意图——或用现今流行词：创意，很有意思，值得探讨一番。

1949年上海解放时，帝国主义分子曾诅咒说，上海是一个大染缸，共产党红的进来，必将黑的出去。事实早已证明这是胡说。但说上海是染缸，倒也有几分意思，只是不是黑的，而是一种复杂而红亮的"上海特色"。百多年来，上海在经济文化社会多方面的发展，曾受到国内各地和世界多国或多或少的影响，形成上海海纳百川的开阔吸纳性；同时，上海的特殊发展所凝聚或提炼成的上海特色也形成了具有巨大放射作用的对外影响力。这种情况在京剧界无论是艺术还是艺人，都折射得非常明显。在艺术方面，上海接纳了北京名家送来的以欣赏个人演唱为主的传统折子戏，并且尊为正统；同时上海也创造了故事情节比较完整的单本戏和连台本戏，也

2

在一定程度上影响了北方。梅兰芳青年时到上海演出，受到盛大欢迎，而他在看了一些"新剧"（欧阳予倩等从日本"新派"戏仿学引入的早期话剧）后，受到启示，回北京就试演京剧时装戏，更是显例。在艺人方面，如李桂春（小达子）从北方到上海演连台本戏成名，却又将儿子李少春在上海练了幼功后送回北方演折子戏。周信芳生于南方，青年成名后常去北方演出，老戏新戏全能，南人而扬名北方。盖叫天少年从北方到上海落户终身，以北人而成为南派武生大家。特别是抗日战争时期前后，由北方移居上海的艺人和上海本地培养的人都日益增多，他们之间同班共事同台献艺越发密切。为其中有代表性的名家写传，真实地写出他们在京剧表演艺术上如何交流，如何互学互补相互融合（甚至不必忌讳也有某些互伤之时），共同从多方面多层次提高京剧艺术，是极为必要的。我以为上世纪三四十年代是京剧发展的一个重要历史时期；特别是从上海的角度说，艺术的交流、名家的密集和市场的发达为新中国成立后京剧的发展提高提供了重要的准备。

我们还可以进一步注意到，上海京剧的本体精神是尊重传统而强调创新，而这种精神的形成又是同上海这个大城市给予京剧的生态环境分不开的。无论是京剧艺术还是京剧事业的繁荣发展，同上海经济、文化、社会各方面息息相关，互为表里，互成因果。京剧著名演员在上海生活期间，大都是交游广阔，上下左右，士农工商，官绅百姓，甚至白道黑道，都各有各的联系面。联系的程度有深有浅，有善有恶，而种种社会力量对上海京剧事业的发展甚至京剧艺术的雅俗成败，著名演员个人的教养、命运都是有不同程度的影响力甚至控制力的。这在个人传记中都会或多或少有

坤伶皇

座

真实的描绘叙述,绝不能把这样的内容当作一种趣味故事或者内幕秘闻看待,这一方面有艺术学的意义,另一方面更有社会学的意义。如果这套丛书所收的是分散的许多地方的人物,各地情况各不相同,较难概括,如今所收名家都在上海大框架之内,又大都生活在20世纪中后期,都经历过从旧中国到新中国的巨大变化,共同性很强,因而如能从多种传记中进行综合排比、分类研究,其艺术学和社会学——或者简单地说,艺术社会学的意义与作用当会有深刻而具体的显现。

现在《菊坛名家丛书》第一批即将陆续出版,这是上海菊坛盛事,应当祝贺!希望主编者在出书后多多听取读者意见,更希望第二批第三批的书及早组织,连续出版,形成系统。我对传记作品唯一的也是最衷心的祝愿就是:真实。

2009年10月

丛书总序二

王家熙

这是一套为菊坛名家立传的丛书。第一辑六册,记述了六位京剧名家的艺术生平。

京剧,是我国近二百年来最具代表性、最有影响力的民族戏曲剧种。其写意型、综合性等艺术特征构成的表演体系,在世界艺坛享有盛誉,成就之高举世公认。京剧表演艺术的建设,是全面的、体系化的,达到了十分成熟的境地。行内称为"四功五法"的"唱念做打"、"手眼身法步",形成了戏曲审美的有机统一体。在我国,京剧素有"国剧"之誉。之所以能成为国剧,主要出于两个方面的原因:第一,它全方位地传承了我国几千年的戏剧传统;第二,在20世纪20年代,奇迹般地出现了一个以四大名旦、杨小楼、余叔岩、马连良、金少山等为中心的大师群体,使这种代表我国民族戏曲特征的表演艺术达到了巅峰状态。正是因为它所积累的艺术资源实在太丰富、太宝贵了,也才值得我们认真保护、全力弘扬。不过,与表演艺术的成熟很不相称的是,京剧的理论建设与文字总结始终处于相当滞后的状态。做好中国戏曲表演理论体系的建设,是我们戏曲工作者和戏曲爱好者长年以来的愿望与追求。但由于种种原因,这一工作始终进行得不甚顺利、不甚迅速。那一直并未真正弄懂的"斯坦尼体系",竟长期被作为指导一切戏曲工作的理论基础,甚至用以改造我们的舞台呈现方式。

十年动乱之后,欣逢盛世,治史修志工程在全国有计划地开展,已经取得了显著成果。就京剧研究来说,不仅史材的发掘和积累更为广泛,而且观念的变化更具科学性了。特别是突破了数十年来干扰理论建设的左倾思潮,使我们的工作进入了

比较健康的发展道路。《菊坛名家丛书》的组编和出版,正是在这种形势下应运而生的。戏曲表演理论体系的整体建设,很需要以每一位艺术家个体经验的总结来奠定基础。如"四大名旦"的艺术观,从总体而论,当均属写意范畴。但梅兰芳、荀慧生对写意戏剧观就有着不同的理解,在实践中也有着不同的体现。 梅、杨、余之后,到20世纪四五十年代,京剧界继续着人才辈出的辉煌局面。本丛书第一辑的六位传主均属于这一时期涌现出的名家。他们的成就和各自走出的路数,也有记录和研讨的必要,这对我们理论体系的建设都是不可或缺的。近三十年来,我们初步做了为大师级表演艺术家立传的工作,出版了有关的系列专辑(虽然还很少、很不够),这当然都属于理论建设的基础工程。而本丛书开始为又一辈表演艺术家立传,迈出这一步是十分有意义的,因为这象征着理论建设基础工程向更广阔的外延发展了。

　　这六位传主都是深受各界观众欢迎、能经受住演出市场长期考验的。他们都经过艰苦奋斗,闯出了自己的路,形成了个人的风格,并为行内外所认可和推重。在六位名家中,除孟小冬外,我都很熟识,与他们都有较多的过往。近年来,上海戏剧学院附属戏曲学校连续举办童芷苓、言慧珠等艺术家的纪念活动,研讨他们的舞台艺术,从中引出了许多对于表演和教学很有价值的话题。记得1963年,我随童芷苓领衔的上海京剧院二团赴安徽、江西、湖南、湖北等地巡回演出,一路上协助她整理各种文稿,对于那期间演出剧目过少的问题,她就发表过很多有益的意见;20世纪80年代以来,我又在各种场合听她说过"让台不是个办法"的问题。从今天的现状来看,她当时提出的建议对我们仍然很有启示作用。她一直认为,她与言慧珠、

李玉茹、赵燕侠不是四大名旦让台让出来的，她们那时都尽量争取多向四大名旦学习，在前辈的传、帮、带之下，通过艺术竞赛相互激励，共同提高。这套丛书中，就详细记载了童芷苓、言慧珠40年代初在上海打对台那种激烈竞争的盛况。她们的多才多艺、剧目的丰富多彩，如今青年演员可能已无法想象了吧！看了这几本书，回顾那些场景，足以使我们认识到，当年童芷苓、言慧珠、李玉茹和今天还健在的赵燕侠、小王桂卿这些艺术家，能够在那样剧烈的舞台竞争中建立起自己的艺术威信，是何等地难能可贵！值得指出的是，他们成名成家所经历的时代，与他们的师辈相比，"西学东渐"的势头似乎更为强劲，这对他们艺术风格的形成当然会有所影响。但即使在这样的环境下，他们也没有背离民族化和"京剧姓京"的大格局。

　　丛书的作者们都尽心尽意，力图用精准的表达方式，展现这六位京剧名家的人生阅历和艺术理念。我相信，这套丛书一定会引起广大读者的阅读兴趣，也相信，面对当今京剧创作演出和人才培养的现状，几位传主的成功经验是会给予我们不少启迪的。

2009年11月

目录

9

坤伶皇

座

第一章　童年的梦

一、一块璞玉

时光倒退87年,1922年8月22日的一个炎热的黄昏,天津市区一座平民住宅里,在阵阵银铃般的啼声中,一个小生命呱呱落地。

女孩排行第四,取名芷龄,家人都称"小四"。上面几个全是男孩,可能是家里阳盛阴衰之故,"小四"简直不像个女孩。

父母迫于生计,成年忙碌在外,"小四"每天只得跟大哥遐龄、二哥寿龄和邻近男孩们嬉戏玩耍,养成一身野性。跳绳、赛跑、砸钱、弹球,以至打架无所不能,稍有吃亏便拔拳相向,大孩子见了也退让三分,"四蛮子"诨号由此而得。

"四蛮子"常拿敦厚老实的大哥开心,用绳子吊起水桶悬挂门上砸大哥脑袋,泼他一身水;在楼梯下放上一排木棍,上铺树枝、黄土、杂物,引大哥踩在木棍上摔出丈把远去;还老诱大哥爬树,为了看他出洋相。她自己也想逞能,但小小年龄,怎能爬得上去,总是爬一次摔一次,可她一百个不服,撅着嘴赌着气:"我一定会爬上去,让你们看看。"不到一年工夫,"小四"果真坐到了树顶上。

"小四"长到六岁,进了天津一家教会办的若瑟院小学读书。白天家里大人不在,全由小家伙们大闹天宫。她平时野惯了,大大咧咧的,拿起热水瓶会把自己胸口烫得满是泡。平时走路磕磕碰碰,有一次打翻了一锅滚烫的面疙瘩,烫伤了脚,那是钻心的痛啊。她牙根咬得紧紧,两眼紧闭不哭也不喊。当时一家人手忙脚乱,她双足已是血肉模糊,袜子粘脚脱不下来,又没有止痛的金创药,母亲心疼得直掉泪,叫她喊,叫她哭,这孩子却怪了,只是吁吁喘大气,兀自默默无声息。这一烫,几个月动不了,可好动的"小四"不等拆了绑布,就已擅自下地,颤颤巍巍地倚墙扶椅试着走路了。

"小四"父母亲都出自富裕人家,双双受过高等教育,父亲毕业于天津法政学院,母亲毕业于天津女子师范学院,祖父当过吉林官产处长,外祖父是大商人。这三家人都和京剧有缘,祖父退休回津后,挂着一根拐杖,天天走进劝业场五楼天华景戏院,一天不落。父亲虽与梨园没什么渊源,但因供职报社许久,凭着职业便利也结交上了若干伶票两界人士。他对戏不全懂却十分喜好,"小四"芷龄也就因此有了机会随父亲进出戏园子。外祖父家的几个姨母常聚在院子里拉拉唱唱，十分热闹，她那时虽然不懂，但觉得很好听，站在一边舍不得走。她日后与戏攀上终生之缘，或许与幼年环境的潜移默化有关。

小芷龄七岁那年，父亲在威海卫找到一家报社主编的职缺，于是举家迁往山东，借着主编父亲的光，进出戏园子就太方便了。做父母的，原只是让女儿瞧个热闹，殊不知由此在女儿心里埋下了一颗京戏种子，而且埋下不久便顽强地萌动起来。令大人惊讶不止的是，平时坐不住的"小四"看戏时全身竟会凝固不动，一连几个小时不挪身子。她愈看愈入迷，尤其对台上那些演女的就更入魔了，听着听着，嘴里不禁念念有声，一句戏词，听上两遍三遍，她便能咿咿啊啊地模仿着唱起来。

渐渐地一家人与戏院混熟了，芷龄白天也有了去处。放学归来，一头扎进后台，把戏衣、头盔、凤冠穿戴起来过过瘾，刀枪把子、扇帕、马鞭拿在手中比划比划。当时戏班里给芷龄留下印象最深的是新黛玉，她是戏班当家青衣，文武兼能，芷龄一直在偷偷地模仿，神不知鬼不觉的，七八岁的孩子也能唱上几口了。听了旁人夸奖，当父母的心里高兴，但还吃不准女儿是不是这块料。

父亲特意把新黛玉请到家里做客，用意十分明显，芷龄站到新黛玉面前喊起了嗓子，为了想学戏，玩命地喊，把脸涨得通红，逗得客人直乐。新黛玉把芷龄拉在身边，一句一句教开了《女起解》，终究嗓子稚嫩，"忽听得唤苏三我心惊胆战"一句憋足劲，几乎用上了吃奶的力气。好在人小胆大，不管唱得对不对都敢张口，没几遍就大致学下来了，喜得新黛玉直夸"好好学，有出息，是一块戏料子"。一句平常不过的客气话，竟成了芷龄学戏的莫大动力，也让其父亲汉侠先生动了课女学戏的念头。

威海卫的好日子过于短促，不久，病魔袭来，大哥得了猩红热，二哥患上白喉，芷龄病得最凶，先是淋巴发炎，后是猩红热转白喉。父母手头拮据，借了债把女儿送进医院，可芷龄病情还是一天天恶化，已不能进食，每天由肛门灌牛奶维持奄奄一息的生命，医院已通知家里准备后事。实在无计可施，父母只能流泪央求一位中医，那位大夫大胆用犀牛角煎汤让芷龄服下，想不到转机出现了，不多日子已能起床，不到一个月就出院了，阖家老少这才破涕为笑。

性野好动的芷龄不习惯学校那一套正规的学习生活，在课堂上怎么都静不下心来，老师一开讲，她的思想就飞了。在班里她成绩只在中等偏下，不过赛跑和球类的锦标总有她一份。二哥寿龄则不同了，是成绩榜上的"常任状元"，学校表扬不断。汉侠先生夫妇对子女教育很有一套，他们另给孩子安排了学拳和学剑的课程。这一来，芷龄便脱颖而出，和学戏一样，一点就通，这回轮到父母和老师夸她了。小小三年级，"小四"已敢在学校演出中揽下一门专活——舞剑。记得第一次上台表演剑术时，她穿上母亲年轻时代一身粉红的漂亮服装，由于过于兴奋，一起舞，脑袋嗡的一下，剑术顿时全忘了，仗着与生俱来的大胆，小脑袋瓜来了个急转弯，立刻把平时所学的大红拳、小红拳、八仙剑组合成一道"自由剑"，居然把全场的人都蒙了过去。她一阵得意，收完剑，在掌声中鞠了一躬，然后神气十足，扬长而下。母亲笑得合不拢嘴，父亲抚摸着女儿的头，连声说："好，好，舞得真不错！"校长也高兴地表扬她："芷龄有灵气。"

命硬，性格使然；灵气，头脑使然。两者叠加，合成一块璞玉。

二、我要养家

童年，是编织玫瑰色梦的年龄，芷龄的梦是什么呢？

祖辈是大户人家，不说豪富，家境也算优越；父辈各有学业，不说优裕，也属小康人家。"小四"上有兄长三人，又是六房中唯一的掌上明珠，她按理应有一个金色童年，本该做着温馨而甜蜜的梦。

但是，孩提时代的芷龄却饱尝了饥饿的滋味，到了父亲挣钱养家的当口，童家已家道中落。父亲祖籍江西南昌，母亲老家广东南海，母亲在慈惠圣功小学兼教多门课程，为的是多挣几份薪水；父亲曾先后在政界、军界供职，抄抄写写，大多是临时的饭碗，因此不得不天天盯着报上的寻聘启事，日子过得很艰难。家庭人口年添一丁，更加重了经济负担，家中每每典当度日，小小的芷龄出入当铺已习以为常，每次她双手把典当物件高举过头送进窗口，拿回来的钱只够全家吃上几天。

饥饿带来疾病，病魔夺人性命。芷龄三哥无钱治病，死在母亲怀中，一家人哭得死去活来。外祖父在世时，对芷龄家还有些接济，只是可惜，外祖父早早故去了，全家搬回海南，从此万里相隔再无消息。唯一的靠山倒了，无路可走之下，童父想起了一位老上司，两家往日有些过从，两家女孩子也结有童稚之交，借些小钱应属可行,故写了一封便信让芷龄面交。谁知一见面,主人上下打量,半晌不吭一声。芷龄也觉察到了主人脸色难看,面对蔑视的眼光,她只有强自忍住。这一小笔屈辱的钱算是借到了,回头告别时,不仅主人神色阴云密布,连平日众小无猜的女孩子们也淡淡地走开了。世态炎凉深深地扎伤了芷龄幼小的心灵,平时开朗的她,欢快的笑声收敛了。"我学戏去,我能唱好,我一定能养家!"小小孩子发出心灵的呼喊,芷龄的梦就起始在她十岁的那年。

芷龄表叔是《天津快报》社长,其女儿(芷龄表姐)也一心要学戏,他受不了女儿的纠缠只好应允。为了能进入北平中华戏曲学校,表叔设法托人把表姐连同芷龄一起介绍了进去,芷龄一听喜出望外,机会真的来了。父母心里不舍,但出于家境所迫,也只能含泪放人。

芷龄对学校的印象是美好的,那里处处透着新鲜,明明是戏校,却有文化课;这儿不同于一般科班,每人都穿校服,男女同班一起学艺同台演戏;学校制度很严格,专门有训育老师看管学生生活,一旦犯禁,轻则训斥,重则"打通堂"。同学们练功很苦,每天清晨五点被叫醒,排着队打着灯笼到城根儿去喊嗓子,喊完回校练毯子功,然后才是吃早点。早点大多是小米粥、窝窝头加咸菜,八点学戏,过十一点吃午饭,八人一桌,四菜一汤,饭菜管够,常有白面吃,可是油水少,学校特色菜是鸡血汤、豆芽菜,表姐总是诉苦,芷龄则心满意足,这比家里成天黑面疙瘩汤强多了。不到几天,表姐便知难而退了。

两个月后,父亲突然带了寿龄来校,芷龄这一高兴非同小可。原来二哥天天在家哭闹,满地打滚,吵着也要来北京学戏,父母亲这才无奈地把他送来当个插班生。二哥来校后天天耗膀子、撕腿、劈叉、没完没了的毯子功……不多几天折腾得筋疲力尽。看见二哥无精打采的样子,芷龄关心地问起,"你怎么变瘦了?"寿龄只是摇头:"累死人了,昨天我吐血了,再这么下去我非趴下不可。"芷龄听着害怕,二哥到底能不能熬得过呀?

训导主任一天清晨考了一下芷龄,先让她喊了几声嗓子,再试唱了一段,然后问她,"你愿意在这里学戏?"芷龄不假思索:"我愿意。"训导主任接又问道:"那你愿意留下吗?""我愿意!"这下她的语气更坚决,老师满意地走了。芷龄心中这时甜滋滋的,这下可好了,学校想到我了,我唱戏养家有了希望,她心头不由一热。

当天下午，父亲第三次来校，但见二哥已带上随身衣物，一副准备走人的样子，她糊涂了。原来二哥写了信，父母放心不下，今天是特地来把一对宝贝孩子接回去的。父亲一见面就下令："带好东西，向老师告别，一起回家！"芷龄如被雷击，愣在一边，人都木了。她随父亲走到训导主任跟前，这位好心的主任还是一个劲儿挽留："这孩子嗓子、扮相、个头都好，又喜欢学戏，人也聪明，还是留下她吧。"见汉侠先生已没有商量余地，他于是回过头来生气地责备起了芷龄："早上还问过你，怎么下午就闹着要走？"芷龄低着头，噙着两行热泪，说不出一句话来，心里直埋怨，"我哪里想走呀！二哥不来，我肯定能坚持，二哥这一走，把我赔上了，多冤哪，这一走，全完了。"跨出学校大门，不由回头再看一眼，看到校门口校名牌上"中华戏曲专科学校"几个大字，心头一酸，不禁失声痛哭起来。

家里三合院住房自童汉侠夫妇办起了私塾式的家庭小学后，经济上缓了几分，为了实现芷龄意向，父母决定让孩子停学，延聘教师来家，让这一双有戏癖的儿女在家里学戏，这一来，芷龄紧锁的眉结舒展了，如花的笑靥重现了，失去的童真复苏了。

童家的上门教师来去匆匆，皆无名之辈，教的尽是抱肚子傻唱的活，长进不大，名师"份"大身价高，童家请不起。小芷龄心里明白：父亲日夜为报社赶稿，赚得那一点微薄的稿费，全在为自己支付学费了。逆境使人奋发，她拼上了，简直跟疯了一样，数九寒天，三伏酷暑，苦苦练功不止，一遍两遍，五遍十遍没完没了。摔不完的跟斗，打不完的把子，背不尽的台词，练不尽的身段……有一次练功，十来岁的芷龄竟一摔好几十下，邻居咋舌，家人心疼，衣服由里湿到外，身上青一块紫一块，怎么也劝不住，汉侠先生暗暗吃惊，童芷龄母亲陈氏偷偷掉泪。她饭桌上走神、想着戏；睡梦中呓语、背着词；走着路拉"云手"；进了院子跑圆场……一时间，街坊邻居议论声四起，但父女二人此时早已铁了心了。

芷龄想起了赵金蓉，那是中华戏校的骄傲，连天津也有她的小名声；再有侯玉兰，记得她首次登台，演罢《骂殿》归来，学校众人齐声道贺的情景。心想自己差不了两三岁，她们能行，我为什么不行？凭着这股跟自己过不去的犟劲，她起步了，踏上了艰辛的唱戏养家之路。

三、初涉艺海

芷龄，充其量是个"票童"，还够不上票友资格，汉侠先生只求先在票界圈子里做做文章。他一头钻进票房，为推荐自己女儿已是无孔不入，在一场票友组织的大义务戏里，他终于为女儿争取到了一折开锣戏《女起解》。他特地请来津票名丑金鹤年指导，并特烦金先生陪演戏中崇公道。机会难得呀，聪明的芷龄天天缠住金先生不放，问个没完，没隔多久，金先生还真喜欢上了这个稚气方浓、大气乍露而又好学不倦的娃娃。

她从未上过妆，勒头是什么滋味根本不知道，陈氏夫人在演出前的一天，先让人替她用勒头带做好牵引。未过一个时辰，芷龄嘀咕开了，"糟了！这脑子怎么晕晕乎乎的？"突然间，哗的一声，把方才吃下的晚饭一下吐个精光。母亲不忍，要动手摘勒带，不想芷龄就是不让，一再说"没事"，便回房和衣倒下，拉上被子勒头过夜。第二天，她就同没事人一般照样练戏。她吊眉后试着苏三身段，家人眼里全都透着新鲜，她双眉上挑，一对明眸，莹莹有光，邻居大娘们都在一旁打趣，"小四更美了，黄毛丫头十八变，今天出落得像朵花了！"

十一岁的芷龄首次登台是在春和戏院。"春江"也算是不小的场子，尚小云、筱翠花等大角常演于此。芷龄初次上台，好在天生是块演戏的料，台下人愈多，她愈来精神，很快就旁若无人地唱开了。是夜"春和"一片票友世界，他们毫不吝啬地把掌声送给台上那个尚不谙人世却在那里体验人生、模拟人生的小姑娘。初演效果不错，金鹤年也直夸她："好样

十一岁初登舞台，演出《武家坡》，童芷苓饰王宝钏，童寿苓饰薛平贵

的，我知道你今晚准露脸。"

父母又张罗开了第二场，在北洋戏院一次义务戏上，由寿龄、芷龄兄妹唱开场《武家坡》。散完戏芷龄随父亲走出戏院，她多想听到父亲的亲口赞扬，但看到父亲紧锁双眉，涌到嘴边的话咽住了。默默走进家门的父亲刚一落座，就与母亲盘算起来：上台、学戏，没钱寸步难行，继续借钱吧……芷龄隐约听到几分，一片忧虑袭来，戏园子里那一份欢乐，骤然之间被驱散得无影无踪。

第二天，趁父亲不在，她问母亲这次上台挣钱没有。陈氏夫人当时已怀祥龄，闲居在家，先是苦笑，转念一想，其中艰难也该让女儿知道了。原来这次登台非但没有收入，父亲还必须揽下一部分戏票作义务销售，加上请来帮忙的那些人的"脑门钱"、行头租借费……这纯属下本借台练戏。看着父母终日挣扎，

十三岁演《虹霓关》，童芷苓饰东方氏，童寿苓饰王伯当

没有松心的时候，她一激动，拉着母亲的手一再地说："我会红的，我会争气的，我一定会让全家过上好日子。"好大的口气，小孩说出大人话，母亲也难免一惊。看到母亲仍难释怀，她不由大喊了一声："我一定会的！"还下意识地握一握一双小拳。

票界天地宽，大有能人在。汉侠先生改弦更张，寻思如何借用票界这个平台课女成才。如今芷龄成了一名小票友，有票界作依托，自然良师满堂，票界教戏不付酬，岂不是好！后请入府的教师果然水平与前大不相同。寿龄已改行小生，为小四配戏。家里先后来过王

云卿、包丹庭、杜富隆、石少山等著名教师，就连北昆泰斗韩世昌也登了童家的门，兄妹俩这才一步步得了实授。他们常带芷龄兄妹借台练功，寿龄小生戏的根底就是由杜先生奠定的。这对小票友第一出花旦小生对儿戏是《虹霓关》，这戏唱、念、做、打四功俱全颇具难度，小东方氏和小王伯当一对小玉人儿在台上煞是招人喜爱。接着是《马上缘》、《穆柯寨》，都由王云卿所教。渐渐地，找上门来的主多了起来，哪怕尽是开锣戏，那毕竟是机会，正好把学过的戏逐个儿拉一遍。于是乎，《女起解》、《六月雪》、《虹霓关》、《醉酒》、《樊江关》等一一推出，有时大轴戏里还能应上一个配角，汉侠先生很是兴奋，逢人便说这是好兆头。

父亲忙着女儿的搭班事宜，母亲张罗着女儿的简易行头，绸的买不起做布的，绣花的改素的，不然就租现成的，或借别人的，大班搭不上，小班又没人要，最好搭个下海票友的班。搭了几回班，唱出些小名堂，开锣戏也有人捧了。不久，居然搭上了刘汉臣、张艳芬的红班子，虽上的是垫场戏，不同的是每场已能拿几块钱的车马费了。

天津是梨园重镇，各路班社云集，剧场粥少僧多，搭班难哪！与其坐等，不如出击，山东烟台便是芷龄走的第一个码头。烟台当地南来北往客商多，广东人势力不小，这非祖籍广东的陈氏夫人亲自出马不可。刚到烟台她便去拜会同乡会，大家都是广东人，见面已觉三分亲，什么事都好说。芷龄登台之日，台下叫好声此起彼伏，大多广东口音，乡亲威力之大出乎意料，烟台竟成了芷龄演出的"主场"，这些素昧平生的观众只把"人缘"投给一个名不见经传的小姑娘，同台角色人等无不侧目。烟台这一趟来对了，刚刚挂出的以"玉芙蓉"为艺名的牌子就带来了吉利。

挑班，太诱惑人了，有谁不想呀！看人家挑班，有名有利又有权，威风八面，好不让人羡慕！父女二人不知厉害，想入非非就想挑班了，还真无巧不成书，芷龄一位表叔从青岛来津，介绍她去离青岛不远的东镇唱主演，全家为此好一阵兴奋。汉侠先生急急忙忙请来蒋鑫平先生赶排几出大戏，以便唱大轴之用。《全本十三妹》、《全本贩马记》、《全本得意缘》好几本戏是排成了，全家经济却一下跌入低谷，为了这次挑班，家里人都勒紧了裤腰带。蒋先生索价太高，但跟去把场要价更苛，没奈何，合家钱财孤注一掷搏一把。

东城戏园子门口海报的头牌位置登上了"玉芙蓉"三个大字，童芷龄果然先声夺人一炮打响。她的戏唱做兼重，文武结合居多，台下观众对这个小坤旦印象倒是不错，但东镇不是大埠，弹丸之地，几天一过，便无市场。总之，成绩勉强，上座平平而已。

东镇之行，挂头牌的瘾是过了一把，但太苦涩了。回津途中，全坐统舱，比货船差不太多。一路上芷龄想得很多：添置行头、旅途盘缠、学戏费用，几乎耗去了父母全部家当，蒋先生把场酬金又占去包银的一大半，看来自己的穷挑班真不如人家的富搭班，她终于悟出了"欲速则不达"的道理。

第二章　拾级而上

一、烽火江南路

1937年初夏，南方名净董俊峰邀芷龄南下，与其子少英合作，由芷龄挂头牌。南京本是江南京剧要地，名家大牌大多在紫金山下登过台，汉侠父女指望南京之行能闯出一条路来，因为当时芷龄在津局面很难打开。20世纪30年代中期，津门剧场骤增，商业化倾向十分浓重。天津是北路最大商埠，素以民风豪爽、气度豁达著称，反映在艺术趣味上，无论京朝派的华贵，还是外口派的炫奇，均能容而纳之，因此，那些走红的名伶经常走马灯似的在天津展演。"彩头戏"也开始进入黄金时代，劝业场四楼的天华景本戏常年不衰，每隔两三周换一本，观众如潮。这种情势下，十五岁的芷龄要在两座大山的夹缝中求生实在不易，去外地发展成了必由之路。

童家一门八口，老祖母看家，大哥继续上学，其余六人总动员，连八岁的妹妹葆龄和不到两周岁的小弟祥龄都一起开拔，全家踏上江南路。南京演出地点在市中心的秦淮河畔夫子庙，芷龄兄妹挂牌再不用俗不可耐的"玉芙蓉"、"玉楼仙"，由母亲命名，以"苓"代"龄"，取中药芷茯苓之意，"芷苓"二字毕竟雅多了。

首场炮戏《四郎探母》，次日《全本大英杰烈》，上势头不错。《大英杰列》是荀派名剧，看点很多，为观众喜闻乐见。戏中的陈秀英一角她花旦、小生、武生三行一身兼，把戏唱得极为大爆。她扮相甜丝，嗓子耐唱，台上洒得开，又不惜力，夫子庙一登台，"上人见喜"，头两天炮戏就得好人缘。谁知刚开了好头，第三天就挨上日本飞机的大轰炸，原来"七七"事变爆发了，空袭下的南京城陷入一片恐怖。国难当头，人心惶惶，谁有兴致再来聆赏莺歌燕舞、弦竹之声？这一炸，把芷苓的"金陵春梦"炸得灰飞烟灭。

一家人坐困南京，未几即囊空如洗，全家挣扎在饥饿线上。芷苓有一次从旅馆饭厅门口经过，见桌上有一筐大米饭，什么都顾不上了，狼吞虎咽地偷吃了一大碗。眼前南京已是难民遍地，全城陷入夺路逃难的混乱之中，车站挤得水泄不通，携老挈幼的人流冲散了童家六口，汉侠先生找不到人急得直哭，这边喊叫，那边呼号，终于使全家人汇合在了一处，不然真得要落个妻离子散、家破人亡了。既然挤上了车，权且跟车走吧，这就盲目地奔向了无锡。第二天消息传来，日机对南京轰炸升级，不久南京沦陷，惨绝人寰的南京大屠杀使几十万同胞罹难，多亏逃离及时免此一劫，事后汉侠先生每提此事，总是以手加额，连称："好悬！我们一家子命大。"

8月13日日寇入侵上海，无锡危在旦夕，东行路阻，西行乏资，唯有南下奔江西老家了。一家人先在九江暂住，由童父只身奔南昌求助，结果钱没借到手，父亲却带回一个人来。此人是南昌江西大戏院的管事，听说芷苓是京角，便随童父来接人，歪打正着，真乃始料不及。

老家故居已败落不堪，那里住着三祖父一家，余房均已出租，一家六口只能在一间小屋子里挤着住下，虽说简陋破败，那终究是自己的家。芷苓很快在江西大戏院登台，南昌地面大多是戏技不分的外江派旦角，唱戏带踩球、耍盘、舞带，不演老戏。芷苓入乡随俗，为混口饭，就跟着凑趣，倒也学得有模有样。芷苓兄妹照例在前边上一出小戏，很受南昌人欢迎。有了戏唱，全家安定，每天戏份六元钱，一家人能吃上桂鱼、红烧肉、大米饭，这等光景，在逃难路上已是天堂了。

好景不长，前线退下来的伤兵大批涌入南昌，兵痞子生事不断，看白戏闹场子几乎天天都有。有个伤兵看了戏号啕大哭，指着台上的芷苓硬说是他多年失散的亲妹妹，一定要把她强押回去全家团圆，还大有不达目的誓不休的意思，居然发动了十来个袍泽弟兄架起机枪提了斧子前来要人，幸好老家有个边门，芷苓被藏在后院一片放柴禾的菜田里。前门还在对峙，后门又路过几个喝得醉醺醺的美国大兵，连唱带喊地用手电筒满处乱照，若被发现将又是一场灾难，吓得她上下两排牙直打架，全身哆嗦，一身冷汗，想逃没气力，要哭又不敢，只能捂住嘴巴念母亲教的"观音经"。折腾了一夜，吓得个半死，多亏房客情急之中拨通求助电话，请来宪兵队带走了这些伤兵。为避兵祸卷土重来，一家六口急走他乡，仓皇之中到了宜春附近的雷村。

雷村未住几天，宜春和长沙方面先后来约，不久又随南昌一位琴票去江西赣州，愈走愈往南，再走便是广东地界了。这里已是小后方，离战区较远，全家才再次得以安居。赣州穷乡僻壤之地，好角难得一见，芷苓登台捧客不少。这里也是外江派一路，老戏不为人重，但芷苓偏以京派老戏唱红赣州，也确让当地人跌破眼镜。芷苓扮相、嗓子、身材条件无一不佳，又善作小女儿态，南方人称

十五岁开始跑码头时，在江西赣州的留影

之"甜"，因此在当地还获得"赣州美人"的雅号。

芷苓虽走红，可离家日久，全家人早已归心似箭了。陈氏夫人好不容易仗着同乡关系得到了一位广东籍站长的帮助，解决了一票难求的车票问题。但芷苓实在太红了，戏院把她视为摇钱树，老板哪肯轻易放人。陈氏夫人无计可施，再次与站长商议，定下了"金蝉脱壳"计，先把行李偷偷运走，晚上照样登台，一等散戏，直奔车站，一家人会合后立即登车，等老板次日发现，早就人去楼空，这时，广州车站已在望了。

刚到香港，瞧那码头上的一片混乱景象，似乎战乱已波及香港。一家人挤入抢走水路的逃难者行列里，寿苓一手拉住八岁的葆苓，一手抱着不过两岁的祥苓，由父亲开道，母女随后，寿苓居中，一起往前挤。行李怎么办？汉侠先生急雇码头上的脚行伙计，举着戏箱包裹，从众人头上"空运"过去，幸喜人、物两无碍，虽拥挤在肮脏不堪的统舱里，可终于脱离苦海了，安全了。

海上颠簸十几天，轮船停靠天津港，从噩梦中醒来的一家人平安地踏上了故乡的土地，此时非但十一月的寒意全消，而且每个人心头都是热乎乎的。

二、机缘垂青有备人

十五岁的芷苓深知自身根底浅，只有小学四年级程度，因此滋生了再读点书的念头。她依然憧憬着曾有过短暂一游的中华戏校，那里有文化课，在她心中无疑是天堂，每想到此，心中不由又埋怨起父亲来。她看北平戏报，常见广和、华乐、吉祥等戏院"中华"演出的广告不断，学生们上台频繁，根本不用愁我童芷苓尝够了的搭班之苦。中华戏校本身就是一个大的班社，"中华"学生可谓得天独厚，不仅演出多，宣传也多，不少人已是"科里红"，与自己同辈的宋德珠、王金璐、侯玉兰、王和霖、白玉薇、李玉茹等多少已有了几分小名声，还没毕业，外地已来邀角，能不叫人眼红？再加上那时"四小名旦"的崛起，李少春的发迹，还有富社一大批青年才俊的涌现，人才济济就如繁星缀满星空，这对芷苓哪能不产生一种强烈的刺激。重回戏校，太迟了；寻访名师，太穷了，眼下只有华山一条路：自我奋斗，奋发图强。她练戏、学戏、唱戏三并举，不给自己留下时间的空白，活像一名"苦行僧"。

好在童芷苓在津门票界小有人缘，她从一位王姓净票那里把尖团字、阴阳四声的字音、字韵归整了一下，得益匪浅。她还认梅派名票近云馆主做干妈，由此学会了梅派的《别姬》。这种频繁变动的临时师生关系已难解芷苓之渴，于是，索性上大戏院偷戏去。所谓偷戏，实质上是一种明学不成转入地下的非正规学戏方式，那时唱戏没有版权专利之说，也没人来抵制偷戏者的盗版行为，只要有能耐，就可随心所欲地偷，根本不会有侵权之嫌。

天津中国大戏院是芷苓偷戏的主要场所。她专偷好角，程荀尚的《荒山泪》、《金玉奴》、《汉明妃》都从那里"偷"来；新艳秋、章遏云、胡碧兰三位老名坤也是她的目标。同代名伶如李世芳、毛世来、宋德珠全不放过，还对筱翠花发生了浓厚的兴趣，甚至连评戏曲艺也成了她涉猎范围。偷戏偷得如饥似渴，出了神，常会忘乎所以。一次她坐错了座号，检票人连喊几声，她丝毫不见反应，直到大声骂她聋子也没回过神来；又有一次，散戏回家，母亲见她外衣湿了一大块，问其缘故，分明是邻座喝茶洒她身上，她却茫然不知。人说台下是傻子，她实在傻得可以。

她偷后必练，独自站在镜子前比划个没完，一会儿哭，一会儿笑，一会儿唱，一会儿跳，唯恐偷到的东西从脑子里溜走，怎能不一门心思地趁热打铁？家人已习以为常，外来客人怎知她正走火入魔，走至眼前，浑然不觉，叫声"小四"，她会同梦游中被惊醒那样吓上一大跳。她当完傻子当疯子，这样的疯劲真少有。

偷戏人人会，巧妙各不同，偷戏有学问，关键在灵性。她的偷，有过目不忘的特异功能，有剪刀加糨糊搬进自己戏里去的巧妇之手，台上被偷的好佬们日后常会发现在她戏中似有自己的某些影子。可有谁能知道，当年"中国"三楼上有这么一位痴情可人、迷情可掬的不相识的虔诚小辈。北京大学著名学者、剧评泰斗吴小如教授曾说过"唯有痴情，方有戏情"，此言不虚。

曾听人言，机缘总会眷顾有准备的人，这话果然应验了。北洋戏院经理刘四爷介绍她加盟"奎德社",进得社去,一片新鲜,那是一个"众香国",各色行当是清一色坤角。过不几天,芷苓渐渐有了几分了解,她们传统戏、时装戏都唱,但以时装戏为主;梆子皮黄两下锅则以梆子为主;演戏以念白为主,再加些梆子皮黄的唱,人称"文明戏",类同话剧加唱。再过几天,芷苓又有了自豪感,听社内姐妹们说起奎德社当年,多少有几分自豪形之于色,原来奎德社还有过一段不平凡的光辉史呢。

津门女伶兴起早于北平,早在光绪初年已有女伶出现在天津梆子舞台。1900年后三十年内,天津女伶风靡一时,以刘喜奎为旗帜的众多女伶极盛之时,将北平号称戏剧中心的大栅栏占为女伶的天下,使男伶几无立足之地。刘喜奎声势煊赫,票价之高直逼伶界大王谭鑫培,梆子是京剧雄踞剧坛路上的最后一个强敌,清末民初京剧已居统治地位,却遭到天津女伶的一阵杀伐,却是意料不及的事。

奎德社的出现与整个天津女伶史有关,该社建自1914年,历时二十三载,以演时装新剧著称,足迹遍及平津沪汉,成就之显,声誉之隆,在女伶史上均属空前。班主杨韵谱与名伶刘喜奎一编一演、一教一习掀起了剧坛狂飙。杨育人无数,继刘喜奎之后的鲜灵霞以及秦凤云、李桂云、小兰芬、碧玉花、雪艳琴等全由杨一手造就。奎德社社址在北平,演出大多在天津,当时一些时装戏纷纷被京、评移植,其影响扩展到了梆子以外……听了社史,芷苓肃然起敬,但杨老板为什么总见不到呢?说来遗憾,"七七事变"前,市民们已无力涉足歌台舞榭,以奎德社之盛有时也仅上三四成座,杨无力回天,只能解散。"七七"后一个多月,李桂云在天津复出重打奎德社旗号,此时社内已无杨老板,芷苓这才明白,自己加盟的是散后新组的新奎德社。

入社前芷苓曾在"北洋"偷过李桂云的戏,如今在李的身边看多了,自然而然获得启示。梆子腔高亢激越,粗犷奔放,李却有一种既沉稳又细腻的特色,听来更为舒服;她用京音唱梆子,风味别具,十分受听。但芷苓对李最感兴趣的还属身段表情,李桂云很少受传统束缚,讲究贴近生活,力求以情动人,故而她的捧客很多,出于佩服,芷苓便也亦步亦趋地模仿起来。

红得发紫的李桂云突然传出了下嫁银行少掌柜的消息,班里一片大乱,谁人可代?刘四爷出了一手奇招,把芷苓扶上了头牌,真是天上掉馅饼了。刘先生精明中人，怎会把全班生计轻易寄托在一个黄毛丫头身上，芷苓戏虽有大气，可有三分野，但她虽火却活，虽野却灵，她人小艺胆大，对文明戏学来飞快，何况李桂云身上的那些表演元素和优异禀赋芷苓几乎全有，刘先生或许看中了这份艺缘。

这一来，喜煞了芷苓，也忙坏了芷苓，时装新剧的主角戏剧般地轮到了她，《日出》、《雷雨》什么戏都上，最吃重的是一至四本《啼笑姻缘》。真亏她临时抱佛脚手眼通天，硬是把四大本戏台词统统背了下来。她剧中一扮二，为演沈凤喜，她很快突击加班学会了大鼓调，那一段《华容道》"三国纷纷乱兵交……"竟引得台下观众叫好不止。为演现代女郎何丽娜，既要穿着时髦、举止洋派，还要精通舞蹈，多亏干妈近云馆主伸出援手，平时她对芷苓的跳舞早已训练有素，不用犯愁，关键是要包装这位干女儿。她带了芷苓烫了个波浪发式，又拿出自己漂亮的旗袍和高跟鞋为之装扮一新，后台一露，众人眼里，活脱生香的一位摩登女郎。刘先生一高兴，便不禁自诩起来："我的眼光从来不会错。"

北洋戏院被《啼笑姻缘》闹得热气腾腾，这又是一家座位上千的大场子，能在"北洋"领衔，该童芷苓时来运转了。谁知刘先生突然生了变卦，或许认为芷苓尚嫩难当大任吧，便又请回奎德社老台柱秦凤云和碧玉花分挂头二牌。秦以唱见长，一张口，音色好、味儿浓，可毕竟年华老去，上座不佳，观众怅然。不得已之下，刘先生率全班返回老家北平，无非换一下风水。行前碧玉花辞班，芷苓升为二旦，虽多演反派，却是满口应承，她在等待时机。

奎德社气数已尽，秦凤云这块王牌在北平已无回天之力，演期未终即步了碧玉花的后尘，风雨飘摇之际，芷苓重又被扶上正位。此时的她豪兴不在，北平之行除过了一把头牌瘾，再无激情了。同年2月合约期满，芷苓不再留恋，如期退班，刘先生也遽然逝去，主持易人，又经风风雨雨的五六年，终至在一片愁云惨雾中，名噪一时的奎德社从此不复再有。

1939年初春，机缘又向芷苓招手了。她此时尚不能问津"中国"，但对第二家上演京戏最红火的"新中央"则十分向往。新中央戏院开设在黄金地段，好几位当地戏院管事都看中这块风水宝地，合作组成了一个共和班子，内无班主，纯属集体所有制性质，上座好就多拿钱，各人按各自戏份领取，倒也公平。班子阵容坚强，不少人都在名角之列，因盈利颇丰，很多人都想往里钻，汉侠先生多方托人均不济事,实在是进不去呀!事有凑巧,"新中央"班里二旦金又琴嫁人了,这才给了芷苓机会如愿顶了二旦,仍然前面唱一单出,然后在大轴戏中为头牌新艳琴配戏,由于营业获利一直有保证,三天分一次"戏份",全家为之喜笑颜开。

"新中央"的二旦地位并没有辱没年仅十七的童芷苓,她却志不在此,总在觊觎新艳琴的领衔地位。真是"机缘未到枉自急,机缘扣门人不知",新艳琴未几也出嫁了,"新中央"全体同人拱云托月捧芷苓,戏院大门口显目位置挂上了"童芷苓"三个大字,这一剧变奠定了她天津名角的地位,在她艺路上是大有可书的一页。

一切为了上座,班里群策群力,天天都有叔叔、伯伯为她说戏。前辈老先生肚里有真玩艺儿,芷苓又敏而好学,冰雪聪明,于是一方尽心,一方勤学,水平飞长,真的把新艳琴留下的第一把交椅坐稳了。金寿臣、高静轩、三吉仙等编戏好手把小戏串全,一周出一本新戏,津门观众素喜有头有尾、热闹火炽的大戏,"新中央"由此成了热门所在。芷苓这下得以施展浑身解数了,《全本玉堂春》、《全本十三妹》、全本《双姣奇缘》、全本《得意缘》、全本《大英杰烈》全数出台,加上梅、程、荀、尚四大流派戏和平时常演剧目的轮流展演,对《人面桃花》一类南方本子也照演不误,童芷苓的剧目积累在快速上涨。为上新戏,她不加选择,拿来本子就背,从学、排到演加足马力,节奏飞快。处于激奋状态的童芷苓,在如今繁忙的日子里脑子里在想些什么呢?"挂头牌难,保头牌更难,今天我在台上站中间儿了,别人也会像我顶'二云二琴'一样地顶替我,这年头是拼命的年头,只有一直拼下去,才能立于不败之地。"

芷苓似已嫁给了这几米见方的舞台天地,她的名声也随着幕布的不断起落在天津全城不胫而走。

津门观众不好欺,有真艺在身的捧得你心惊;属江湖上混事儿的,轻则倒好警示,重则轰下台去,贤如谭富英、马连良在津也有过挨倒彩的记录,唯有童芷苓是个例外。天津乡亲们看着她一步步成长,一种乡情促使台下人十分珍惜这枝方露嫩芽的新荷。一次反串《连环套》,黄天霸出场第一句"丹心除寇扫群奸",上台就忘了词,赶紧叽里咕噜地说上一句什么词儿混过去再说。这是一出常见的百年老戏,观众实在太过熟悉了,焉能混得过去,谁知台下居然悄然无声，宽容到了极点。又有一次演《红拂传》，下场忘了提灯，台下有人起哄，这下惹恼了她，回过身来瞪圆眼珠直向台下搜寻，看看到底是谁在跟自己过不去，一副打架的姿态。观众不但没喝倒好，反被逗乐了，在全场一阵大笑声中把她送下了场。好一个童大胆，再大的角儿都不敢如此恣肆，换了别人，不被轰下去才怪。芷苓转演于北洋和新中央，竟有一大批足以当她爷爷的老观众自发组成"捧童党"，随着她的足迹而转移，唱到哪里捧到哪里，一伙老爷爷合力高抬一名小孙女，真是一道特异风景。

童芷苓年少成名，天时、地利、人和一样不缺。她躬逢盛世，赶上了二三十年代京剧鼎盛岁月；她出生在女班兴盛的年月，男女同台坤角挑班的年代；津门重乡谊，在故乡她有着十足的底气，从奎德社到新中央，占尽了地利、人和。

机缘垂青有备人，"二琴二云"逐一下嫁使芷苓鲤鱼跳龙门，一跃而再跃，她的脱颖而出来自恒久的勤奋和刻苦的积聚，不然纵使机缘扣门，也难拾级而上。

三、登 堂 入 室

1939年春，荀慧生来津出演于中国大戏院，芷苓欣喜异常，因她心里一直燃有一团希望之火——拜师荀门。比之诸多名家，她认为自己的性格和戏路最适合学这位大名旦，但不知荀先生是否眼里有自己这个素未谋面的小后生，一旦提出拜师，也不知这位大名旦愿否收下。

她几乎每场必到，贪婪地猎取着荀先生台上的每招每式、每字每句，拜师之念日炽一日。这些天她总是迎着夜风步行回家，四周静寂，她老在盘算老在联想，或许父亲有办法。不妨大胆试一下，即使被回绝，我一个小人物，没什么寒碜的。要是拜成了，也不枉我这十年学戏之苦，人家再不会认为我是"野狐"了。

荀先生是津门常客，对当地梨园并不陌生，"新中央"的新头牌令他注目，想必与新艳琴旗鼓相当，只是此人从未见过，他很快对芷苓发生了兴趣。荀氏门墙无此人，居然大唱荀派戏，捧场观众还挺多，在好奇的驱使下，荀先生不声不响地去了"新中央"。随从者动问，荀含笑不语，是否有收徒之意，尽在不言中。

双方隔着一层幕，从中来了牵线人，那就是童家老友、芷苓在津的干爹、《大风报》主编沙大风。沙与荀有交，递话不是难事，果然荀先生那头一口应承，芷苓终于梦想成真,直激动得泪流满面,连晚上做梦都笑出声来。5月3日,童家借明湖春饭庄举行了简易而庄重的拜师仪式,点上红灯蜡烛,铺上大红地毯,摆上了太师椅,待荀先生坐定,芷苓下跪恭恭敬敬地磕了头。经沙大风居中使劲,芷苓叫了一声"干爹",师徒间又加上一层义父女关系,预示了她的深造就此起步。

荀师回平,常惦记这位爱徒,不时寄来本子,尽是先生本人珍藏。第一次寄的是《飘零泪》,第二次是《埋香幻》,以后陆续又有《狮吼记》、《红楼二尤》、《香罗带》、《鱼藻宫》、《绣襦记》、《钗头凤》等。芷苓有本就排,"新中央"一周一出新戏的惯例不能打破,她把头脑中的零碎回忆汇集起来,再由班内众人合力执排。她搜集了大量荀师唱片模仿着学,但那时名角灌唱片每出戏不过一两段而已,并非全出,其他全靠自己的印象琢磨着编腔,身段也是根据荀师的大概意思自行编排。寿苓爱用脑,他帮助妹妹尽可能地把荀师的东西用上,不怕"搬家",反正都是荀派手法,用了再说。此时观众眼里,童芷苓已摇身一变,由"杂家"变成荀派,荀派戏成了她新戏源泉,她也就此打起了荀派旗号。

拜师后不久,"荣庆昆弋社"侯永奎、马祥麟、郝振基、陶显庭等北昆名家加盟,《昭君出塞》、《阎惜姣》、《雪艳娘》、《貂蝉》、《柳迎春》等戏十分上座。有这班高手甘当绿叶,这株小牡丹益发地鲜艳夺目了,《天津庸报》还特为童芷苓的崛起发表了一篇《京剧名伶童芷苓特写》的文章。她虽在津初成气候,可就是打不进"中国",她再是"新中央"头牌,充其量也不过二流名角,中国大戏院孟经理建议汉侠先生:"让芷苓去北平深造一下,回来可以上大戏院唱。"孟经理一句随意的话对芷苓激励非小,芷苓暗暗许下心愿:"不到长城非好汉,我不进'中国'誓不休!"

一次偶然事件促成了童芷苓的北平之行。同年7月,她在"新中央"唱时令戏《天河配》。演至紧要处,只听台下一阵嗡嗡声,接着便是噼啪作响,骚乱中观众纷纷逃离。正纳闷间,后台开始慌乱,才知天津发大水了,匆匆走出戏院,大门口水已过膝。家里住房地势虽高,也免不了一淹,全家只得撤至二楼避水。芷苓兄妹拆了大门当竹筏,操起《打渔杀家》道具当船桨,划进划出成了交通工具,划到滨江道上,"童芷苓"那醒目的牌子还高悬在新中央戏院大门口。

洪水方退,瘟疫施虐,兼又市面萧条,大街上已有人倒毙街头,医院里人满为患,逃荒人群时有所见。眼下之计,走为上策,童先生当机立断,举家迁平,一人不留。寿苓、芷苓先行，和在北平的大哥会合，在宣武门外校场二条租下三间房，为的是靠近椿树三条的荀师家。

荀氏一家厚待芷苓如同家人，师娘是昆曲名家吴巧福之女，典型的传统妇女，按老式梳头打扮，朴实无华，与人无争。芷苓常与为伴，陪同聊天，凡她在侧，为师娘烧烟膏伺候于烟榻畔便成了芷苓专职，她还为此练就了一手烧膏的本事。师娘毫不吝啬，一次次拿出荀师手抄本送芷苓，而且全是"总讲"，那是轻易不示人的，更别说是馈赠。荀师明知，也只笑笑，显然默许了。

荀师先教《霍小玉》，这出戏是青衣花旦结合的花衫戏，前段喜而后段悲，唱、做、念、舞兼重，又集荀氏唱腔大成，学会这一出，举一可反三。初登荀府，她颇不习惯，先生忙于登台，闲时不多，指望先生把着手教戏是异想天开。她也明白先生对她的要求起点很高，并不在意她的刻意求工惟妙惟肖，恰恰是重在开发她的悟性，平时芷苓即使当面求艺，荀师也仅是点到而已，全然是启发式教学。芷苓也渐渐地辨过味来，先生那是用心良苦，高看自己一线，是要自己悟出道理来，先生领我进门，修行全靠自身了。

先生真有办法，他关照芷苓："只要我上台，你就来看戏，戏要多看，多琢磨，才会心里有。"凡去看戏，芷苓按例先到荀家，与荀令香兄嫂一起陪同师娘到场，而她总站在包厢前排的师娘身后，把师娘服侍得熨熨帖帖、舒舒服服。看了一阵子戏后，荀师教起戏来警句不断，意在促她多动脑；结合台上以身示范，令芷苓有迹可循，就这样，她逐渐找到了感觉。

"眼为心之苗"。芷苓生来一双明眸，秋波历历，台上顾盼生情，光彩十足。但一见荀师眼神便觉矮了一截，自比不如啊。她记忆犹新的是看先生《十三妹》何玉凤的登场，先生亮相后一侧身斜跨一步，随身段使出一个眼神，把十三妹的侠女身份一下勾画了出来，立时把主角出场前那闹哄哄的场子镇住了。又见先生《杜十娘》中，在试探负心汉李甲时揣测的眼神；看为富不仁的孙富时那轻蔑的眼神；在李甲随孙富走后那无奈的眼神；到最后确信自己已被李甲出卖时，那由小而大、由悲到愤、从无告到横心的眼神……整出戏眼神贯穿始终，全是神来之笔。

"行当再严，盖不过人物去。"先生一身好功夫藏而不露，有的而发，待戏看多了，渐有所悟。先生演戏一个人物一个样，同为悲剧人物霍小玉和杜十娘，同

童芷苓少年时代演《花田错》中的春兰

为喜剧人物红娘和春兰，风貌姿态全无雷同，《红楼二尤》中二姐和三姐气质各异，性格迥然，竟无一丝相似，不由人不服。

"熟戏三分生"是荀先生口头禅，同样的戏，芷苓是人演戏，先生则是戏中人。上了台，先生即与角色融为一体，根据戏情戏理，随时会有即兴创作，衍生出新的变化来。同一出戏由先生演来，每演每新，演得再多，也不会因熟而油。芷苓上台通常先把台词再背上一遍，因此上台必然"死口"，而先生则是剧界"活口"典范，每演一场必有变化，连念白也是活的，芷苓初时总以为先生是天才，是"神功"，日后火候见长，方知此乃"三分生"之必然。

有人曾对芷苓言，"荀戏易学难精"。不到半年时间，她真正体验到了人物深层开掘之难，把握人物心里节奏之难，达到形神兼备之难，技艺高度综合之难……原先从天津带来的那份自信早已消弭于无形了，就在她自我否定之中芷苓艺术境界明显地提升了，这正是荀先生因材施教的高明之处。带好这名天分很高的弟子，常规教学已不适用，要的就是激她用"心"去琢磨、去钻研。启发式和演示性的教学在芷苓身上收到奇效，打从此时童芷苓开始知道了要演"心戏"，哪怕当时认识还很肤浅。

拜师后北平的第一次登台，她期望值太高，企盼《霍小玉》能一炮打响。童芷苓已在先生关怀下挑班建社，打起了"苓社"的旗号，假座长安戏院作首演。先生的"留香社"鼎力相助，全梁上坝，先生的琴师郎富润亲自为芷苓捧场伴奏。果真是"北平欺生，外角来平立足难"，临到演出门票仅售出三四百张，叫人泄气。先生前来把场，到后台看罢芷苓化妆，又再三叮嘱要领，然后下台坐定，从头到底把戏看完，事后为芷苓一一解析，像慈父一样拍拍她的肩，意味深长地告诫了一句："今后千万要学神，不要单单的学形。"等于在指导她演戏要用"心"，要演"人"。

《霍小玉》演了两场就停锣了，看着芷苓难受的模样，留香社管事王先生安慰她："哪有第一次登台就红的道理？人家杨（小楼）老板、余（叔岩）老板不都是后来红的吗？"荀先生一旁笑嘻嘻："你在天津不也是打从开锣戏唱过来的吗？"

荀先生心里偏爱这位女弟子，还把她带进大马神庙古瑁轩晋见通天教主王瑶卿老先生，让她加入一大群虔诚信徒的行列去攻读名扬梨园的"王氏经"。太先生在京剧史上有着崇高地位，他完成了青衣、花旦两行相通从而化出花衫这一新行当的重大改革，调教出四大名旦，造就了芙蓉草、王玉蓉、华慧麟等大批人才……看在先生金面，太先生指点了几出老戏，有一次太先生忽然拿出了新戏《水晶帘》本子，并由他亲自帮着创腔定谱，现教现排，芷苓回家对父母兴冲冲地说，"这位太先生真有大能耐，编的腔好听极了。"奈何这戏剧情过于简单，场子又松散，首演"长安"有如《霍小玉》再版，还是冷冷清清收了场。但她也有意外收获，王派名琴周长泰在长安为芷苓操琴，致使一老一少从此结上缘，周先生精于王派戏，他传授给了芷苓不少王派精华，教得头头是道，特别是嘴上的口劲，那可是脍炙人口的王派唱念的前提。

按先生"师承多，得益多，才会融会贯通"的指点，芷苓会意，便在北平城内寻访起了名师，她向中华戏校大师姐、姜妙香夫人冯金芙学了《碧玉簪》和

《青霜剑》，学得相当磁实，这是借了二哥的光，因寿苓已是姜先生入室弟子了。汉侠先生看到北昆首席韩世昌先生因昆戏式微困居北平，便请来家里教昆曲，韩艺高德劭，不肯误人子弟，《闹学》、《刺虎》、《点秋香》等戏无不悉力以授。芷苓还向暂居北平的黄桂秋先生请益了黄派佳剧《春秋配》、《雁门关》和《蝴蝶媒》。此外向梁秀娟母亲梁花侬学了《昭君出塞》。

童芷苓在椿树三条久了，已十分熟悉先生为人处世，在她眼里，先生是一位地道的乐天派，她怎知鼎鼎大名的荀师身世苦比黄连。一次偶然场合，她打开了师娘的话匣子，这才一页一页地把先生这本辛酸史翻给了芷苓：先生家贫，幼时拜庞剥皮学戏，超量的练功和非人的劳役几同卖身为奴，无尽的折磨下，把先生打得身上青、紫、红三色俱全历年不褪，遍体皮肉无一完好，甚至被打折了腰，仗着命大，才九死一生地活了过来。听到此处，芷苓倒抽了一口凉气。先生少时就是挣钱的戏奴，根本无独立人格可言。苦难童年刚过，十六岁时由梆子改演皮黄，备受歧视，外表柔和、内心刚强的先生仗着"功成不离苦修"的铭训在咬牙坚持。先生苦斗有年，方声名四播，十九岁就走上了创新路，二十六岁已会戏三百出，新戏四十多出。他带艺访师，最后又上王瑶卿先生驾前求经，艺遂大成。先生不靠天、不靠地，没有势力、没有背景，全凭一身百炼成钢的好功夫、好技艺打入了"四大名旦"的行列。

先生身世，镜照芷苓，她的灵魂被触动了。平时自认吃够了苦，这区区之苦又怎能比得先生？《霍》、《水》二剧小小挫折不该自堕其志，艺事稍见长进焉能宽容自己，这段日子里，"功成不离苦修"这句话时而在耳边响起，这不正是恩师奋斗不止、自强不息的醒世之言吗？

荀门立雪，是童芷苓艺事生涯中的第一次飞跃。

第三章 扬帜称雄

一、"纺"上海

　　"七七"事变后古城梨园一度消沉,后虽有复苏,终究大不如前。许多人演不成戏便纷纷南下,目标所向,大多以上海为"第一志愿"。平时常听父亲说,"上海是块风水宝地,站住了,名利双收"。一想到上海,她就会有一丝奢望涌上心头。

　　无论在椿树三条,还是在大马神庙,听到行内前辈聊上海可谓蔚为大观。从谭鑫培、杨小楼、余叔岩到梅、程、荀、尚、马连良、谭富英……全在上海潇洒地走过多回。同代人中,去的就更多了,吴素秋、侯玉兰、李玉茹、宋德珠等也都闯过上海滩,无不带回耀眼的光华,不仅在那里镀上一层金,当然还赚足了包银,即使二流角色,如在沪上混得得法,回来也可抬高身价。她知道,梨园似乎有条规律:能红遍平津沪者方称得上全国性名角,看来上海真是非去不可了。

　　芷苓也听到过:梅兰芳在古都每周至多轮上三四天戏,开支颇大,仅能维持日常度用,在上海则白花花银子滚滚来;谭富英在北平演出每天收入不到一百,在上海可每日上千,演完一期足能舒服半年。通常,天津包银两倍于北平,上海包银再要翻上一番,这对北方伶人是一种挡不住的诱惑,芷苓在古城坐吃山空,哪经得起日复一日,全家要翻身,契机在上海。

　　1940年8月初的一天,上海黄金大戏院老板到北平邀角,特来童家邀芷苓挂二牌,随"高家军"南下。这是由前辈名老生高庆奎率领的班子,头牌是女婿李盛藻,三牌是哲嗣高盛麟,梁柱主力有江世玉、孙盛武、袁世海等,骨干几乎都是来自富连成社的才俊。上海老板是有备而来,对刚立旗号不久的"苓社"头牌底细摸得一清二楚,更是童小姐、童小姐地喊个不停,当面奉承功夫十分了得,一再地对芷苓夸个没完。父亲大为得意,年仅十八的芷苓倒是相当冷静:"人家夸我长得好,是不是上海人图新鲜,要看新面孔?""人家邀到我头上,见我大小是个挑大梁的,没有大的名气,包银支付便宜。"芷苓显然已长了阅历。

　　接下包银,芷苓反变得忐忑不安起来,听说上海那边是海派大本营,一般水平的角儿在上海很容易被卷没。又得知上海地界热衷于打对台,上海人尤好竞争,喜欢刺激,童芷苓担心自己这点分量在不在上海人的眼皮底下?闯上海是大路也是险道，她的风险意识油然而生。

一路之上，"高家军"众口一词说上海，说起程砚秋的鼎盛，筱翠花《红梅阁》连满28天的奇迹，马连良《扶风社》秋风扫落叶，黄桂秋风靡江南，荀慧生连满90天赚足15万大洋……都神了，芷苓听来全是梦。这种精神大会餐她无意参加，只是一味地在担心，同辈中不少人风光在前抢了她的先手，自己能不能后来居上呢？

走出上海火车站，扑进眼帘的是川流不息的人和车，人流、车流，一切都在流，熙熙攘攘、闹闹腾腾，从宁静的古都一下来到繁华的上海，似乎天地全变了。

上海戏院自然得去浏览一番，令她吃惊的是，在大马路（现南京东路）大新公司（今中百一店）方圆两三里地之内，千人以上的戏院竟多达九家，其中更有四家座位达到两千以上。戏院门口大海报让芷苓大开眼界，设计得太有学问了，以致吸引了不少人在那里驻足而观。兄妹二人又看到大舞台赵如泉的《欧阳德》、共舞台陈鹤峰的《金镖黄天霸》、天蟾舞台林树森的《神怪剑侠传》三家鼎足而立，在连台本戏圈子里大打对台。芷苓还亲眼看到了海派戏观众购票的踊跃场面，心想再过两天"黄金"就要开戏，不知能否在海派包围中杀出一条生路来。

芷苓兄妹去"黄金"走台，对戏院里外四周看了个大概。那是上海大闻人黄金荣开设的一家影院，现时已归上海滩赫赫有名的"五虎将"主持。五虎将以孙兰亭为首，个个神通广大，他们专约北方名角儿，"黄金"遂成上海地面京派奏艺的舞台。戏院地处八仙桥附近的闹市中心，附近是一片繁华的商业地段，车水马龙，行人如过江之鲫，场内三层楼面设有近两千个座位。上海虽热衷海派，却始终奉京派为上品，素认"京胜于海"。"黄金"专邀京角，那是老板摸准了上海人看戏的心理脉络。

芷苓初来乍到，她带着敏感和警觉注视着老板所为，上海老板的精明令人叹服，商业广告的弹眼落睛，霓虹灯的赫然入目自不待言，他们用巨额包银诱北角南下，把演员当成商品按行情利市有个无形牌价，常邀常换或随邀随换。如给老板赚了钱，就把你当摇钱树大捧特捧；如挤不出油水就被当鱿鱼炒。他们更有一手"底包制"高招，所谓约角，约的是角不是班（团），通常是角儿演出小组（包括主要配角、乐师、跟包等），而非全班全社。戏院方面另聘有一批具一定名望、会戏多、技艺好的演员充当"四梁四柱",或称"底包",专为配戏而设。他们中不乏高人,令来沪北角不敢小觑,上台势必认真出力,这一手不谓不高。黄金大戏院"底包"藏龙卧虎,有芙蓉草、刘斌昆、苗胜春、韩金奎、小三麻子、程少余、盖三省等,人称"黄金八仙",俱一时之选。南北两军合成一路,盛藻、芷苓阵容益发可观,不过老板把包银定成死数,今后营业好坏便与包银无关,芷苓心中有气,但看到老板专为这期演出刊印的那本装帧精致的《李盛藻、童芷苓合刊》,便不说什么了。

"合刊"封面大字是"李盛藻、童芷苓"双头牌,上有芷苓穿洋红色旗袍、扎洋红色头带的彩色照一帧,溢美之词比比皆是:"……芷苓冰雪聪明,经名师亲炙,艺乃大进,演花旦戏颇得荀氏神韵……芷苓长身玉立,扮相艳丽,复以嗓音高亮,端美华贵,刚健婀娜,兼而有之,武工根底颇佳。"

"过去'黄金'邀角是取审慎严格主义的,对于那些不三不四的'杂牌坤旦'是一概不用的,两年来只看中了凭真才实艺的侯玉兰女士,这一次聘童芷苓南下,就知道其人其艺为不凡了。"

"合刊"登载了她剧照七张,扮相张张挺括。另有一张师徒合影,荀是身着长衫抚掌而坐的姿态,芷苓是穿无袖旗袍立于一侧的站姿,当时这帧照成了芷苓宗荀的注册商标。

虽然老板带了盛藻、芷苓到处拜会各界要人、闻人,三天炮戏阔人们确也订了不少票,但戏院门口营业平平,上海人对李盛藻口碑一般,对童芷苓则不甚了了,哪怕打出荀先生和太先生两家旗号,上海人还是对她打一个大问号。

首日炮戏《四郎探母》,芷苓的铁镜公主款款出台,台下给了一阵碰头好,那是扮相沾了光。开口的两句[西皮摇板]"芍药开牡丹放花红一片,艳阳天春光好百鸟争喧",在"好"字上要了一个小腔,待等"喧"字一出,满堂喝彩;随即大段[西皮慢板]全按太先生唱法,又得名琴周长泰的傍托,自然也生出"好"来;一口"京片子"念白响堂挂味,因此《坐宫》一折还算不错。以下《盗令》、《回令》两折,遇上有"上海王瑶卿"之称的芙蓉草先生的萧太后,芷苓便难免有几分拘谨了。这位太后的气势、派头帅得没法提,若非感到这位赵四爷(芙蓉草)处处在傍着自己,她可真的要露怯了。这出戏按理是看李盛藻的,没想他掀不起高潮来,芷苓的公主虽说可以,可上海人听惯了梅程和二秋(黄桂秋、张君秋），若以大青衣角度要求，芷苓自然难得高分。

高（庆奎）派的三国、水浒、列国戏连轴贴出，芷苓一直处于压轴（倒第二）位置，《合刊》上介绍的荀师拿手戏无处展露，剧目上处处受制，只能自怨自艾只怪自己挂不上头牌。同台切磋之下，她对芙蓉草几近崇拜，这位师尊级人物还为她配演了《樊江关》和《得意缘》，这两出戏中芙蓉草扮演的樊梨花和郎霞玉都是当年与四大名旦在台上分庭抗礼的角色。好在"高家军"剧务事也不找芷苓，对高老先生只要恭恭敬敬执弟子礼即可，闲来无

1940年童芷苓首度来沪，以《四郎探母》打炮，童芷苓饰铁镜公主，李盛葆饰杨延辉

事，便找芙蓉草去也。她的特质很快得到赵先生赏识："这姑娘讨人喜欢，学起戏来活脱一个小精灵。"

"高家军"声势仅维持短短几天，营业开始滑落，老板笑脸不见了，大有演不足期便得卷铺盖走人的苗头，只怕回去连盘缠也没有着落。芷苓心中忐忑不安，当年烽火江南路，前番受挫北平城，今天难道还要魂断上海滩？

老板向来不做赔本买卖，他们怂恿芷苓："你唱'纺棉花'吧，准红！"芷苓傻了，她不知怎么纺法，老板见她面露难色，便拍胸脯给她打气："放心，我们保教保会。"芷苓很是不安："唱些什么呢？我都不会呀！"老板还是拍了板："别怕，你很聪明，一学就会，没事！"芷苓不便再说什么，她何尝不在希冀奇迹的出现。

老板亲自出马，孙兰亭教筱派玩笑戏《打面缸》；另一"五虎将"成员汪其俊教麒派《追韩信》；请来程派名票教上一段《锁麟囊》；再由寿苓教会一段姜

派名唱《宗保巡营》；芷苓搜肠刮肚，把自己以前《啼笑姻缘》中学到的那段刘宝全京韵大鼓《华容道》、王佩臣的乐亭大鼓《玉堂春》……全端了出来。老板也绝，让她《二进宫》中一人赶三角；《四五花洞》中学四大名旦；芷苓本身又有荀门技艺，临时再学上几支上海流行歌曲，终于凑成一桌什锦大拼盘。她出色的钻锅功夫大得老板赞扬，此时的老板满脸堆笑，芷苓却心里打鼓，怎么也笑不出来。

《纺棉花》此戏不在"正册"，演的是张三夫妻二人在台上逗趣取乐，没有固定的故事情节，演的、唱的、说的全凭个人自由发挥，任何小节目都可以往里凑，既是供人消遣的玩笑戏，又是可供欣赏的个人文艺专场，在上海一带备受欢迎，吴素秋先期来沪，曾纺出大名声。早在民初南方就有人"纺"，不过那时多为男角，且皆以戏装上台，不比今日坤伶时装登场，观众能一睹芳容，自然更为上座。再说战争年月社会前景茫茫，苦闷的心理把人们引向娱乐场所，尤其在娱乐戏里一乐解百愁，这脉算是被老板号准了。

芷苓凭素服淡妆和清水脸蛋的本相是"纺"不了的，她被老板拉进了大上海五彩缤纷的世界：在大商场中选购精美高跟鞋；化妆美容师再按上海时尚模式，对她施以浓淡相宜的面妆；在红玫瑰美发厅烫上一个上海时髦发型；又在高级服装店定制风流款式的旗袍……改装齐整的童芷苓在后台刚一露面，马上引来众人一阵鼓噪，北国女郎、布衣姑娘不见了，摩登淑女、时髦女郎出现了，好一位"上海小姐"！"黄金"后台经理、担任张三一角的韩金奎见了拍手叫好，"小脸蛋真俊，我张三露脸了"。善意的戏谑让红晕一下飞上芷苓的面颊，她匆匆回到化妆间，对镜自照，镜里映出了一位婀娜美女，比奎德社时又摩登多了。

老板对童芷苓期望非浅，别出心裁地定制了一架镶嵌着一圈彩色小灯泡的纺车，通上电旋转起来就像大马路上色彩变幻的霓虹灯，台上的大台帷也更换一新，粘上了亮晶晶的玻璃粉，一切就绪，被赶上架的童芷苓就此掀开了她"纺"史的第一页。

芷苓不负众望，黄金大戏院像开了锅，喝彩、鼓掌、欢笑，声浪滚滚，热气腾腾，《四五花洞》的四句慢板和《宗保巡营》的娃娃调，一句一个肥彩；唱到《二进宫》一赶三，彩声震耳欲聋，连昔日"纺王"芙蓉草在后台都是啧啧称奇；上海人对北方曲艺本来陌生，但透着新鲜，居然也捧足了场……芷苓一边演着，一

坤伶皇座

42

边心房扑扑直跳:"今天怎么了,台下都疯了?"她可从没经受过这种大上海特有的来自台下强烈的冲击波。她愈演愈兴奋,愈唱愈嘹亮,一走一站,娉娉婷婷很悦目,绵绵柔情,盈盈秋波又怡神,加上韩金奎的张三学卓别林打扮装式和行走腔调,滑稽突梯,令人捧腹。他也有一口好嗓子,一会儿南腔一会儿北调地添加笑料,把这出"纺棉花"纺得"火热踏踏滚"。

青年时期开始走红的童芷苓

　　《纺棉花》接连卖了几个满堂,"黄金"方面人人脸上阴转晴,芷苓戏码天天大轴,而盛藻、盛麟、世海、盛武、世玉则以大合作戏唱在前。这时的"黄金"独红童芷苓,天津卫土得掉渣的大姑娘成了上海滩舞台上人见人喜的时尚坤旦。那个年月因《纺棉花》能纺出钞票来,坤旦们不免趋之若鹜,但也并非人人都能纺出滚滚而来的真金白银,真正特别叫座的也仅是个别。童芷苓一纺成名不无缘由:高头大马的北国姑娘突然包装成了一个上海时尚女郎,就外形而言确实夺人眼球;长波浪、高跟鞋、高衩旗袍的装束打扮在童身上显示出了一种少有的妩媚中的健康美,这与绝多娇小玲珑、小鸟依人型的坤旦相比,即使包装相似,也全然大异其趣;更主要的是《纺棉花》中所有节目虽属"钻锅",但童惊人的模仿力令人咋舌。学啥像啥,一学就会,而且还能生出许多趣味来,同样一出

43

《纺棉花》便让童芷苓占尽先机。上海人看过多少《纺棉花》，为什么一到童芷苓，台下就会如醉如痴，如疯如魔，"纺"的水平高低立见，这又被"黄金"老板吃准了。本来不求有功但求无过的童芷苓自己也成了"丈二金刚"，云里雾里，不知哪路神仙在保佑她。

20世纪40年代童芷苓在上海演出时的剧照与便照

芷苓每天一心琢磨"纺曲"，但也听说有的坤伶为制造轰动效应，借着当时敌伪时期风化松懈，会在台上酥胸半袒、脂球侧露，以色相惑人。芷苓鄙夷此举，不肯苟同，上海滩也有人爱这一口，她自然不予理会，一心在串联小节目上下工夫，老板只要把钱赚到手，便不再苛求。

上海一期不虚此行，但芷苓还是抱憾非小，准备充分的荀派大戏不见"天日"，反倒是外插花的《纺棉花》大出风头。她的京戏真本事没得到充分展示，而身上的各式技艺杂唱却是名扬申江，令人啼笑皆非。尽管心里滋味说不上有多甜蜜，但首次来上海毕竟扬了名，也属大幸了。

二、"劈"申江

总算天从人愿，上海打响，北平也渐渐认可了十八岁的童芷苓。这时大名鼎鼎的马连良先生的管事上门了。

马先生邀芷苓合作无疑是对她的赏识，合作剧目是《审头刺汤》，由马饰陆炳，名丑马富禄扮汤勤，雪艳娘本是黄桂秋或张君秋应工，这回约上芷苓，北平观众颇出意外。从小胆大的童芷苓还是那股子"初生牛犊不怕虎"的劲头，不作婉辞，接下令箭，如期登台。能与马先生同台，自然引来大批好戏者的刮目相看。

上海滩既把棉花纺疯，古城何不一试，看看动静如何。她带着上海老板特送的五彩纺车上了台，竟也被她纺出了名堂，北平戏院也是阵阵热闹。荀师台下不置一词就是笑，她见师父不反感，就此在北平纺开了。

已是京角了，青岛、关东各地先后来请，她皆以头牌应聘。演出班子阵容不弱，二牌老生是李和曾，二旦有林秋雯和崔熹云，小丑有贯盛吉、李四广，外加一位戏学渊博、足智多谋的多面手李宝櫆。这支人马杀到青岛、关东，戏院都挂客满牌。芷苓以荀戏相号召，《红娘》《玉堂春》《霍小玉》《香罗带》等轮番贴出，上座踊跃，早已不是五年前东镇那番光景了。青岛一期，面对成名在先的吴素秋，丝毫不居下风。李宝櫆、童遐苓受《纺棉花》的启示，写了新本《戏迷家庭》，与吴的《纺棉花》相对抗。由于观众皆有喜新厌旧的看戏习惯，何况《戏迷家庭》娱乐性明显占优，于是很快抢得先机，营业占了上风。戏里老爷、太太、少爷、小姐全是戏迷，还加一个戏迷县官，所有角色戏里大卖什锦杂唱、各式表演，放足噱头，比《纺棉花》两人撑场面火爆多了。《戏迷家庭》一满再满，芷苓扮的戏迷小姐唱段很多，她反串马派老生《借东风》和杨派武生《天霸拜山》，台下反应强烈；与寿苓串演的一段话剧也很别致；她还有梆子《大登殿》和昆曲《安天会》的猴王身段，都是李宝櫆挖空心思现演现教的。这戏一出，芷苓无异多了一把杀手锏。

北平演出空闲时，芷苓兄妹常与她闺中好友、前"四大老生"之一言菊朋之女言慧珠结伴去北海、中南海溜冰。慧珠好打牌，常拉芷苓入局，溜冰场上慧珠远不及芷苓，牌桌上一交手，芷苓便技不如人了。她与同行小姐妹间走动频繁，慧珠之外，还有白玉薇、马艳芬、李砚秀、吴素秋、梁雯娟……她兴趣爱好太多，有时来了兴，索性骑着自行车直奔颐和园，一路疾驰，黄沙扑面，回家成泥人一个。她更嗜舞如命，一有机会就会找地方去"蓬赤赤"，童芷苓北平站住了，心情大为宽松，也就来了更多的闲情逸致。

上海方面又来邀角，这次是上海另一家京派剧场——皇后大戏院。张镜寿经理派出他的得力助理李阿毛赴平面邀，特请芷苓挑班。二牌是老生迟世恭，还有李宝櫆、何佩华、贯盛吉、慈少泉等硬配辅佐，小生还是寿苓。当芷苓兴冲冲地去告诉言二姐自己将去上海领衔的喜讯时，慧珠乐了，原来慧珠和李盛藻同时接受了上海"黄金"的聘约，一对相知的小姐妹竟要在上海打起对台，亦实属无奈。

李阿毛陪同芷苓登上南下列车，芷苓的"分"显然见长，李奉迎功夫老到，对芷苓心理摸得很准，还陪她游览了市容，走遍了整个租界。她对"孤岛"的一切很感兴趣，沦陷的上海仅有这一片租界地没有炮火，没有刺刀，没有东洋兵。在繁华的租界，欧陆建筑的影院，高级豪华的舞厅，百味汇川的珍肴，漂亮入时的服装……无不吸引着她，谁知过不几天，太平洋战争爆发，"孤岛"沦陷了。

"皇后"地处"更新"、"黄金"之间，又在三马路口离大新公司不远，是个繁华至盛的地方。比之上次来"黄金"，芷苓此番多长了心眼："皇后"方面把我请来，报酬优厚，处处礼貌周到，他们眼里我的"分"还不小，何不乘此开口要些条件。她提出了自己的戏码，至于哪一天贴什么戏，由老板视营业而定，但先上荀派戏无可商量，这使老板犯了难：当年5月，荀慧生先生已在"黄金"登过台，38天贴了32出戏，除了《红娘》、《玉堂春》各演三场外，余戏无一翻头，盛况为"黄金"之仅见。今童芷苓也以这些荀戏相号召，似乎少了新鲜感，会不会由此而影响皇后大戏院的营业呢？芷苓则另有心思：去年"黄金"受制于"高家军"的戏码，自己拿手的荀派戏多半窝着唱不了，这次怎么也该把自己学成的戏露一露了，别让人说我只会纺棉花。

首场炮戏仍然是《四郎探母》，与迟世恭合作。接着《钗头凤》、《鱼藻宫》、《绣襦记》、《元宵谜》等荀戏陆续出台，荀派小本戏至少卖个九成座，其中《红娘》、《玉堂春》则逢贴必满。演过一阵，老板终于开口了，要求童芷苓贴演《大劈棺》。这出戏先前就曾在"皇后"大红，让老板赚满了腰包，这次脑筋动到了童芷苓身上，当然也想来个盆满钵满。芷苓拒之再三，眼下营业大好，没必要另排新戏，再说自己本就不会"劈"。老板不予商量，说："童小姐，您不要忘了大敌当前，'黄金'那边言慧珠、李盛藻对您可是二打一，您不出新招，营业何以保证？"李阿毛火上加油："不唱大劈棺，我们就对不住您了。"张、李两人一个红脸，一个白脸，一哄一压，不由芷苓不就范。

《大劈棺》又名《蝴蝶梦》，叙说庄周得道，路遇一新孀煽坟使干，以便改嫁，得到启示，回家试探己妻田氏是否忠贞，伪装病死，成殓，幻化为风流倜傥的楚王孙，携一书童来家，田氏见王孙顿生爱慕，拟嫁之。洞房之夜，王孙忽患头痛，谓初死之人脑髓可治，田氏乃劈棺取庄周之脑，庄周突然从棺中跃起，痛骂田氏。田氏羞愧不能自容乃自杀，庄周遂弃家而走。此戏"田氏思春"一折旦角有细腻的内心戏，庄周戏妻一折有精彩的对手戏，"劈棺取脑"一折更有绝技表演，全剧富有欣赏价值，成了屡演不衰的百年老戏。这下《大劈棺》轮到芷苓来演，她又得现学现卖了，但上哪儿去学呢？

正无奈间，师兄何佩华挺身而出，他全按筱（翠花）派路子教，芷苓虽也推崇筱派，可照单全收总觉与自己不太和谐。她一再琢磨之下，决定用上荀师的眼神和表演，来个筱中有荀。芷苓谢过何佩华的雪中送炭，却又嫌这戏太过于平，想动一动戏的脉络。班里有人劝阻，"最好别动老先生的看家戏，以免遭人骂"。芷苓头脑里已然烙有荀先生的印记，不怕被人说造魔，怎么合适怎么演。

她在"田氏思春"中加唱 [南梆子] 抒发怀春情愫；在思念庄周时添上 [二六]；得知夫君返家时接唱 [快板]；设计了庄周假死时的换装表演；"劈棺"一场，她又用上了荀氏眼神、做工，着力刻画田氏的惊恐、无望和羞愧，她充分发扬了唱、做之长，确实费了好大一番心计。

《大劈棺》开演，芷苓把田氏盼夫的思春心理，见楚王孙时的爱慕心理，持斧劈棺时的惊恐心理连贯一气，观众看到的是一出新意盎然的老戏。戏中芷苓扮相尽妍丽俊俏之态，她运用了荀师带戏上场和带戏下场的演法，催人入戏，把台下人的"神"牢牢地抓着。她两眼水汪汪，表达柔情蜜意本是她的强项，但演至"劈棺"，居然从妩媚的眼神中射出两道凶光，一看便知她把荀、筱两位眼神糅合在一起了，荀筱并举的《大劈棺》演法大获成功，台下燃起的"捧角"烈焰几近白炽。

《大劈棺》空前成功，"二百五"其功非小。江南第一名丑刘斌昆极富创造力，他扮演纸扎冥人"二百五"，漆布长衫、坎肩、小帽，酷似纸质；他满脸涂白，重勾眉眼，脑后用靛蓝描出发根；小帽上黏着一条小辫；刘幼功极深，被检场人抱上场后，鹄立椅上，右手拿着烟袋，左手放在胸前，历时一刻，身不稍动；他的"二百五"纸人学活人，活人演纸人，真假难辨，惟妙惟肖；刘的"二百五"在那里一蹲，搧东向东飘，搧西向西飘，演活了一个纸人。台下为刘斌昆奇技所惊，数千只眼睛一齐盯住他，只见他眼不眨身不摇，叹服之余，发狂般的彩声直冲他而去，申江戏迷直以"纸人"呼之。童芷苓、吴素秋在上海"劈"戏大红，刘斌昆功不可没。

李阿毛为芷苓设宴，席间称颂不止，他把"皇后"一位老戏迷编的顺口溜带到酒桌上："劈纺戏，内行犯忌，台下痴迷，老板心头喜，演员得名利。"又反复吹捧"童老板八面威风，上海滩所向无敌……"并频频把盏为今后合作干杯，芷苓几被"皇后"一班人捧晕乎了。

"皇后"一期进入后段，芷苓"劈"、"纺"齐奏，戏院门庭若市，李盛藻、言慧珠那边已难抑芷苓锋芒，营业渐居下风。"皇后"客满牌连日高挂，前后台、行内外对劈纺的走红却是毁誉参半。

芷苓芳名大噪，行家们的责难和贬斥接踵而来，色相呀、庸俗呀、无聊呀，不一而足。芷苓心中委屈：又不是我要演，都冲我发什么火？上海坤伶演"劈纺"难道还少吗？怎么就没事？《大劈棺》本来就是一出言情戏、刺杀戏，我按前辈路子演，风情难免有几分，可我哪儿在卖色相呀？开朗的芷苓很快就想通了，她挺能自我解嘲：人冲着我来，大概是我的劈纺唱得最好吧。你说色也罢、俗也罢，反正我不色不俗就罢。"这是生意经，我不过是才来上海，怎么你们上海人反而不明白？"

贬斥中自有认可声。童芷苓的田氏，既被崇尚筱翠花的人认可，又让喜好荀慧生的人叫好，她在老戏路上另辟蹊径，唱工、眼神、表情三管齐下，不再是昔日重做轻唱的路子。她劈出了新意，童芷苓的名字不胫而走，热捧的戏迷异口同声地送给她一顶桂冠——"劈纺大王"。须知此时的她，芳龄才十九。

《劈》、《纺》两戏本不属一类，"劈"是见功夫、有观赏性的传统老戏；《纺》是九腔十八调，纯娱乐性的时装玩笑戏，把两戏连称"劈纺"的始作俑者就是上海人。或许是童芷苓的劈纺太疯狂了，就索性连为一谈，久而久之，"劈纺"连称成了约定俗成的习惯用语了。平心而论，《大劈棺》难度很高，是十足的累工戏，坤伶中动此戏的远不及唱《纺棉花》的为多，童芷苓以花衫之身演这类大花旦兼刺杀旦的戏实在不易，这也是她比其他劈纺坤伶高出一筹之处。

她圆满地结束了"皇后"的演期，北返途中沿线巡演。一手是荀戏为主的流派老戏，一手是《劈》、《纺》、《戏迷家庭》三出红戏，一路班师一路歌，好不风光。

三、梦圆"中国"

　　童芷苓在上海、北平挑班的消息传到天津，家乡人对她的思念日炽一日，阔别两年了，怎么她衣锦还不思还乡呀！乡亲们哪里知道，她自离津之日起已然立下了誓愿：只有"中国"相邀之日，才是我回乡探亲之时，第一次回津，非中国大戏院不登台。

　　精明的"中国"老板哪能不猜度到这一层，炙手可热的童芷苓可是招财进宝的摇钱树呀！一候时机成熟，"中国"马上出手，颇有名头的"中国"后台管事李华亭果然踏进了北平大栅栏的童家大门。他面邀芷苓农历元旦在"中国"领衔演出，当面许下"黄道吉日挂头牌，头等接待加头等广告，一切由我李华亭担待"。为了顾及礼貌和身份，她摆出三分矜持，听着父亲和李华亭叙话，一边观察对方的举止言词，果然名不虚传，确是一位经励科中的大腕人物。听人说，这位有"九头鸟"雅号的李先生在梨园行兜得转，吃得开，什么大班、多大名角，他准能邀来，谈到公事，谁也斗不过他。今天见了本人，也确实佩服他出众的精明强干，他不过四十左右，谈判桌上父亲绝对不是对手。看着他嘻嘻哈哈，巧舌如簧，明知他精明过人，却还喜欢他，合约一拍即成。李刚告辞出门，芷苓便骤然忘了形，满屋蹦呀、跳呀、唱呀，乐得像个孩子，转身又一把把妈妈抱住，吓了陈氏夫人一大跳："这闺女疯了！"芷苓受聘"中国"，夙愿得遂，全家一片喜气。

　　芷苓急步赶去荀家告禀荀师，先生露出快慰的笑容，半正经半开玩笑地说："从津角到京角，又一变而成红角，祝你步步高升。"说得芷苓颇为尴尬。他提醒弟子："天津父老乡亲看你长大，全是你的衣食父母，千万不可人前耀武扬威，哪怕再红，丢了老家人缘，就是失败。"芷苓连连点头。接着荀师针对芷苓的学荀演荀来了一番言简意赅的评论："你小小年纪，胆大包天，竟敢随意给前辈的看家戏动手术，多少有资格有能耐的大老爷们还都没这个胆。"又说，"你学我荀某人，演我荀某人，结果是取我的'骨'，留我的'肉'，输你的'血'，不是吗？"听到这里芷苓大惊失色，糟了，先生真的动怒了。她不敢申辩，低下了头。谁料先生一阵大笑："把童大胆吓着了吧？我就盼着有这样学戏的人，像太先生历来主张的那样：法古而不泥古，不然王瑶卿就出不来，我们这几个（指四大名旦）也出不来呀！当然，也不会有日后成功的童芷苓。"她听了将信将疑，低垂着脑袋继续等着先生的下文。荀先生一板更比一板紧："我从不夸你，因为我在观察、在琢磨，你有悟性和韧劲十分难得，我只能当好你的带道师、指路人，路得由你自己走，修来道行有多深全在你自身。你的成功我心里乐，你的挫折我直发愁，打从你来了，我的心可累了。"不知怎的，芷苓一时感到两腿发软，正想给师父下跪，只听荀师厉声说道："我不要你跪在我面前，我要你站在我肩上，你懂吗？"一向温文尔雅的荀师今天疾言厉声，平和之人竟变得这等激动，芷苓被深深地感动了。荀师自知失态，立即放缓语气："你要是有骨气、有能耐，就想法站在我肩上，只要你能站上去，我一定能把你顶起来。"这时芷苓抬起了头，先生似乎言犹未尽，长叹一声："我对弟子最大的要求就是一条：学师父学前辈，最后还得走自己的路，我希望你同我一样。你小小年纪，正在尝试之中，我很欣慰。"最后他带着些许歉意说："我只是说了憋在心里的话，并没有在责怪你，你这样聪明的人怎么糊涂了呢？"说到这里，芷苓方才破涕为笑。

荀先生对芷苓如此赤诚相见的内心告白，如此语意深长的当面训示，让师徒间关系就此出现升华。平时不见他们之间有多近乎，实际上心已经贴在了一起。芷苓走定了先生的路，荀师也看准了这位日后的接班人，师徒间并没有承诺过什么，直到先生归天，这番谈话的内容始终秘而不宣，为使不造成负面效应，不复谈起，二位都是明白人，心有灵犀一点通。

激励弟子已毕，荀先生动了真格，"回天津大意不得，把戏再打磨打磨"。自此，芷苓每天去荀家报到，按师父要求，把所有带去天津的戏统统走上一遍。这次荀师亮出了教戏神功，一改往日只点拨不展开的方式，几乎倾囊而授，把芷苓每出荀戏中不够到位之处一一作出调整，又对芷苓戏中自身变通之处肯定之中有商榷。经两位共同的精加工，不少戏强化了荀派风格，又兼容了芷苓个性，变得格外和谐。芷苓佩服得五体投地，先生教戏可真有一套。

师娘见芷苓大冷天大颗汗珠砸脚面，心中不忍。见丈夫的大传授量如同魔鬼训练，不由一边埋怨起了先生："你这样天天一通猛灌，不怕把孩子的'肚子'撑坏了？"先生不以为然，"她肠胃好着呢，再多也不怕，入肚就化。"知徒莫若师，先生太了解这个倔强的弟子了，学戏练戏如玩命，教得愈多愈来劲。每到荀师"收工"，累到腰都快支不起来的她还在那里两眼直瞪瞪地静等下文呢。有一次收完工,师娘问她"肚子饿吗?"她肚子早就咕噜咕噜直叫,正饿着呢,她接口就答:"不饿!"一想,不对,赶紧更正:"不,我没饱,还吃得下。"把先生、师娘逗得直乐。

到出发的日子了,李华亭果不食言,亲自陪同上了开往天津的列车,并对芷苓的条件照单全收:同意童家阖府赴津,接待规格第一等,全家被安置在天津最有名的惠中饭店下榻。"惠中"在当时雄踞各大旅馆之首,那里规格等级森严,头、二、三牌角儿一律按不同级别入住,芷苓卧房自然是惠中第一等级。得知童芷苓入住"惠中",来访者络绎不绝,芷苓身价已直逼四小名旦,心灵上的满足,反使她不得安宁。

李华亭鞍前马后不离芷苓,拜客、应酬加宣传,里里外外的安排无懈可击。戏码本由老板拿主意,李华亭却让芷苓过目,且请汉侠先生参与,竭尽讨俏之能事。"中国"老板和李华亭还一起陪芷苓走台,当她走上舞台,向台下望去,大有"江山依旧,人事全非"的感慨。"中国",对她来说真太熟悉了,昔时台下客,今作台上人,怎不有感于怀。她抬头望三楼,那里每一个角落都有她的足迹,都有她偷戏的回忆。在津门地界,打从"下天仙"、"华安"唱到"春和"、"北洋"、"新中央",最后入"中国",戏院愈唱愈大,身价越来越高,思来想去,如在梦中。

兴奋难抑呀,芷苓躺在高级席梦思床上,几次躺下几次坐起,折腾了一个通宵。第二天依然如此,第三天还是那样。兴奋的极限被突破,高度的亢奋在升温,母亲着了慌,忙陪着女儿去天津名医李久格大夫处治疗,大夫开了一帖药方,说能药到病除。芷苓服下,不见一丝反应,大夫束手无策,全家人只有干着急。又是李华亭点中了要害:"上了台就行,慢慢会松下来的,这种事常有。"

春节开台,演期12天,另加几个日场,每次开放票板,1 800个座无不售罄。第一天炮戏仍是生旦对儿戏《四郎探母》,芷苓来到戏院,先到供奉在后台的神座前行礼膜拜,梨园行过去和其他行会一样,敬神习俗盛行。梨园行敬奉的祖师爷就是开创八百年梨园史的唐明皇,又称"老郎君"。每年腊月廿五封箱和正月初一破台时,皆有敬神仪式。芷苓本不信神,此时也不由虔诚起来,叩求祖师爷保佑大吉大利。后台繁文缛礼完事后,她的铁镜公主才款款出场,台下一见风姿绰约的童芷苓,一声通堂喝彩,这是她自登台津门以来最炸窝的一次碰头彩。饰演杨四郎的是素有"铁嗓"之称的纪玉良,芷苓与之唱对儿戏,嗓子并不落下风，天津观众十分惊讶童芷苓嗓子比昔日不仅显得宽亮，而且更为厚实了。老板在后台直翘大拇指，自诩自夸："没看错人吧，要没有嗓子，第一天敢上《探母》打炮？"

荀派戏接连推出。《红娘》一剧，童芷苓波光粼粼的眼神，银铃叮当的嗓子，嘴角微翘的口型，似隐似现的笑靥，婀娜娉婷的身姿光彩照人，一个正直、热情、灵巧、富有侠义心肠的红娘跳脱在众人眼前，尤其是那慧黠的目光，恰是红娘俏皮灵脱性格的写照。荀派水袖功也被她大加施展，出场的扑蝶舞；陪同老夫人和小姐走进后花园，那开门、擦桌、抹椅一整套以袖代手的大幅度水袖舞；"佳期"中西厢门外唱 [反四平] 的水袖身段全是典型的荀派路数。芷苓原是甜姐儿，不笑也甜，何况全戏笑口常开，她的"笑"自有"上人见喜"的功效。

《香罗带》中蒙冤含屈、贤淑善良的林慧娘，性格内向，且带三分深沉。演这一角色很有难度，她演来倒是极具细腻，小小年纪已能演出几分荀先生"覆盆千古恨"的意味，一看便知大有实授。用追逐她多年的老戏迷的话来说，"二十岁的女孩子演到这个份上，也找不出几个来"。

《霍小玉》是由喜而悲的悲剧，《元宵谜》、《荀灌娘》是由悲而喜的喜剧，悲喜两路双管齐下，均有佳构。《大英杰烈》、《荀灌娘》是少时成名作，连文带武，吃工繁重。《得意缘》、《花田错》合她性格，学荀惟妙惟肖，她大受热捧，全是意料中事。

临别演出《纺棉花》，台下有人跳上凳子叫好，笑声、掌声、喝彩声交织一片，把"中国"闹翻了天。向隅的观众聚集在戏院门口久久不肯离去，若把这一大群戏迷放入场内，足可再挤满一个场子。那天有不少戏院方面的人站在台侧，以一睹童芷苓小姐"杂家"风采为快，无不对她的什锦才华"一品锅"赞不绝口，怪不得这出戏从上海唱到北平，红得离奇。

12天演期圆满结束，一切公事全由李华亭"一烙铁烫平"，李与汉侠先生甚是投机，两家因此认了交情。芷苓领教过他的才干，也生结交之心，若有这位高手承办自己"公事"，定能让人高枕无忧。

临行前夜，全家聚在芷苓的头等客房里，兴致勃勃地大谈天津之行，一聊几个钟头依然余兴未尽，同行好友也纷纷上门握别，着实地都把她狠狠地夸了一顿。当年拜师引见人、干爹沙大风特地赶来凑兴，又增添了一份热闹，可就是芷苓的话匣子迟迟打不开，似乎在沉思着什么。

芷苓成熟多了,组班挂头牌的梦圆了,登上中国大戏院的梦也圆了。然而,她又不满足了,在她脑海里一个新的更加瑰丽的梦正在编织之中。

四、走 南 闯 北

苓社,是古都数十家班社中的一支新军。虽已是梨园界一方诸侯,但要成为一路强师,还有很长一段路要走。童芷苓,要成为真正的大名角,首先须在北平占有一席之地,还必须有走南闯北的成功经历,其中沪、津两地便是重中之重。

平津地区战时涌现出大批才华出众的青年俊杰,已打出品牌的有四小名旦、李万春、李少春、叶盛章、叶盛兰、李盛藻、王金璐、高盛麟、裘盛戎、袁世海和言慧珠、吴素秋、李玉茹……加上正在盛年的程、尚、荀三大名旦和筱翠花,马、谭、奚、杨"四大老生"以及十全大净金少山等人,北平成群鹿逐鹿之势,天天都是"春秋战国"。苓社要维持经常性演出很不易,实因粥少僧多,在戏园子的争夺上,资格实力相对较嫩的苓社自然难得先手。童氏父女十分明白自己的处境,除了不计戏园子等级高低,尽可能增多上台机会外,更重要的得把自己知名度迅速提上去,最好能得前辈名家的提携"扶我上青云"。

芷苓在北平演的大多是荀师的戏,但毕竟功力有欠,诸如《钗头凤》之类故事曲折、人物众多的戏初演时总会失之于"凉",但对《埋香幻》之类故事简单、角色不多的戏又不敢上手。在她心目中,这类戏只有先生能演热,她多渴望能与先生同台,把她捧上一捧,但这又不现实。她想起了言二姐,仗着经常出入言家的方便,引起了言菊朋老先生的注意,于是得到了与言菊朋和名净马连昆合作《二进宫》的机会。只是言老体弱,登台寥寥,言家这条捷径又走不通了。为了提高知名度,童父把脑筋动到了反串戏上。

古都舞台常见《连环套》,举凡武生花脸凡有些来头的,都有这出戏,《连环套》也是芷苓跑码头的卖座戏之一。她反串的黄天霸有个头有扮相,虽没有响堂坚挺的杨小楼式的逆锋之音,但凭女性逢高必起的嗓音也别有一番风味。黄天霸是俊扮武生戏中人物造型最美的一个角色,又是许多黄天霸戏中唯一不带武场的,芷苓反串武生以此戏最为合适。可窦尔墩呢?父亲马上想到了当年杨小楼的绝配侯喜瑞。这戏谁能与侯同台,不亚于镀金,若得此老襄助,剑出偏锋的芷苓必在北平引起轰动。

汉侠先生领着女儿循址找去，叩门求见。芷苓从未见过这位老前辈，心想此老既与金少山、郝寿臣并称三大净，必有叱咤风云的气概和居高临下的架子，进得门去，只见堂上一位面容瘦削的长者，布衣布鞋，拱手向前，芷苓还以为侯府管家。他自报名姓后，方知眼前这位便是大名鼎鼎的侯喜瑞，看他外形，唱丑角差不离，听他说话，心中又是一阵纳闷，这位老人家嗓子是豆沙馅的，怎么回事呀？她一旁坐下静听宾主叙话，一阵好感油然而生，侯老平易近人，语气和蔼，一点"谱"都不摆。当听到请他与芷苓合演《连环套》，先是一愣，对芷苓打量了一番，继又哈哈一笑说："一男一女，一老一少，这出《连环套》倒也有趣。"

二十岁与侯喜瑞合演《连环套·天霸拜山》，童芷苓饰黄天霸，侯喜瑞饰窦尔墩

侯老虽觉意外，对芷苓小小年纪敢邀他同台，也自有了几分好感。"行，你照你路子演，我会傍着你。"芷苓大喜过望，赶紧站起身来行了一礼，直说，"全仗您老扶持。"她也真大胆，就此"台上见"了。

《拜山》一折，芷苓与侯老台上见面，心里吃惊非小，侯老这股子精气神把整个场子压得服服帖帖。侯老始终用眼神领着芷苓，于是她渐渐从拘谨中松弛了下来。两人在台上展开了对手戏，有老人家托着，这戏没法不紧凑、不提神。尤使她感到惊奇的是，侯老运用挺胸、收腹、缩臀的技法，台上始终长身长腰，气魄很大。又见他每逢两人并站时，总向台前跨一小步，芷苓恍然大悟，原来两人高度不等，一步"抢阳"，侯老无形中就把高度拉平，不显身子矮了。大家终究是大家，不由人不服。

应苓社之请，侯喜瑞又助演了几场，如《双沙河》、《翠屏山》，他身居配角，台上全力以赴一丝不苟，和芙蓉草一样，多冷的戏也能演热。往往一出戏下来，芷苓感觉奇好，处处顺手，便当面请教："您老真绝，有您在台上，戏就光彩了，这是什么缘故？"侯老十分谦逊："我在台上很平常，就是不偷懒，也不洒狗血。"又说："到了台上，神不能散，气不能竭，劲不能泄。要知道自己在台上是干什么的，我是杨雄，就干杨雄的；我是窦尔墩，就干窦尔墩的。"老先生从不争角色，不争牌次，戏德之高，行内公认。那天《连环套》散戏，在后台也曾对芷苓大加鼓励一番："北平唱这戏的人多，你也算不含糊了。"芷苓惶恐不迭，忙说："我在北平还是第一次唱《连环套》，要不是您老扶着走，我这几下子哪够'一卖'？您不带，我还真不敢上呢。"她说的是大实话。

圈内人有一条共识："出名在北平，赚钱在上海。"不过童芷苓还有一项得天独厚的优势，因为她有一个稳固可靠的大后方——天津卫。在那里她拥有多年来倚为长城的乡亲父老，天津人给予故土的女儿常有一种偏爱，他们总是把一年中农历元旦这一最上座的黄金档期留给她。如在北洋戏院登台，只有芷苓出演可不按包银制，改用拆账制，按四六分钱。这一来，童父当上了货真价实的班主，他积八九年之经验已学有几分经营术，他把"北洋"演期定成每次一个月，春节营业火爆，芷苓日夜两场连轴转，把日戏一直唱到十六元宵，初一至三十日夜共四十多场，这笔赚头叫人眼红。汉侠先生每晚提着大袋子到经理室装钱，童家在经济上大翻身，已成富户了。至于芷苓兄妹辛苦终年，家里挣钱多少则毫无所知，照样一如既往地领取零花钱。

芷苓在津独受专宠，屡抒感怀："我只要一踏上故乡土地，马上精神大振，脚跟硬了，连说话气也粗了，我好像就是名旦了，多托乡亲的福。"一心唱戏养家的芷苓不可能不受利益驱动，不得不把重点发展的地域定在北平和上海，天津虽亲，也只能屈居第三，天津人不无遗憾。"中国"经理就曾多次表态："欢迎你一年之内多来天津几回，我们这里永远是你的天地。"她不得不作出某些表示："故乡有我最好的回忆，故乡人是我最可信的靠山，我身不由己，有机会我会优先考虑家乡。"话虽如此，最终还是身不由己。

北伶南下渐有沉寂之势，大约是南北交通不畅之故，童芷苓则不然，她反而走得更欢了，因为她真正的福地是在上海。日伪时期，她每年去上海至少登台三个月，最多高达八个月，三马路口的"皇后"、八仙桥的"黄金"几乎成了她在上海的"娘家"。

某一天，她在看上海当地报纸上千奇百怪的海派戏广告，突然触动了她某根脑神经："老板对我演'劈纺'下过大本钱做过大广告，这两出戏到底算不算海派戏？"

她带着疑惑请教了芙蓉草，赵先生想了一想说："《大劈棺》是老戏，北边来的，不是海派戏；《纺棉花》倒是由南边传到北边的，这种炒什锦的玩艺儿是十足上海货，说《纺棉花》是海派，我不反对。"芷苓何曾想到，自己学京派，唱京派，成京角，今天却也沾上了海派的边。

上海应是童芷苓的热土，她也并非战无不胜，1942年的"黄金"一期她就打不开帆。那次是外行办戏，找来的搭档多是七十多岁的爷爷辈，马德成、时慧宝这些老人风华早过，而芷苓面对昔日"老法师"又不得不让出大轴，演了好几天，观众席上冰凉，无论怎么折腾，观众就是不赏脸。

1942年，二十岁的童芷苓在上海黄金大戏院唱红《锁麟囊》

老板要求演"劈纺"，芷苓心中有气，偏不演这两出，别出心裁地演了一出评剧大王白玉霜的《海棠红》，上海人依然一副冷面孔。这期"黄金"失败至极，几近铩羽，老板走投无路，只得全仗芷苓救场了，谁知她突发奇想，提出赶排程砚秋先生的新戏《锁麟囊》，让人云里雾里，不知她葫芦里卖的什么药。其实，芷苓早已下定了走南闯北创品牌的决心，为了开拓戏路，她跳出了单走荀派一路的局限，试演起了各种流派的名剧，程先生的戏也是她的目标之一。《锁麟囊》去年才由程砚秋在沪首演，她前去偷过多次，心里已有了几分。正该她交好运，程先生北归，把他"秋声社"原班人马留在上海，芷苓乘机来了一个连锅端，把程的梁柱班底全数请到，由他们边说戏，边指导，边排练，这样排成的《锁麟囊》绝对原汁原味。经芷苓的一再坚请，他们如数上台助演，众星捧月之下，《锁麟囊》打响了。

芷社的《锁麟囊》，除程砚秋换成童芷苓，余皆不变，原班梁柱台上各就各位，仗着程的威名，人们蜂拥而来。此戏在程去岁首演后的第二年，芷苓就正式上演，成了坤界效演《锁麟囊》的第一人。戏中吴富琴扮芦夫人，李富春扮赵禄寒，芙蓉草扮胡婆，刘斌昆扮梅香，张春彦扮薛良，孙甫亭扮老夫人，台下座无虚席，一举挽回了营业颓势。行内外大觉惊讶，即使童的一批捧客也成了丈二金刚，心里明白的莫过于台上那班"秋声社"的绿叶，他们对童芷苓神奇的模仿力叹为观止，吴富琴、张春彦、李富春等一班前辈要不是出于对芷苓的欣赏心理，也不会如此鼎力相助。

童好荀戏外尤喜程剧，平时不仅有心，且极其用功。她以程戏为副修，却能与众多专修程派者一较短长，童不过二十来岁，已是程派领域中的一匹"黑马"。她凭着与生俱来的胆魄，凭着锲而不舍的坚忍，更凭着出类拔萃的模仿力，她的《锁麟囊》终于收到奇效，在多年的对台记录里成了她屡试不爽的"番天印"。她志在开拓戏路，以此来不断积聚自己的内能和实力，这条路她走得很坚实。

芷苓走南闯北，每到一处，说戏、排戏全由寿苓操持。他有姜门实授，每演书生，"痴、傻、酸"三气俱全，这并非每个小生都能拿得起来。遐苓代父担当经纪人，负有保护弟妹之责，并不轻松。兄妹三人常在一起聊说家事，共同支撑起新兴的童姓梨园之家。童家开支大得惊人，芷苓排场今非昔比了，更大的支出却在北平，父亲又添置了两处房产，子女先后立业都到了成家的年龄，买些房产也好为儿女安家，不能说谋之无当。但芷苓他们没想到父亲竟挥金如土，为培养小弟祥苓，在大栅栏居处盖了一排平房，办起了科班，收了几十名孩童，又购置了不少小孩行头、道具，广请名师传艺，汉侠先生坐镇北平督教促学大过班主之瘾，已不像往日那样陪芷苓东讨西杀了。

小弟工老生，由刘盛通启蒙，常来家传艺的还有雷喜福、安舒元、杨宝忠、钱宝森、陈大濩等名家，后又有幸拜马连良先生为师。小弟戏路宽，聪慧一如乃姐，北平苓社每逢芷苓登台，小弟常以二牌老生位居压轴。葆苓长小弟七岁，长得小巧玲珑，家里请来李凌枫、律佩芳教青衣，何佩华教花旦，她极为刻苦，刀马旦尤佳，每遇芷苓外出，苓社即由葆苓挑大梁，做姐姐的看到弟妹发迹有望，欣喜中自有一份安慰。

举凡红角，观众喜欢封赠头衔，童芷苓被人加冕的是"劈纺大王"的桂冠。"劈纺大王"，那些年被人叫得雷响，有一班正统戏迷，对《纺棉花》之类的娱乐戏大加挞伐，更有人把它与鸦片等同，甚至把日伪时期国剧的滑坡也归罪于这一类戏，大大夸大了娱乐戏作为"高台教化"反面教员的作用，由此产生定见，凡演劈纺的坤旦都是不正经的。童芷苓等大多迫于生计，就范于戏院老板，问题是经她一弄潮，竟成"潮头人"，于是，指责、诅咒、谩骂的火力聚焦在她头上，她哪能心服口服？翻开当时戏报，坤伶中劈者不乏，纺者更众，京剧有之，其他剧种也不免，要说芷苓台上风情虽足，然不淫不荡，始终不曾越过她的心里底线。话虽如此，这类戏毕竟艺术层次不高，只是逢场作戏逗人一乐而已。正由于太赚钱了，引得上海滩坤伶群相逐鹿，同一天里有时会有五六家戏院竞演《纺棉花》，能说不是一阵风？"劈纺"戏对京剧的冲击应归因于当时复杂的社会背景，艺人又能负什么责任？

"劈纺大王"称号送给童芷苓，无非说明她的综合技艺雄踞群芳之首。至于正经不正经，不妨遍查1940年以后的上海所有戏报，连素喜以耸人听闻的消息招徕观众的戏院老板和长于推波助澜的小报记者也没能在童芷苓身上加上性欲、淫荡之类的字样，便知端的。

有了"大王"头衔，她心里并不轻松，别人能躲，她是躲不了的，尤其在上海，戏码大权牢牢抓在老板手里，怎么也犟不过老板去。芷苓为了日后，当然也不愿把事做绝，没奈何，最后让步的还是伶人。可她还是有自己的原则，打炮戏绝对不上"劈纺"；合约中间必唱荀派戏；淫荡表演那是没商量。回到平津，自主权就多了几分，《劈》《纺》即使一露，也仅在最后点缀一下，图个热闹收场。

上海日伪特务和警方串通一气，有一次敲诈到了她头上，借审查为名，说劈纺有伤风化，不让上演。芷苓兄妹知其醉翁之意，偏就寸步不让，不演"劈纺"无伤大局，于是双方僵持住了。芷苓改弦更张收起"劈纺"，演出大批荀派戏，照样连演连满，老板喜出望外，芷苓也出了恶气，"谁说我离不了'劈纺'？"

兄妹三人对"黄金"《锁麟囊》的转危为安、"皇后"荀派戏的不让劈纺津津乐道,究其原因,只能用"上海人水平见长"作解释。记得1941年,上海《申报》发表题为《两年来之孤岛游艺界》的文章,提到毛世来、宋德珠、吴素秋、童芷苓相继崭露头角。时芷苓来沪仅有1940年的一次,尚且榜上有名,评之甚高,足见上海人眼尖。

童芷苓以荀、程两家流派戏从支撑危局到打开局面,再到饮誉申江,固有她本人的出众才华,但也断然不可缺少上海的台下知音。平、津、沪三大处,是她闯荡梨园江湖的三大要地,首先发现这颗晶莹明珠并使其闪耀出夺目光辉的是上海,是具有当代开放意识的上海人。

五、坤伶皇座

上海人崇尚新奇,提倡竞争,热衷刺激,童芷苓要在上海立于不败之地,非得在这块梨园界"冒险家的乐园"里成为一名对台高手。

童家父女既掌"苓社",当然一切都以童芷苓的头牌位置马首是瞻,这是不容商量的。苓社的演出班子有不成文的规定:总有一位二牌老生与之合作生旦对儿戏,有二至三名丑角,一至二名小生和二旦,这是演荀派戏所必备的。二旦多用男性,如崔熹云、何佩华、林秋雯,当然还有相当知名度的乐师,如费文芝、沈玉才、崔永奎、赓金群、王燮元。有时根据需要,配备武生和花脸,在上海、天津演出尤须如此。二哥寿苓是"常任小生",雷打不动,兄妹台上自有一种特殊的默契,他人替代不得。

1943年5月,童芷苓重登"皇后",竟不知沪上剧坛已是一片刀山火山。打开海报一看,不禁微微皱眉,原来同期天蟾、黄金、金城、更新四家戏院都有北平名角在挑班:天蟾是叶盛章、白玉薇,并声称李少春不日加盟;金城是毛世来、陈少霖、梁慧超;黄金是李世芳、迟世恭、袁世海、江世玉一色富连成社"世"字科师弟兄;更新阵容最硬,领衔人是谭富英,麾下梁小鸾、杨盛春、姜妙香、王泉奎,四路头牌皆富社出身,芷苓突然发现自己已陷入富社的重重包围之中。经理张镜寿、李阿毛试探性地问:"童老板,对手可强劲呀?"她缓缓而言:"既然对上台了,总不能临阵脱逃呀!人家比我出道早,名气全比我大,打个平

童芷苓在《大劈棺》里饰田氏

手就算我赢了。"又说:"输给谭老板又不坍台,我怕什么?"语气平静似水,语意不卑不亢,张、李两位反生了几分敬意。

童芷苓外宽而内紧,她从未遭遇过今天这样严峻的对台形势,在"五虎扑食"的格局下,说危如累卵毫不过分,她只有按老板的主意,天天加重戏码。童芷苓几乎施出浑身解数,贴出《龙凤呈祥》、《纺棉花》双出,《四郎探母》、《二进宫》双出;甚至《劈》、《纺》双出,一人顶俩。她豁出去了,这才保持"皇后"天天客满牌不致摘下,凡她演双出必是狂满,更使几家戏院诧异不止。到了最后决战时刻,谭富英和李少春两处亮出王牌戏《战太平》、《定军山》、《奇冤报》等,毛世来贴出杀手锏《大劈棺》和《十二红》,但谁也压不下去芷苓的锋芒。李玉茹、王金璐以逸待劳,与童芷苓久战之师对阵也占不到一丝便宜,足见童芷苓风头之健。

演至6月底小憩,7月23日再上"皇后",与麒派大弟子、兼擅南北二路的大牌高百岁挂双头牌。高百岁威名她怎能不知,在麒麟童"移风社"高代师出任主演乃是常事,况且高又长她一辈,芷苓执礼有加。高百岁挂牌居然让二十挂零的芷苓占了先，戏码分配大轴"三七"开，童七高三。高百岁以《逍遥津》、《明末遗恨》、《追韩信》唱大轴，芷苓以《红娘》、《玉堂春》、《虹霓关》和《劈》、《纺》压台，两人还合演了麒派名戏《斩经堂》，高饰吴汉，童饰王兰英。两位合作戏备具精彩，高在《霸王别姬》中演带有麒派风味的楚霸王，身兼花脸、武生两行，为芷苓的虞姬又增一份别致；《巴骆和》中高百岁反串武丑胡理一角，与芷苓的巴九奶奶对上手可谓铢锊悉称，棋逢对手。高唱念做打严谨规范，他的麒派高唱，嗓门冲、调门高，连刘（鸿声）派高亢入云的唱腔也能应付裕如，学麒却不掩己长，算得上名符其实的一位梨园"好佬"，芷苓心里着实钦佩。

季节进入大伏天，酷暑难熬，老板又出新招，排演新戏《万世流芳》，高扮林则徐，童扮林夫人，演员脸上不抹重彩，身上不扎大靠，两鬓不贴片子，也不用再背上沉重的戏装。高百岁不愧"万能先生"，果然一派气势一身功架，唱做中有不少别出心裁之处，芷苓暗暗喝彩。林夫人一角原为二牌，芷苓演来特别讨俏，竟夺高之席成了台下目光注射的焦点。当时戏评称"童芷苓一身三绝——京剧化的唱功、电影化的表情、话剧化的道白"，又称她"虽是年轻得很，做起表情来竟胜过半老徐娘"。《万世流芳》本为消夏的歇工戏，出人意料地连演连满，24天中观众挤满走道，场子里水泄不通，称得上是盛况了。童挂牌在高之前已然是一桩兴奋事，轻松愉快的《万世流芳》顶住了天蟾方面杨宝森、

全本《玉堂春》是童芷苓的宗荀拿手戏

李玉茹双头牌和"卡尔登"盖叫天、张翼鹏、张二鹏盖家父子兵的夹击,并始终占着"上风头",则又是一件令人费解的事情。

"皇后"再度推出"情商合作",此番张镜寿情商的是南方大牌林树森,拍档虽佳,但双头牌谁先谁后又是难题。林树森来头可不小,她从二位兄长介绍中得知,林是继承老三麻子王鸿寿关公戏最出色的一位弟子,在江南历久不衰。林的京派戏堪与北角争锋,海派戏能同南角逐鹿,嗓音之好能与金少山颉颃,他可是上海滩上能同麒麟童、盖叫天、小达子、赵如泉四位海派大亨决一高下的人物,今老板设宴邀请林、童两位席上相见,芷苓心中忐忑,不知林大伯可有提携后辈之量。

宾主席间坐定,老板直奔主题:"情商二位合作,有请林老板捧一捧童小姐。"芷苓心想,"这不是明摆着要林大伯让席吗?老板怎不先说上几句回旋话?"她不安地对林一瞥,林一派坦然,笑嘻嘻地说:"甭客气,我傍着童小姐。"没料这位大伯如此豁达大度,她赶紧上前敬酒:"太不敬了,一切得仰仗您老栽培。"林树森果然痛快,杯中酒一饮而尽,芷苓则恭恭敬敬地鞠了一躬。事后但听人言,林大伯对后辈的礼让提携业内早有佳誉,他行事又有侠义风,故为同行推为"上海伶界联合会"的会长,今天能同林大伯这样德艺双馨的前辈合作,真是大幸。

林树森可真捧芷苓,在五六十天演期里,他各类好戏一应俱全,虽戏码在前,但总把场子唱得热气腾腾,为芷苓上场做好充分的气氛铺垫。林树森《枪毙阎瑞生》是上海滩的一出红戏,演的是阎瑞生为赌赛马害死名妓王莲英而最终被枪决的故事。林把这戏教会了芷苓,戏码贴出,"皇后"又是车水马龙人头簇拥,几把铁门推倒。芷苓按南方名旦赵君玉的表演路子,在《麦田丧命》一场把王莲英苦苦哀求时的绝望无告演得很是出色,节奏一段比一段强烈,直到被害,台下竟有垂泪抽泣者。另有《莲英托梦》一场,芷苓也有上佳发挥,她心中暗自好笑,我怎么又演起南派戏来了?

《戏迷家庭》是"皇后"的摇钱树,谁知童芷苓这次遇上的是南方《戏迷传》的首席人物,其水平远胜同行吕月樵和时慧宝,林妙在他的《新戏迷传》构成了连台演出的系列,每一本各有不同的精彩段子。童芷苓的花色品种在坤界独占鳌头,始终处于领先地位,近年又推出了一批新花样,如高庆奎《逍遥津》、李多奎《钓金龟》、兄妹合作的话剧片断，兼有上海的流行歌舞。林、童两位在乾坤两界的《戏迷家庭》已是双峰插云之局。如今两川合流，一老一少，还不把《戏迷家庭》唱疯了。林意犹未尽，愿与芷苓再合演《纺棉花》，林饰张三十分有趣，一身布衣长衫，手里拎只活鸡，表示发财回家买只鸡给老婆补身子。他连唱金少山、余叔岩、马连良、麒麟童各派名剧《连环套》、《搜孤救孤》、《甘露寺》、《投军别窑》，又搬出盖叫天《狮子楼》中的追杀西门庆、刘汉臣《金钱豹》的满台飞叉。童芷苓也不甘示弱，唱全梅、程、荀、尚四大派，学演筱翠花，又在《二进宫》中一人赶三角，还大唱南北曲艺集锦。两人相映成趣，"皇后"天天人满为患。

芷苓爱看林戏，尤喜他的关公戏，常藏身幕侧聆赏，一次演出《群英会·借东风·华容道》，芷苓反串孔明，刚把"祭坛台借东风相助周郎"的马派名段唱完，下场匆匆卸妆，生怕赶不上紧接而上的林树森《华容道》。卸妆及半，锣声大作，传来了林树森一句帘内倒板，那鹤唳九霄的声浪正应了"黄河之水天上来"的佳喻，待等她兴致勃勃看完《华容道》，才知脸上还带着半妆。她看戏总想从中学点什么，于是她把《华容道》唱段放进了《戏迷家庭》，而且学得一口林树森的韵味，同台的林大伯听到这段，这一乐差点没笑场。回到后台，瞅着芷苓光是笑："模仿人的本事，童小姐是第一号。"林更是做梦也不会想到事后不久，芷苓竟反串演出《华容道》，这在坤伶群芳中是独一无二的。

截至1943年，上海滩唱出名声的坤旦不少，数童芷苓风头最健，要想挂牌在高百岁、林树森两位大牌之先，谈何容易，"坤伶皇座"称号的由来即在此时。

童芷苓成了"皇后"的专宠，一期接一期，越演越撑顺风船，不料就在这一年她遇上真正的对手了。

"天蟾"大敌当前，李少春、叶盛章、李玉茹三头牌联手，兼有袁世海、魏莲芳、高维廉、李金泉、毛庆来、郭元汾等一群精兵猛将助阵，组成当时号称"十大头牌"的钢铁阵容。反观"皇后"，老板指望的是童芷苓能以一敌三，这太难为她了，这次她要全身而退，难于上青天。

双方打开对台，戏码之精彩让人眼花缭乱。童芷苓这边以《金钱豹·盘丝洞·盗魂铃》为大轴，再在前面加上一出她的拿手戏，如《武松与潘金莲》、《金石盟》、《全本连环套》或《十八扯》，纪玉良、裘盛戎也竭尽绿叶之职，故与天蟾方面营业基本持平。为缓解"皇后"戏码后劲不如的压力，她又连贴大青衣

20世纪40年代在《盘丝洞》中饰月霞仙子

戏《大保国·探皇陵·二进宫》、《锁麟囊》、《王宝钏》、《四郎探母》。双方对垒的戏码更是琳琅满目：如李少春、叶盛章上《铁公鸡》，李玉茹、魏莲芳、袁世海演《棋盘山》，李少春再加一出《奇冤报》，李少春、叶盛章、袁世海的《全本连环套》，李少春、叶盛章、李玉茹兼演《金石盟、翠屏山、巧连环》，李少春、叶盛章的《大三岔口》，李少春、李玉茹、袁世海、储金鹏、高维廉的《吕布与貂蝉》……

　　1月10日起，童芷苓面对"天蟾"方面日益强大的攻势，仍然不动用《劈》、《纺》二宝，她虽感吃紧但势头未衰。她开始贴《红娘》了，天蟾则以《连环套》、《翠屏山·巧连环》两出大戏以李、叶双出相对抗，也知《红娘》惹不起；芷苓与纪玉良上《四郎探母》，裘盛戎、张春华、贺玉钦演《连环套》，与天蟾的一至四本重头大戏《藏珍楼》还是分不出高低；芷苓又上《全本玉堂春》，苏三由她一人演到底，天蟾则贴出空前戏码，戏名全以数字打头，由"一"至"十"，一夜十出戏，其中少春、盛章每人三出，玉茹、世海每人两出，对台之烈几臻白热化。

　　两家对台已达70天，时已农历腊月廿八，双方封箱反串，暂时鸣金收兵。

"皇后"老板登门道乏："天蟾那边，二李一叶三班合演分挑大轴，戏码怎么编排怎么有，我们这边，裘、纪二位不能为您分担大轴，所以戏码方面只能来点新花样，只是把童老板累坏了。"此时言慧珠正在上海，趁芷苓前去叙旧，不免要说说眼前皇后、天蟾两家的对台仗。慧珠直抒己见："盛戎唱压轴，那是没说的了，真好！他和你却没有什么合作戏，《二进宫》唱大轴不够一卖，《连环套》是反串不是响档，你的大轴他帮不上忙，这就把你累死。人家少春那边三大位可不这样，再要耗下去，你还得拿出'劈纺'来。"芷苓觉她言之有理，不过心里不服气。

2月13日，农历初一，两家同时开台，重燃战火。初一至初八连演八天日夜场，春节双方营业都火，伯仲难分。双方战况依旧，竟有一天，天蟾、皇后两家大轴同为《金钱豹·盘丝洞·真假猪八戒·盗魂铃》。十天一过，天蟾使出一夜十"闹"的新招，压台戏是难得一见的《闹家庭》，二李一叶加上袁世海、魏莲芳等也来了一番戏中串戏，也唱开了南腔北调，成了地道的改头换面的《戏迷家庭》。芷苓也留后手，同天上演的是一直雪藏不露的《玉钗奇案》。到了后来，双方既拼戏又拼体力，几乎天天双出，对台打到这个时分，已然在拼意志和毅力了。

进入决胜阶段，天蟾后手连发重磅炸弹，贴出一连串此前深藏不露的好戏，有《七打》戏、十二生肖戏、《全本玉堂春》、《酒丐》、《顶花砖》……还有大剧作家翁偶虹名剧《美人鱼》。面对天蟾的最后冲击，童芷苓还是稳若磐石不动"劈纺"，到了这个节骨眼上，她反而显得心里更有底了。"皇后"一边以不变应万变，不断以《红娘》和双出相对抗，天蟾方面煞费苦心的最后冲刺没能冲垮"皇后"的城池。3月5日，李少春一方天蟾期满，历时75天的马拉松对台终以平局告终，这是双方都能接受的结局。

芷苓长长地吁了一口气，两个半月的对仗，险象环生啊！她不禁产生了几分迟到的紧张。一位同济大学的戏迷朋友前来造访，送上一份礼物——"对台战况表"。表中列有75天双方每天对台的戏码，其中童芷苓贴戏19出，二李一叶三人高达62出，相差何其多。戏码的明显劣势竟有战果的平分秋色，她心里是十二分的满意，须知以二李一叶加上袁世海诸贤的合力冲击，即使一等一的绝对大牌也并非都能全身而退。

上海拥有数以万计的"劈纺"迷，哪知此番在"皇后"一等半年，却不见芷苓贴演一次,不知其因的观众虽没等到这两出娱乐戏,但还是被她的魅力吸引到了"皇后",在她的传统戏与荀派戏中过了瘾。188天马拉松对台,不仗"劈纺"而与天蟾强师打平,童芷苓走了一步大险棋,诸多著名坤伶中,有如此对台佳绩的,童芷苓堪称一时无两。由此看来,她那"坤伶皇座"的雅号并非溢美。

"皇后"登台半年多,期间常有赈灾之类慈善性质的义务戏,上海滩坤旦占有半边天,由于人数过众,只能一个角色多人分演,最常见的是《四五花洞》或是《溪皇庄》中的"十美跑车"。无论举办方请来何方红坤伶,角色名单一出,童芷苓几乎每回均占坤旦首席。在上海合作戏的大场面上,如有麒麟童上场,皆尊而让席大轴,坤伶再盛,戏码也照例"码前",唯有童芷苓与麒麟童合作的《大劈棺》和童芷苓、麒麟童、赵如泉三位大牌的《吕布与貂蝉》是属麒、童分庭抗礼的对等地位,足见童芷苓在上海戏界坤伶中的翘楚地位,难怪上海人要捧她为"坤伶皇座"。

第四章　童芷苓旋风

一、通 缉 令

1945年8月15日，日寇投降，大地重光。胜利初，戏院营业极不景气，何况又有伤兵作乱，大兵们口不离"老子抗战八年"，谁也惹不起，角儿们都无法唱戏，心有余悸的童芷苓索性闭门闲居起来。

北平不安宁，她又动起外出念头。战后第一个春节，在天津演出甫毕，就怀念起了上海。听说上海京剧远比天津红火，她又变得急不可耐了。天津再顺，哪怕天天晚上"拉铁门"，可总也抹不去她对上海的向往。说来也巧，上海一位朋友约她兄妹南下一游，兴高采烈的芷苓赶紧找现在天津做事的大哥，请他解决去上海的车船票。大哥那时正在军需处供职，他告诉妹妹，明天有一位姜处长要去天津码头，在即将开往上海的江泰轮上查船，关照她不用天不亮排队上船，只要跟着姜处长登船即可，谁知道这一趟竟惹出了一身大官司。

来到上海，刚在朋友家住下，照例打开上海戏报，浏览一下沪上剧界行情，见梅兰芳、麒麟童、林树森、高百岁、言慧珠等演出正酣，心里一阵萌动，"'皇后'老板怎么了？不会把我童芷苓忘了吧？"

住无几日，她打开上海《新闻报》，一看之下，蓦地一惊，头条消息赫然入目："蒋委员长下令逮捕童芷苓。"这一惊如雷轰顶，震得她浑身发木，一句话也说不上来。自己究竟犯下哪条国法，敢劳蒋委员长亲自下令，她堕入五里雾中。

朝廷钦犯，谁敢窝藏？友人家即刻下了逐客令。她吓得掉了三魂六魄，凭着上海熟人多，到处去找避难所，可家家都拒而不纳，她急得就快跳黄浦了。北平母亲闻讯，日夜兼程赶来，与寿苓一起找到了她。幸好遇到一户有空房的主人，相信童芷苓终有真相大白的一天，这下母子三人遇上活菩萨了。担惊受怕的日子一过几个月，外面已不见追捕的动静，母女渐渐宽下心来。正在这时，神通广大、无孔不入的老板居然找上门来了，芷苓又是一愣，自己秘密住处，他们怎会知晓？老板也不说情由，一意坚请登台。老板行情风头看家准，既邀唱戏，想必警报已除，她便放心答应了下来。待等演出一切就绪，突然间又接到国民党政府军政处的传令，芷苓刹时又惊恐起来。"皇后"老板安慰了她："逮捕成了传讯，委员长成了军法处，风头过去了，只要过过堂说清楚就没事了，要抓的话，你早就不在'皇后'了。"一席话安定了童芷苓。

众家姐妹为她找了一名当红律师，可要价简直是天文数字，一次庭酬五百大洋，相当于芷苓一个月包银，出庭几次就会把她从经济上拖垮，还声称不保胜诉。芷苓考虑再三，高价官司打不起，索性豁出去，硬着头皮南京走一遭。"皇后"两位经理为赚她一个天大的人情，不遗余力，四出托人居间斡旋，还陪芷苓同行，为她策划，为她壮胆。

南京羊皮巷十四号，是她毕生难忘的去处，一个平头百姓一生中是难得来此一走的。她按老板建议盛装亮相，雪白大衣披火狐皮领，合身长旗袍加时髦高跟鞋，仪态万方地下了汽车，走到军法处大门口。此时周边人群一起涌向两边夹道"欢迎"，大批记者前后簇拥，啪啪声响成一片，嫌疑犯今成时装模特，新闻价值扶摇直上，南京大小报纸无不浓墨重彩大加渲染，童芷苓未上公堂，已然名声四播，风头出足。

上得堂去，她环顾四周，大堂上除了军法处审讯人员外别无他人，芷苓站着候讯，只见法官慢条斯理地在席上坐定，只顾翻阅桌上案卷，全无严厉态势。她有问必答，询问中逐渐明白了此事由江泰轮而起。那位姜处长以身渎职，名曰查私，实则本人也在贩运私货，他现蹲入大牢，因有人举报芷苓与姜有联手，坏了国军声誉，通缉捉拿童芷苓缘出于此。经她如实说明，军法处似已早知她无甚干系，故核明情况后不再追问，案子就此了结。南京报纸新闻大肆渲染，天天揣测，结果什么事情也没有。

受惊之余，芷苓不免暗暗自喜，军法处传讯闹得南京满城风雨，她一时成了家喻户晓的人物。关于她的报道，大小报上一律上大字标题，笔头所向，生出无数花絮，直把一个青春坤伶捧成南京城里天字第一号新闻美人。她做梦也没想到，军法处过堂竟会这等风光，如今漫步街头，周围人的目光全会不约而同地在她身上交汇，真是因祸得福，一跤跌在青云里，居然会以这种怪异的方式大红而大紫。时正春暖花开日，她得到一种释去重负后的心理满足，带着春风和煦的上好心态，回到了上海皇后大戏院。

是时，林树森、陈鹤峰"中国"（原更新舞台）登台，叶盛章、李世芳、叶盛兰、张云溪、张春华、陈永玲、袁世海、孙盛武等少壮精英大联合在天蟾发威，芷苓7月出师，天正大热，"皇后"场内过道站满"立票"，戏院门口"黄牛"大泛滥，票价炒出好几倍。"皇后"下足本钱，为她配全了八梁八柱，梁柱全是双份，纪玉良、姜妙香、魏莲芳、傅德威、贺玉钦、郭元汾、郭金光、曹四庚加上童寿苓，济济一堂。尽管天蟾方面戏码已无可再硬，就是奈何不了童芷苓，她一手传统戏、一手娱乐戏，凡上老戏卖十到十一成，上"劈纺"可高达十二成，"皇后"场子里挤得根本迈不开步，戏院每晚必拉铁门，童芷苓创下"皇后"卖座新纪录。

童芷苓疯魔春申，激起"皇后"经理谋求更大利润的雄心，现任的杨经理亲自去南京洽谈，约芷苓上南京中华戏院登台，她预先说定只演老戏不上"劈纺"，经理只求芷苓"起驾"，先勉强接受了再说。果不出所料，芷苓南京一登台，轰动效应更胜上海，几乎挤塌了戏院一对大铁门，也差些酿成人命事故。杨经理惊呼："童芷苓神了，这样闹猛，像轧户口米，从来没见过。"芷苓演的是清一色老戏，却清一色爆棚，连她自己也惊疑不止，"怎么回事，我能红成这样？"老板见钱眼开，三天两头要她纺上一曲，她坚持不允，老板纠缠不休，不断提升价码，芷苓仍不动心，直到眼看要伤和气，这才后退一步，妥协条件是仅唱三场绝不加演，老板无可奈何，只得见好就收。

国民党还都南京，大批新贵入都，内地人也大批东迁，他们在国统区看不到好角好戏，都有一种饥饿感。南京空军约芷苓作劳军演出，童家一门光临，下榻空军俱乐部，那里舞台、剧场、弹子房一应俱全，既能挣钱又得玩，全家好不开心。当时正赶上南京开"国大"，每晚演出必有许多高级官员到后台参观，意在看芷苓化妆。见大员们每天络绎不绝，她灵机一动，备下一本纪念册，请那些大官一一题词落款，第一页便是孙科，这在当时她是引以为荣的。

童芷苓在南京几成无人不晓的"万人迷"，她心情好到无可再好，在南京她挣着最高的包银，享受着隆重的礼遇，还能同全家一起每天逛市游街，在空军俱乐部变着花样消遣……人生之乐莫过于此矣。想起九年前烽火江南路的坎坷，对比九年后鼎盛沪宁线的今日，好不春风得意。

国民党委员吴铁城派人来请，在招待泰国来宾的晚会上，她演出了昆曲《贩马记》。蒋委员长也派人来请，在欢迎美国四星级上将的盛大晚会上，由童芷苓演出《拾玉镯》。她怎会想到不久前下令逮捕她的蒋委员长会邀她在这一最高规格的场合下演出。她用眼角余光对台下略略一扫，发现中国第一夫人宋美龄随蒋一起陪同在场，周围全是国民党要员和政府要人，今晚统统成了她的观众,蒋委员长投向台上的目光是和蔼的、友善的,宋美龄也是笑容可掬,半年光景前后巨变,真是天上人间。

芷苓在南京度过了一段舞台蜜月,父亲则腰包鼓鼓赚足了钱,全班人马喜笑颜开,芷苓却掉下了伤心的眼泪。

这几年芷苓能赚大钱了,她为父母在北平、上海添置了几处房产,为全家经济翻身投入了她至今为止的全部青春,她的巨大奉献得到的却是不公正的回报。她早已到了谈婚论嫁的年龄,父亲还是把她当成少时的"小四",全数支配着女儿的一切产出。从南京归来,她发现自己在爱文义路原先自置的一套冬暖夏凉的公寓,被父亲自作主张卖了。如今父亲又花了十多根金条买下一幢假四层的大房子,事先也没有过商量,就要自己搬出原来心爱的住房,而且她的衣箱财物已先给搬走了。芷苓一阵伤心,偷偷地大哭一场,父亲太家长制了,自己辛苦多年,到如今仍是一无所有,连自己衔泥筑的"巢"也被端了,心里闷极,一气之下离家出走。这一走,惊动了汉侠先生,终究父女天性,他心中不安,多方相烦女儿的好友们把她劝回家来。隔了好几天,芷苓方才回了新家,见女儿整天双眉紧锁,闷忧忧地频频出门排遣愁绪,汉侠先生恍然大悟:女儿大了,有自己的主张和决断了,与其合着过心头不畅,不如大家分开过。他带着小葆、小弟回了北平,同时带走了芷苓唱戏挣下的巨款,芷苓孝义当头,不持异议。

自此,童芷苓只身留沪,定居申江。

二、童芷苓旋风

1946年,上海各大戏院金鼓齐鸣,各路强师纷纷登场,"皇后"有谭富英、王玉蓉;天蟾有叶盛章、李世芳、叶盛兰、袁世海;"黄金"有言慧珠、迟世恭、俞振飞;未几,李少春、李玉茹、马富禄加盟天蟾,三方京角厮杀正酣。待芷苓重返沪上,又见梅兰芳、杨宝森入主"中国",程砚秋、谭富英随后进入"天蟾",梅、程两位大师在上海滩摆开了战场,这无疑是京剧界一桩盛事。双方势均力敌的钢铁阵容更增添了对台的炽烈气氛。开战仅一周,麒麟童、李玉茹也杀入战圈……上海滩呈现了繁花似锦的红火局面。相比之下,故都的歌台舞榭显得冷寂,人说战后京剧重心暂移上海,似有几分道理。

童芷苓心想，上海滩闯了好几年，"皇后"、"黄金"两家已被自己唱热，可天蟾方面至今还属空白，这家上海最大的舞台历来专邀大腕或情商多班合演，一至三层楼全部满座时售出门票可达四千张以上。一般一、二楼售完就算满座，营业一好，老板就打开三楼票板，有多少卖多少，行里人称天蟾是家最没良心的戏馆，也是事实。同芷苓有过多次对台的李少春、叶氏昆仲、李世芳（或李玉茹）、袁世海的多班联合就经常盘踞在天蟾，芷苓好胜心强："他们能上天蟾，我为什么不能？"寿苓老在鼓励她："你今红成这样，用不多久，天蟾肯定会派人上门。"芷苓信心满满："我等着吴性裁（天蟾老板），他总不能老是邀梅、程吧？"

梅、程世纪大战结束，程砚秋和李少春双头牌盛况依然，战后"程热"简直烧到一百度。演期将毕，吴性裁已在盘算，现今上海滩能接下这样沸腾的场子，没有非凡号召力的断然不行，谁能让天蟾保持持续高温呢？童芷苓很自然成了吴性裁的不二人选。很快吴老板就把请帖送上了门。

童芷苓一改往常打炮戏码，不以生旦对儿戏打头阵，也不用荀派戏当先锋，而是别出心裁地改为四天炮戏一周期，逐日亮出梅、程、荀、尚四大名旦代表作，这在当时绝无仅有。四天戏码为梅的《凤还巢》、程的《锁麟囊》、荀的《红娘》和尚的《汉明妃》，这下天蟾果真又烧到了一百度。

她经历年磨炼，已唱出一口能收能放、能高能低的甜嗓，音清脆而响堂，挂味而打远，学起四大名旦来，兼有梅的甜、程的幽、荀的媚、尚的健，她的做派则兼有梅的雍容、荀的娇憨、程的缠绵、尚的劲健。她的摹似总有七分像，人们不以大师水准苛求，凭其形似如许，照样观者如潮。

《凤还巢》，芷苓以梅先生路子为框架，添上本人的小变通，别具一番光彩，如她屏风后偷觑才郎的"三看"，听丫环报事心潮起伏的"三报"，颇多攻微伐渐之处，把

1947年童芷苓在上海皇后大戏院以四大名旦戏打炮，演梅派戏《凤还巢》中程雪娥

闺阁名媛的身份、气度演得很是得体。

《锁麟囊》，芷苓演了五年，对程派内涵有了新的理解，台上举手投足、吐字运腔日见老练，学程以腔而主，兼及其余，圆场、水袖、眉宇、嘴角、步法皆有相当的程派成色。她练就一身荀骨，如今又谋求透出程神，的确勉为其难了。此戏若求全程，芷苓内功不及，程能含茹于口，两唇似颤，学程者多无以唇入律之功，芷苓也不例外。这出戏她虽与"鼻祖"不能等量齐观，但毕竟是下过大工夫的。檐樱室主有评，称芷苓"《锁麟囊》全部宗程，而于'清绝'、'明艳'之外别成蹊径，自具高格。程以低微柔纤见称，而吐音常扁而不圆，程嗓不济，全赖巧用，芷苓天生如意歌喉，清越朗爽，幽咽柔媚，控驭随心，用程之唱腔，而无程之病疵……"

她演程戏瘾头不小，《锁麟囊》演时最多，《荒山泪》、《骂殿》、《红拂传》、《青霜剑》也是她的程派剧目。

《红娘》是童芷苓重磅炸弹，台上活脱生香，挥洒自然，比他人更具活力。芷苓的红娘上完妆，细腰一搦，红绫夹衫儿，外罩那半长不短的绣花坎肩，手执纨扇，帘开处翩若惊鸿，随着主角登场的电矩灯光，光彩夺目地飞出台来。这件衫儿窄窄的描着身廓，袅袅婷婷，莲步移处好似蜻蜓掠水，一组"扑蝶舞"赢得全场喝彩。她京韵白兼用，京白甜而脆，全

1947年童芷苓以四大名旦戏打炮，演程派戏《荒山泪》中张慧珠

效乃师那一路生活气息浓郁的白口；对张生笑嘻嘻的一声"你又来啦！"俏皮慧黠；为张生磨墨，忘乎所以地用桌围擦手，诙谐自然，活脱脱一个天真烂漫、玲珑剔透的小红娘。起唱[四平]"看小姐啊，做出来许多破绽"，运用三个眼神起板，都有心理交代。门外喊张生转了两次身，满脸无可奈何的神气，小小细节，皆见芷苓会做戏，尤其荀师下嘴唇向内收的细小动作，荀门弟子公认这是师父天赋，他人难学，芷苓却惟妙惟肖，让熟知荀先生这一作态的老观众看了情不自禁地都会发出会心的笑。

《汉明妃》本是尚小云代表作，芷苓拿来打炮令人目瞪口呆。她偷学尚先生此戏正值溽暑，见尚先生台上脸上不见汗，不觉大异，《昭君出塞》一折比之一般武戏强度更有过之，一身穿戴不下二十多斤，连续歌舞长达二十分钟，尚先生的王昭君容貌仍姣好无损，真好绝的精湛功夫。因尚府不得其门而入，就改道去尚门弟子梁秀娟家求教。她就有这个胆，学会不久就亮相公演了，台下人还真的在她身上寻觅到了不少尚先生的精粹。她自知武功不及，昆曲底子也难比肩，便在戏中增益了不少婉约成分。她掺入的"私货"自然难逃行家法眼，毕竟不是尚的实授，可是挑剔的观众还是赏了满意的目光。非尚派弟子敢在大场子用《汉明妃》打炮，舍童其谁？

《摩登伽女》是童芷苓另一叫座的尚派戏。先前她曾听人说起，尚先生1927年首演此剧轰动九城。《摩登伽女》来自古印度佛教传说中的一个故事，尚小云的伽女着西方美人装，白纱披身，白色皮鞋，歌唱皮黄，在西乐旋律中跳起踢踏舞和英格兰女儿舞，别开生面。《摩登伽女》运用钢琴和小提琴等西洋乐器，演出这样的以异国故事为题材的旦角戏，应说是当时的空前大突破。

童芷苓首演这出戏，尚小云班中宋遇春其功莫大，他把尚先生全套路子奉送于她，凭着自己聪慧，门道悉数在心。尚派弟子极少搬演此戏，却让"异教徒"占了尚派风水。她颀长高挑的身材，北国胭脂西洋健康女子相的本色上了外国现代摩登女郎的妆，走出台来，座客欢声一哄而起，她洋味十足的做派为各支皮黄唱段抹上了一层现代色彩。乐声起处，她翩翩地跳起印度舞，临近尾声又跳开了风韵别具的苏格兰舞。她本就长袖善舞，台下顺着旋律击拍相和，上下互动，整个场子没法不沸腾。

芙蓉草先生曾赞芷苓，"她的可爱在大胆，不怕在太岁头上动土"。要说她的模仿力确实够绝的，程先生看她《锁麟囊》，直问左右"谁教的？小腔揉得不错"。尚小云看她《汉明妃》，老在发笑，不断点头，她甚至韵白也带上了不梅不荀的味儿，让人一

1947年童芷苓以四大名旦戏打炮，演尚派戏《汉明妃》中王昭君

童芷苓演尚派时装戏《摩登伽女》

听便知是尚派。

　　四大流派名剧打炮引来汹涌的观众潮，天蟾舞台不再是海量，每天被"塞"得饱上加饱，童芷苓的号召力居然可以媲美程砚秋和李少春双头牌，岂非咄咄怪事？于是乎，各色各样的捧角论调纷至沓来，最为甚者，报上竟连连出现童芷苓"四大名旦一脚踢"的戏迷用语，意指四派的戏全能，简直把她捧到九天之上。童诚惶诚恐，不敢自居："我是偷几位老人家的，靠自己琢磨着演，学得难说到家，看客是在捧我，世上谁有这一脚踢的本事？"盛赞之下虽有几分飘飘然，但终究没有失去应有的清醒。

　　炮戏一过，她的特色菜——荀派戏登场，春色满园的《全本玉堂春》又是一张王牌。此戏"四大"全有，唯有荀先生一人演全，从《嫖院》起至《监会团圆》止。芷苓青衣、花旦两擅，演来自然称手，如《嫖院》的若即若离，一味荀派小女儿态；如《庙会》的缠绵风情，效荀尤肖；如《病房》之幽怨满怀，哀怨切切。芷苓时正精力弥足，《起解》、《会审》两折引吭高歌，游刃有余；《监会团圆》由悲转喜，如在梦中，细腻的情感转化原是荀派拿手，芷苓当然手到擒来不在话下。十六刻大戏一气呵成，座客精不疲、神不散，她功力已大非昔日可比。

　　在天蟾老板"情商"、"特烦"之下，《连环套》贴演了。此戏并非本工，纯属反串，不能与正宗武生一比高低，因此芷苓此戏对窦尔墩一角尤为倚重。裘盛戎不在班，童通常不贴《连环套》，如两人同台，裘台上礼让三分，芷苓则毕力以赴，对手戏倒也不失精彩。南北观众常见她把黄天霸前场《行围射猎》的戏让给高盛麟、傅德威、贺玉钦等正宗武生，自己只上《拜山》一折，都夸她能扬长避短，有自知之明。这戏本是她游戏之作，竟成卖座好戏，连她本人也觉意外。

　　时下坤旦反串风盛行，芷苓乃个中好手，《吕布与貂蝉》接演《白门楼》中的吕布，大唱小生［西皮二六］和［娃娃调］；《群英会》中饰孔明（也曾在《群英会》中饰周瑜）大唱"借东风"……最过反

童芷苓在《群英会》中反串周瑜

串瘾的莫过娱乐戏,上海戏院一个晚上出现过六台《纺棉花》,构成一道奇景。1947、1948年间,童芷苓依然处在"劈纺"大潮的风口浪尖上。一天"天蟾"夜戏,前几出全已唱完,还不见芷苓到场,后台急成一片。观众已在鼓噪,老板一再叫人垫戏,也平息不了台下的火气,眼看狂怒的观众要冲进后台去,"救命王菩萨"这才姗姗到来。老板知她在徐家汇摄影棚忙于上镜头而误了时刻,告急电话连连发出才把人催回。时近半夜,芷苓不卸装束,也不上戏妆,大大方方穿便装走上台来。乍一露面,原先怒气冲天的戏迷顿时欢声震天,芷苓短短说上几句歉意话,开始唱起了《纺棉花》。戏迷不意她会临时改戏,个个喜出望外,一个钟头里,场内发出响雷般的喝彩声和叫喊声,巨大的声浪在寂静的夜半时分直冲场外,成了上海午夜的一道风景。今天要是换上别人,观众岂肯饶他,更不用说以炒他人鱿鱼为己任的老板了。上海一个知识分子家庭全家竞看《纺棉花》,内有一位五年里看了童氏《纺棉花》多达39次,戏不精彩,谁犯这个傻?

在群雄并立的年代,她持的是什么心态呢?用她的话说,就是"大路朝天,各走一边,你有赵钱,我有孙李,各唱各的戏,我不管人家说什么,我走我自己的路"。常有记者先生会提出一个敏感的问题:"在'四大'、'四小'、各大名坤繁盛的日子里,你是否会避开正面,在空隙中求生存?你同他们打过对台吗?"芷苓总是不卑不亢地作答:"我唱戏根本管不了这么多,老板约定演期,事先我哪知道要碰上谁了。碰上就碰上了呗,戏不是照唱吗?不可能躲,躲了还唱什么戏?"她又说过:"我又不是名旦,对台即使输了也不输面,老天喜欢胆大的,我胆大,结果总是很圆满。"

1947年,申江出了一份专刊,封面上梅兰芳先生题写了《童芷苓专刊》五个草书大字,并有梅先生一幅亲笔画——一束牡丹,落款是"芷苓女士载誉而归,临别以此丹属画"。另有檐樱室主的题句:"众里嫣然通一顺,人间颜色如尘土。"这份专刊在戏院门口顿成抢手货,五千册之数实在供不应求。刊中不少捧场文章,颇多褒美之语,可也不乏切中要害的精辟之见,不妨摘引桑弧先生一段评语,可见一斑。

"……凡是才气纵横的人,不必拿格律来限制他,童芷苓小姐数年来走红大江南北,某一些人说她艺事不守法度,但我想她的好处正在于有一股子忽略传统的豪气。……艺术的色相是多面的,恣意也好,谨严也好,只要有创造,都不难成为一家。童小姐的艺事属于恣肆的一路，眼前她正走向'绚烂'的顶点，我们不必希望她马上归于'平淡'，但以她的聪明才智，慢慢地自会敛才就危，没有经过绚烂而侈谈平淡，是不值得去羡慕的。"

童芷苓旋风所向，北平、天津、南京等地都成了重灾区，而风眼就在上海滩。

童芷苓旋风刮到北平，各家戏院逢童必满，既是"皇座"，班底不容含糊，因此孙毓堃、李多奎等名角也都被邀入班中，另有曹连孝、苏连汉、赵蕴秋、贯盛吉、慈少泉等绿叶，个个不弱，在北平童芷苓同样是一块金字招牌。芷苓北上仍用苓社名义，但分成方面父亲再不无视她的存在，总付给女儿部分盈利，芷苓不改孝心，北方苓社经济上如拌不开蒜，这位上海老板的"条子"也会从南方源源而来，以资挹注。如芷苓在上海有"公事"，她不愿肥水流入外人田，就约寿苓、祥苓有时再加葆苓结伴南下。"苓社"到了上海，便由南方老板当"瓢把子"，对妹妹、二哥、小弟照行规，计"份儿"（薪酬），公事公办，不过特别算得漂亮些就是了。

葆苓进步神速，北平《纪事报》举行古都伶后选举，葆苓获票极高，已是当时北平"四大伶后"之一。以当时论，与自行挑班的赵燕侠不相上下，芷苓不在时，"苓社"则由葆苓挑班。祥苓十三整，极顽皮，台风非一般童伶能及，小小年纪，眼神有光彩，做工也讲究，让北平老观众油然生爱，皆道祥苓是"大角儿料子"。大哥遐苓肚里有墨水，是童家唯一秀才，办事条理分明，代父主持苓社是个干才，社中少他不得。汉侠先生夫妇膝下子女五人皆入梨园，沪上称其"童家五虎"，北平称之"童家班"，一个书香门第至此完成了向梨园家庭的转化。

旋风卷到天津，照例又是春节，"中国"、"北洋"两家最大的场子竞相争邀，芷苓已无所谓。她两边摆摆平，搞起了平衡，但不论上哪一家，津门"童热"有增无减。两边都是大年初一唱到元宵灯节凡15天，日夜共30场，连续爆满的营业纪录已构不成刺激，到这个份上，她才真正领悟到"红"是怎么一回事。难怪童家有人说："她像旋风一样，刮起来，连城墙都挡不住。"

1947、1948年，童芷苓旋风刮到了十二级。

三、时尚拜师

大红之年的童芷苓依然保持着她惯有的冷静，她拿定了主意，去致力于艺路的不断开拓。人说自己四大名旦戏全会，其实最少实授的就是梅派。

梅先生1937年后移居上海，自己也常在申江走动，怎么就没动上梅府求经的脑筋。自己既要走集众长、创新格的路，没有梅派戏的功力哪成？她想到了大师梅兰芳。

息影八年的"梅大王"在抗战胜利后重返舞台，在上海接连演了多出昆戏《贞娥刺虎》、《断桥》、《游园惊梦》、《思凡》和《奇双会》。1946年秋，梅兰芳剧团恢复，又在上海的"南京"、"皇后"、"中国"等场子轮番登台，国人望梅止渴已久，今真梅飘香，莫不踊跃，芷苓又何尝不是呢？

她对梅艺钻之愈深，愈觉方方面面皆有大学问。

她认为，梅先生嗓音天成，刚柔并济，纯粹的中锋之音，发音部位高，气息流畅。学唱梅派会使自己嗓子愈唱愈好，沿袭梅公规范，更能唱得法度严谨，于朴实无华中见富贵气。

她觉得，梅派最难的是出场，从出台到台口这一段，戏尚未展开，却要让人觉人物已在戏中，出场步要走出戏来，的确是难。凡她偷戏在座，每在梅先生出场的那一刻，两眼总是紧紧盯住梅先生，从头到脚上下来回扫描，捕捉每一道细节，久而久之，渐而悟出了梅先生一条规律：心有心谱，目有目标，带戏上场，先把人物身份、气质展现给观众，做到心中不空，还得处处顾及到美。说时容易做时难哪！

她看到，梅先生和荀师一样，台上至多七八分力，让人留下有余不尽的感觉，蓄势足而张力大，不拉满弓已如弓开满月，梅先生台上精力分配张弛相间十分科学，令人难及。

童芷苓学梅却无拜梅之想，她有自己的心思：我既拜师荀门，跳槽有拂师面；我向来以荀为本旁及各家，学梅一如学程、学尚，旨在开拓戏路，并不想当程门、尚门弟子，也不一定要当梅派传人；我学他人之长为的是"组装"，唱"原装"戏对自己不一定适合；我现在会戏已有两三百出，上座戏不下五六十出，再多一种梅派风格，更能丰满自己，有何不妥？她愈想自己的道理愈充分。

就在这时，李释戡先生来访，开门见山提议拜梅一事，拨动了童芷苓原本平静的心弦。李三爷是芷苓好友，平时常来作客，谈得十分投机，李先生又是梅府高参之一，梅先生几位大参谋中就有他，芷苓怎能不知。别人提拜梅，多为圈外话,李三爷开了口,分量不一般。梅先生平素对几位高参言听计从,他是否与梅先生已经商定,今天是有意上门点拨于她?她不由想起恩师,荀师能谅解吗?会把自己看成是不义之人吗?她顾虑重重,委实应允不下。李三爷见机行事,知其为难也不勉强。他一次不成,又来二次,二次不成,再来三次。屡屡来访的李三爷竭力想促成这段师生佳话,经他策划,芷苓同意暂不提拜师,先上梅家走走,拜见一下仰慕多年的梅先生。

约定的那天,芷苓来到马思南路梅家,此处是繁华的霞飞路畔闹中取静的所在。梅先生住在一幢四层的小洋楼里,楼外有一块不小的草坪,芷苓扫视一下房内的家具摆设,同这座英国式建筑一样,都够得上一个"雅"字。梅先生在客厅迎候这位红坤伶,芷苓可是在台下第一回单独接触这位心目中的伟人。梅公出言礼貌周到,十分自谦,语气和蔼,全无王者傲气。寒暄片刻,梅公即对芷苓艺事表现出极大关注,话语中暖意融融,芷苓本是大方女性,她很快博得了梅先生好感。

芷苓与梅先生面对面坐,一边叙话,她一边自问:论年龄,梅公整整大出自己32岁,应是伯父辈;论资历,在自己出生之年,梅公已与国剧宗师杨小楼平起平坐;论阅历,梅公早已跨越国界,驰誉海外;论艺术,与日丽中天的梅公相比,再红的坤伶也不过是太阳系中的一颗行星;论德操,梅公为保持民族气节,宁弃功业,粪土金钱,不坠其态,誓不与日伪为伍,更非常人所及。此时此刻,芷苓心中泛起的虔诚一如回教徒麦加朝圣,她心动了。

芷苓起身告辞,梅先生亲送门外,并赠画一双牡丹做纪念。牡丹,花中之王,抑非梅先生暗喻"牡丹师生"之意?

芷苓回得家来,脑海里过了一下梅门弟子名单,连鼎鼎大名的程砚秋都是梅先生弟子,李世芳、毛世来、张君秋等四小名旦,素来尊敬的魏莲芳先生不也是梅公弟子吗?不入梅门,照样唱梅派,话是不错,但不入梅门,难得梅神,只有同梅先生频繁接触才能找到某种感觉,只有同梅门众弟子多加切磋,才会有助于梅戏的理解和参悟。大局着眼,一切为了未来,只是荀师那头……

荀师很少门户之见,她认为开明的荀师多半会理解,不妨先写上一信看先生意下如何。荀家所见因人而异,荀师续弦苏昭信对拜梅不以为然,但也不拦阻,荀师则不置可否。芷苓在北平曾亲眼得见先生处处顺着这位新师娘,拜梅一事不表态也在情理之中,既然先生没有公开反对,芷苓便与李三爷商定择日行拜师礼。

按常规,大师收高徒,仪式必隆重,谁料竟是出奇的简易。依照事先商定的方案,梅先生被恭恭敬敬地迎入童芷苓家中,看似作客,实为收徒。随梅先生同来的有许姬传、许源来昆仲,有李春林、姚玉芙和李释戡,人虽不多,俱梅派阵营中操持内外的"大内总管"。芷苓设下家宴一席,众人围坐一桌,席间请梅先生从中坐定,众人站立两厢,由芷苓行鞠躬礼。这一仪式大改旧制,几无传统拜师影子,反倒是洋味十足。时代变了,拜师仪式亦与时俱进,芷苓口称一声"老师",就此定了师生名分。

九年前芷苓拜师情景犹历历在目,当时所行仪式全按梨园旧规。如今上海拜梅居然这等新潮:以鞠躬代叩头,称师父为老师,广开宴席改私家便餐,行礼不上师门反让老师屈尊……实在是别开生面,十足的海派时尚。

师娘福芝芳人称"香妈",持

1947年拜师梅兰芳,师生在童家合影

家有方,家庭教育绝对上等,梅家子女均彬彬有礼,多少袭有几分梅公风范。香妈全家对芷苓十分友善,这位新弟子开朗、直率的性格,胸无城府的待人,加上从小养成敬师尊长的品行,梅夫人焉能不喜。由于出入梅府机会多了,她有缘结识了好多梅派名票,如包幼蝶、杨畹农、南铁生、蒋君稼、顾景梅……梅家常来常往的女弟子也多,大家陪着香妈聊这聊那,也常有彼此间的艺事切磋。梅先生教戏点到而已,大家都是带艺投师,要的正是梅师点睛"金言"。

芷苓宗梅,主要靠自己琢磨,人说梅派难精,此时更有体验。为什么学梅难?芷苓终于悟出了道理:梅先生唱戏条件太优越,身材、扮相、嗓子全是最理想的,他发展均衡,唱、念、做、打(舞)项项高分,他不一定每项都是单项冠军,但每一项的水平无一不是第一等级,因此梅先生的总分绝对第一,应是优势明显的"全能冠军"。梅戏讲究的是综合，是一个"圆"字。换句话说，要是不具全面条件，学梅绝精不了。她老在琢磨，为什么学程、学尚、学荀都易讨俏，唯有梅派难为？原来那三家特色鲜明，容易抓住要领往里钻，梅派是圆的，要全方位去钻那谁也办不到。梅戏看似有"特"，实则"特中不特"。凭自己局部长处学梅，学到的仅是梅的某方某面，而非"全梅"。

全梅既不易学，百分之百的梅派神韵当然不可得，还不如精选梅艺中适合自己吸收的营养，加以变通运用，反比一味宗梅为好。学了梅就该学有所用，于是，荀戏中用梅韵润饰，成荀戏梅唱；或在梅戏中用荀的做表润饰，成梅戏荀演；在传统老戏里，荀、梅两家兼而用之，适用梅处用梅，擅长荀处用荀，初成"梅荀合璧"的新风格。行内行外虽有两派混唱之讥，芷苓则不加理睬，走了荀先生"我行我素"的路。

一篇戏评说得好："晚近坤伶去上海，全以一拜'梅王'为镀金，唯有童芷苓她心折于梅兰芳的艺术，注意采取梅兰芳艺术的优点，终于不走'拜梅增光'这条路，这也是她的作为。"

另有一文评曰："……及其拜梅，终不以梅派大旗相号召，意在有朝一日自立旗号，其志不可量也。"

四、幸会"夜店"

影剧双栖是当红坤伶之共好，早先华北影片公司老牌导演王元龙曾上门相邀，拍了几段《红娘》之类的舞台片，这对童芷苓而言实在是举手之劳。她心仪的是银幕上的生活化表演，向往拍生活片已非一日，后上影厂邀拍《歌衫情丝》，她发现舞台和银幕原也有相通之处，无疑信心大增。她虽力求表演接近生活，但舞台味的痕迹一时难以去尽，成了她一大苦恼。虽比坤界同行领先一步，但终究对自己还是一百个不满意。她什么条件都不缺，人缘、机缘、名气、才气样样都有，悟性又高，是公认的演戏"坯子"，她所企盼的是导师，是带道人。就在这时，黄佐临出现了，石挥露面了。

真正打开童芷苓从影之路的正是黄、石二位，黄先生准备把石挥主演的话剧《夜店》搬上银幕，正在物色戏中女一号，童芷苓恰被他慧眼识中。《夜店》的

片邀是找上门来的，是黄先生亲自
点的将，真可谓撞上了大运。

芝苓心里不踏实，过去上银幕
是学步，《夜店》才是货真价实的上
镜头、上克拉司（Class），表演停留
在《歌衫情丝》那种水平，是绝过
不了黄先生法眼的。《夜店》本子
正规，是柯灵先生根据苏联大剧作
家高尔基的名篇《底层》改编的，演
员阵容又极豪华，石挥、周璇、张伐
等都加盟其中。她在《夜店》里扮

1947年在文华公司和石挥、周璇、张伐合演《夜
店》，童芷苓饰赛观音

演金不换的老婆赛观音，是个相当吃重的角色，发挥余地很大，颇合芷苓戏路，可
又奇怪佐临先生何以对自己"吃"得这么准。她哪里知晓，佐临在上海看过她的
话剧，发现她话剧和京剧两者表演判若两人，十分惊奇。人称佐临先生"法眼"，
他当然不会把"赛观音"一角轻易委人，佐临青睐，芷苓心有灵犀一点通。

她在剧组里小心翼翼，平日里那种荀派的娇憨和爽朗收敛了，变得有点不
像原先的童芷苓了，这一切全被石挥看在眼里。石挥本是好奇之人，刚一见面
就对这位红伶产生了兴趣，没事找事地主动上前搭讪。芷苓本就有心向他求
教，对方有意接近正中下怀，她巴不得石挥能扶一把，心想石挥是黄先生倚重之
人，又是一身绝艺的"话剧皇帝"，黄先生是长者，不便多去讨扰，石挥可是眼下
最理想的带道人，这个机缘怎容错过。

初识石挥，大觉诧异，眼前的"皇帝"其貌不扬，小眼睛、瘦长脸，没有什么
亮点，衣着随便，边幅不修，谈不上有什么派头，实在是离"皇帝"十万八千里。
交谈不久，芷苓顿觉彼此性格颇为相投，因为石挥身上没有任何矫揉造作，时时
透着一种真男子的真性情，于是一下把距离拉近了许多。听石挥说话，诙谐深
沉，语多机趣，他的语言常带一股磁性，让人能强烈感觉到他是一个思想极为活
跃的人，是一个心底有波澜的人。芷苓更为佩服的是石挥在艺术上常有精辟独
到之见，她性格本来率直，一旦对谁服膺，就会没完没了地求救，甚至纠缠不休
让人脱身不得，石挥领教了她的厉害，他也喜欢这种透明性格。

人逢知己，其乐何如。两人俱是饮马黄浦、笑傲申江之人，童对石是悦其艺而仪其人，石对童的好感来自她的率真和聪明，是她一种来自血液里的健康和阳光。

某日，《夜店》剧组小憩，两人聊起了家常，世上事真是无巧不成书：石挥原籍天津，芷苓天津出生；父辈都是以教育为职业的知识分子；石父酷爱京戏，常带儿子上戏园子，童家父女也是；两人都随父亲来北平，两人成名也都在北京；石挥由话剧转入银幕，芷苓则由京剧客串电影，两人殊途同归，相识在黄佐临先生麾下……石挥一时来了兴，开起了玩笑："你怎么老跟着我？难道你是我的影子？"芷苓顶了一句："当你影子有什么好？你又不肯带着我。"石挥忙下台阶："那你就当我师妹得了。"芷苓一时无语。

隔天拍戏间歇，两人又遇到一起，石挥装得一本正经："黄先生是金字招牌，他导演的戏只许成功，你可留神，千万不能坏了黄先生大事。"童先是一怔，后又转守为攻，"我拜你为师得了，怎么样？"这下轮到石挥愣了，"这岂不委屈了你，我们现今同在黄先生帐下，其实我很愿意认你做个师妹。"童心里认可，嘴上不饶："这是你说的噢！赖可不行。"石挥也以招拆招："有一块童大小姐师哥的牌子，我可攀高枝了，哈哈……"两位素昧平生的大名角就在打趣逗笑中彼此认同了这份"同在黄门下"的师兄妹情结，只是双方不对外张扬而已，用童芷苓的话来说，这层师兄妹关系是无名而有实。

石挥不时鼓动芷苓："黄先生看准你了，你自己可要有底气。"说到底气，天不怕地不怕的童芷苓真有三分怯意，"我对电影透着生，不比唱京戏心里有数。"此时正巧黄佐临先生从他俩身边走过，石挥指着他的背影说："跟他学，没错！"说完戴上帽子就走了。走出门口的石挥又回过头来："记住！姜太公在此，百无禁忌。"童芷苓马上辨出了弦外之音，原来石挥在为我打气呢，所谓姜太公，不就是他吗？

石挥与童有了过从，常会不请自来造访童府，两人有过一次深谈，石挥直截了当给芷苓导向："你不会演不好电影，只要长了悟性开了窍就无所不能了。就看你会不会变戏法，把你那唱戏本事化到生活化表演中去。"童也把话说直了："你得给我指条看得见摸得着的路呀！"

石挥话匣子一经打开立刻就滔滔不绝起来："路就在你脚下，丹尼（佐临夫人）可是当年的赛观音呀，她曾红极一时，她和黄先生都是天津人，津门重乡情，找她去，没错！"见童犹豫，便又加重语气："找她去，没错！"石挥那句直白，一连几天绕梁不绝，这位"师哥"不正在准确无误地给自己指路吗？于是不再迟疑，直奔黄府而去。

丹尼果是不凡，她把人物剖析得条理清晰、细致入微，抽丝剥茧似的将赛观音每一条经脉都梳理得清清楚楚。兴之所至，还频频起身示范，芷苓因此受教匪浅，不经意间芷苓的角色底蕴厚实多了。听丹尼说起，话剧《夜店》原是当年黄佐临领导下的"苦干剧团"的招牌戏，也是她和石挥合作的精品之一。丹尼认为石挥功力更胜以往，说石挥是"满脑子琢磨劲，一身上下全是戏"，说他扮演的金不换"活脱一个破落户大少爷的模样，把角色都演到骨子里去了"，又赞扬石挥"语言能力是出类拔萃的，听他的话白就是一种享受"。丹尼的高评大大加重了石挥在童心中的砝码。无独有偶，丹尼居然对她也说了一句令她十分耳熟的话："跟他学，没错！"只是这里的"他"，指的是石挥。

石挥时而热情时而怪僻的路子有时确令人哭笑不得，童愈直率，他愈开逗；童一本正经向他求经，他便捧她丹尼嫡传；童又请她开拍时多指导，他却又开起玩笑："千万别朝我一边瞧，惹你笑场我可不管。"真拿他没办法。

芷苓试拍时略显紧张，佐临先生则显得十分放松，见丹尼一边微微含笑，紧张感一下去了不少。她不时用眼角余光瞥向这位"带道师"，而石挥则瞪大眼珠一脸严肃，太不像平日的他了。只见他冲着自己一会儿晃晃捏紧的双拳，一会儿夸张地摸摸自己的胸口，一会儿又翘起一对大拇指，别看怪相百出，芷苓可即时有了感应，拘谨感一扫而空。石挥现场有定力，童芷苓一下得静功。尤其两人演起对手戏时，总能感到来自石挥的一道道强电流。过电激发之际，已被他领进戏里，这种体验对她来说"简直是太美妙了"。

试拍一毕，制片主任陆洁、摄影黄绍芬都是一声"OK"，皆称"赛观音风头十足，'PASS'不成问题"。童芷苓十分在意石挥的点评，可当场听到的仅是一句"VERY GOOD"。事后再去求证，石挥又变得惜字如金了，"童小姐是不是还嫌我们捧场不够？""你初来乍到，大家捧你，这很自然。日子长了，再要人家捧你，那你非亮出真家伙不可，你可要时时留意哦！"几番 "交锋"下来，芷苓适应了石挥的说话规律，她已能辨明石挥的话中虚实。童心里明白，石挥真的很在意她，确是在尽心扶持她。

《夜店》拍摄一帆风顺，一天，难题出现了，赛观音在阁楼上同杨七打架的一场戏里，有一下突发性的高声喊叫，这把有着一副大嗓门的童芷苓给难住了，怎么使劲也喊不到位。石挥一旁示意，朝着黄先生方向挤眉弄眼，她接到暗示后马上转向黄先生求援。黄提示她喊前深吸一口气，然后集气推声并力发出，果然一试就灵。童尝到甜头后索性放开了演，这下演杨七的张伐遭了殃，她竟动了真格大打出手。童芷苓身大力不亏，一番假戏真做把张伐打得叫苦连天，见了芷苓就会条件反射似的胆战心惊。虽演得稍稍过火，终究不离真实，舞台味荡然无存，石挥不置一词，其实心里认可。

一旦放开手脚，赛观音的戏又一下走远了。坐在地板上撒泼的一段戏不知不觉地用上了京戏技法，无形中带上了舞台程式，甚至有一句台词"我再也不理杨七那小子了"，耍上了浓浓的天津腔，顿时摄影棚里全乐开了。石挥皱起了眉，接着一盆"凉水"泼向了她："演电影全在真实，哪能随便夸张，把戏演过火，你觉得很解气，其实戏反被冲淡了。京戏和电影表演不同，只可化用，不可套用，千万别一得意就犯糊涂。""带道师"果然厉害。

徐家汇摄影棚开起了夜店，芷苓的镜头几乎全在夜间进行。天蟾舞台每晚人声鼎沸，从华灯初上到午夜之前，她忙于"接待"近四千名观众。刚从喧嚣的剧场中脱出身来，往往不及卸装就从"历史"走进"现实"，模拟起另一世界的尘缘人生。熬过了一个又一个的通宵，等待着每一天拂晓的来临，必到东方微熹，方能回家歇息。她日月换位，成了"夜神仙"，"夜店"里拍《夜店》，这一份辛苦就别提了。

《夜店》公演反映强烈，电影圈内，影迷群中童芷苓大名一下传开。不过她本人出言实在："我是借了人家的东风。"黄佐临堪称伯乐，"带道师"石挥何尝不是厥功至伟。童芷苓忘不了在拍摄《夜店》的日子里，石挥时而开门见山的点拨，时而旁敲侧击的暗示，有时言简意赅点中要害，有时击一猛掌给以棒喝，渐而渐之，经石挥极具艺术性的导向，童芷苓得以一步一步踏准了步点，顺顺当当地步入了电影界。40年后童芷苓说起往事，感激之情溢于言表，石挥当初曾一再告诫她万勿张扬，其意是不想在芷苓身上沽名钓誉，事后童芷苓也曾为自己恪守诺言三十余年而自责不已。

童芷苓幸会黄、石两位戏剧大师于《夜店》，此后她的从影道路变得平坦起来，不仅有上海"文华"相邀，北平"中电"也慕名相邀，与老牌明星魏鹤龄、李景波等合作的《粉墨筝琶》便是上海人熟悉的影片之一。

1948年，在北京中电与魏鹤龄合拍电影《粉墨筝琶》，童芷苓饰卖香烟姑娘

姐姐影剧双栖，妹妹好生羡慕。那一年葆苓与李万春正来沪同班演戏，石挥是李好友，说起自己已改行电影编导，目前正在执导《母亲》一片，角色皆已齐备，独缺护士小莲一角。小莲是片中一位爱好戏曲而又文静雅秀的姑娘，电影圈中寻觅难，请李万春在梨园行里物色一位。万春无需思考，脱口而出："童葆苓。"石挥与芷苓已成知己，但对其胞妹却一无所知，于是在万春陪同下先去看葆苓演戏，看后石挥连声叫好，便不请自来，做了芷苓家中的不速之客。一说起这桩"公事"，芷苓拍下胸脯，一口说定此约准成，做姐姐的焉能不知妹妹心意，方一吐口，葆苓就高兴得跳了起来，她当时不过十九，还是一副纯真的孩子模样，白净净的圆脸，笑起来甜得可爱。当便装的葆苓出现在石挥眼前时，石挥把她带进了摄影棚，并不时侧目打量，愈看愈满意，石挥找的就是她。而葆苓怎会想到比自己大十多岁的"话剧皇帝"竟在心田中暗播爱苗，更没想到有朝一日竟会成为石挥的结发妻子。作为姐姐，芷苓怎能料想这位影界"带道师兄"居然会日后成为自己妹夫而幸会于童家。

五、警钟长鸣

抗战胜利后的一天，皇后大戏院前场武戏刚唱开，童芷苓已来到化妆室，看为时尚早，便笃悠悠地在那里闲聊。她谈笑风生正在兴头上，化妆室里闯进一个人来。芷苓抬头扫了一眼，来人是位女性，面容憔悴，蓬头垢脸，衣着凌乱，她心中不乐,后台把门的今天为何擅离职守,让叫花子随便闯进后台。来人低头不语,芷苓意识到对方是冲自己来的,她站起身来,细细看了一下这位不速之客,似觉眼熟。来人开口了:"您是芷苓吧? 我……"啊呀,怎会是她! 她不是金少梅吗? 芷苓吃惊非小,急忙让座,满腹狐疑,当年享誉南北的大坤伶怎会落到这般光景?

来者正是金少梅,她不坐也不吭声,只是低着头时而向芷苓投来告乞的目光,一切都明白了。芷苓毫不迟疑地打开自己的手提包,摘下耳环首饰,把随身财物悉数塞入金少梅手中。此时她心里好似打翻了调味瓶,酸的、咸的、苦的、辣的全有,不知是什么滋味。金少梅与她丈夫马少山对昔日"小四"尽过责任,有过一番提携之谊,芷苓怎能有忘。说起金少梅,十年前在天津曾同孟小冬挂双头牌,在上海"大世界"曾开男女同台之先,确是一位响当当的人物。今天见她潦倒如此,芷苓顿生接济之心,匆匆在纸条上写下自己住址交付金少梅,约其上门作客,金少梅轻轻地说了一声:"芷苓,你有良心。"掉头就走了。

金少梅的露面,使她郁郁寡欢了好多天,很自然地联想起在津曾听人谈起过的河北梆子惨局。往日天津地界梆子何等风光,"七七"事变后盛况不再,因生活艰难而各奔前程。就在前几年,名声不小的金刚钻、银达子、韩俊卿一个个都挣扎在饥饿线上,与梅先生打过对台的小香水重病加饥饿,惨死在返乡途中,贫病而死的能数上一大把。归根到底,还是一个"穷"字呀! 名伶尚且如此,怎不叫人心悸。

她常与言慧珠互叹苦经:戏唱红了,长年当苦行僧不值当,真想歇口气潇洒几年,可有谁不怕人老珠黄呀! 要挣钱,趁年轻,别让年华虚度,到头来徒生悲哀。童芷苓自思二十五六正当年,今天明丽妩媚的扮相在,婀娜娉婷的体态在,妙运自如的嗓音在,青春活力、功底气力都在,此时不拼更待何时! 她居安思危,像机器一样开足马力,她一年唱戏多达八九个月,把命都豁上了,戏院老板不得不叹服:"童芷苓像头牛!"

近十年来,她忘不了的是坤伶姐妹婚事归宿之不如意,绝大多数姐妹下嫁后的去向,都在她心中抹上一道道灰暗的印痕。令她记忆犹新的是不少河北梆子中响当当的女伶,一出名就被军阀、贵胄、富豪、买办、地头蛇等一一霸占,如杨军喜、王克琴、小茶福……有名如李桂云和新艳琴,李被银行小开收宠后最终还是离异；新正红时下嫁他去，也成昙花一现……与梅兰芳一时齐名的刘喜奎为逃避袁世凯父子的追逐，匆匆嫁人避灾；蜚声申江的露兰春被上海大亨黄金荣逼娶后，最终落一个"金屋藏娇，始乱终弃"的命运。坤伶不能红，一红就来祸，芷苓能不生忧？再有当年坤旦领袖雪艳琴早在30年代末已息影舞台，名坤伶一旦嫁人，艺事中辍者十有八九，这对爱戏如命愿为其奋斗终生的女伶，无疑是一种可悲的命运，她能不心悸？

她更记得，自己差些成了婚姻交易下的牺牲品，初来北平时，局面打不开，一时动了早嫁的心思，趁着小有名声，妙龄之年或可"卖"个高价，向对方索求供养全家的条件。如果那时碰上一位富户阔少，备不住已早作人妇，尝上了被人密室藏娇的滋味。时至今日，虽已大红，但芷苓长期积聚胸中的两大愁事如何得解呢？若被骗了身，不让唱戏怎么办？这可是自己的终生事业呀；如被骗了钱，个人财产付之一炬怎么办？这又是自己的来年依托呀！左思右想，谨慎为妙。宁可虚位待贤，绝不因人滥位，她心中块垒难消。

打从1946年起，童芷苓已独居上海，不甘寂寞是她生就的性格，整天与空房相守不符合她的生活逻辑，她频繁出入舞厅及各种社交场合，周围不知引来了多少"善男信女"，石榴裙前，慕名而求的男士们一批批有如走马灯一般。童芷苓年方二十五，正是"花开堪折直须折"的年华，虽说满园春色关不住，可谁也没见她一支爱苗出墙来。她把心扉关得紧紧，心头不起一丝浪花，摸不准她到底抱的是什么"主义"。

她交游圈里不论亲疏，皆"朋友"而已，童芷苓葫芦里装的什么药，男士们议论颇多：是她眼界高，视众人为凡夫俗子，不值得她爱？是她游戏人生，把婚恋比作人间地狱，无须去衔泥筑巢？是她心有所寄，三生石上早定缘？是她观察人生，在寻觅何处系红绳而谨慎行事？芷苓毕竟老大不小了，她在台上演"思春"，自己何尝不怀春？她戏里每天称人"相公"、"郎君"、"老爷"，自己难道心坎里就不涌春潮？尤其在她参加友人婚礼时就会滋生一种心里萌动和难以抑制的烦躁感，人非草木，孰能无动于衷，但能体察她光环中阴影的除了自己，又有何人？

像童芷苓这样的乐天派，眼下虽走在金光大道上，但不少急起直追者跟她也不过一步之遥，同代人竞争尤为激烈，现实严峻怎不让她警钟长鸣。

裘盛戎，原是她班社中左右手，战后裘的气势与年俱长，经他不断磨炼和创造，焕发出"内涵筋骨、外曜锋芒"的艺术风采，继金少山、郝寿臣之后，对"两门抱"（铜锤、架子兼演）的表演技法造诣精深，1947年起，逐步积累了代表性剧目，实际上已具备了挑班实力。1948年芷苓在上海已与盛戎挂双头牌，裘还提出十根金条的包银要求，与芷苓对等，后经人从中斡旋，才应允四六开，这是童、裘最后一次同班。是年盛戎正式在北平挑班"戎社"，成了自金少山后净角挑班第一人。芷苓嘴上不言，心中吃惊。

高盛麟，在芷苓班中常挂三四牌，是杨（小楼）派武生中的翘楚，1946年声誉大起，两次在"黄金"领衔，以文武双出媲美李少春。梅、程对台时，天蟾舞台邀盛麟在程砚秋、谭富英双头牌一侧另挂特别牌，昔日芷苓麾下"中轴戏"专业户渐起挑班端绪，芷苓似有预感，又将有一路诸侯祭旗兴师。

芷苓与慧珠、素秋、玉茹"新四坤"正红，不意南北同时杀出两位新锐，北路赵燕侠，南方顾正秋，两人挑班时都不到二十岁，而且气势日盛。凭空多了两个锋芒毕露的劲敌，她更觉情势逼人了。

为了保持目前相对的领先地位，童芷苓着力加大演出频率，旨在让自己的舞台形象牢牢地浇铸在人们脑海之中。她看到观众席上沸腾的场面，震耳欲聋的如雷彩声，客满牌高挂的耀眼风景，很是欣慰，"看来要赶上我童芷苓，还不是那么简单。"她恰恰忘了此时已有一批新的表演流派正在她身边悄悄地酝酿、孕育和奠基，杨宝森、奚啸伯、叶盛章、叶盛兰、裘盛戎、张君秋、李少春……不仅纷纷建树了本人艺术风格，还积累了一

1947年，童家兄妹在上海合影。左起为童祥苓、童芷苓、童葆苓，后排左起为童寿苓、童遐苓

批个人代表作。童芷苓，红则红矣，然而令人遗憾的是，她的思维发散过之，而敛集不足，不自觉地留下了隐患，被"领先"的假象所迷惑，她那彩色光环中出现了一道本人并不知觉的阴影。

六、闹 天 蟾（Ⅰ）

1948年上半年，沪上剧坛依然红火，应天蟾之邀，童芷苓接过梅先生演出甫毕的大热场子，7月入伏，上海滩呈李万春、童芷苓对峙之局。李万春享名二十余年，在武生一行是众所公认的"大哥大"，其霸业已成，很难撼动。万春武生戏艺兼杨、黄（月山），老生戏兼擅余、马，更有一批老王（鸿寿）派的红生戏，戏路极宽，会戏当有三百多出，况且又是对台高手，不少名家俱趋而避之，芷苓不意与万春大哥遭遇，也是无奈中事。

在北平，汉侠先生与万春相熟，有意请李万春与芷苓合作挂双头牌，终因谁左谁右拍不下板而告吹，万春怎能逊位于比他小十一二岁的童大妹子，而芷苓打从1941年以来也不曾挂过二牌，两边各不相让，自然合约难成。

大敌当前，芷苓着实有过一番踌躇：万春大哥能戏太多，能变魔术似的拿出许多意想不到的热闹戏来，用老戏对抗吧，能否持久似无把握；用"劈纺"争胜吧，持平问题不大，但过于偏重娱乐戏心中又好生不愿。左右为难之际，老板频频劝演"劈纺"，把"满座"和声望挂起钩来游说她，芷苓心中权衡的天平终于倾斜。

两阵对圆，芷苓那边三军齐整，高盛麟、姜妙香、魏莲芳、刘斌昆、金少臣、贺玉钦、班世超、费玉策、李盛泉加上纪玉良，角色确是硬朗；李万春那里有二弟桐春、弟子姜铁麟，还有阎世善、艾世菊、宋遇春等，基本是一套武戏阵容。头三天打炮，万春分别是《前、中部武松》；《三本铁公鸡》和《金钱豹·盘丝洞·盗魂铃·真假猪八戒》双出；《前、后部刘关张》。芷苓则是《大劈棺》、《群英会》双出，《锁麟囊》和《金钱豹·盘丝洞·盗魂铃》。一打炮就先用《大劈棺》，为昔时所未见。她前十几天竟有七天在"劈"。劈风一开，有如黄河决堤，天蟾舞台三层楼面四千个座全部售空。为顶住童芷苓这颗"番天印"，万春连贴双出，如《石秀与潘巧云》及《宋江与阎婆惜》双出；《长坂坡·汉津口》与《大阴阳河》双出；《艳阳楼》和《投军别窑》双出；还有《金钱豹·盗魂铃》与《泥马渡康王》双出……

童芷苓照例贴出拿手戏《红娘》和《锁麟囊》，还有一出与姜妙香、刘斌昆合演的《贵妃醉酒》，但最为叫座的还是"劈"。1948年沪上竞演此戏者不乏其人，李玉茹、云燕铭等都演，《劈》虽受捧，压大轴却不易，昔日"劈王"筱翠花去年来沪曾以此压台，坤伶中唯有童芷苓和吴素秋敢于大轴上劈棺。芷苓比戏之出色，可见当时戏评："其饰田氏，似谲而正，媚而不淫，言谈爽利，心机深细……其身心全在戏中，艳冶矕睐，圆转京音，焉几令观众心荡神怡，目送手挥，百韶利落，琐碎细腻，终归完整。楚王孙将入洞房而病，田氏表情最难，童是悲戚欢愉双管齐下，聆他人此剧，便觉不是不足就是有余，不足便松懈，有余便过火。"芷苓演劈棺，台下外行固多，但顾曲家也不乏其人。李万春对她的"镇山宝"早有防范，连续不断《双出》化解了《大劈棺》的法力，"劈"浪汹涌，一时也奈何万春不得。十天一过，芷苓改祭另一法宝《戏迷家庭》，剧中高盛麟的小开，纪玉良的老开，宋遇春的老爷，李宝櫆的县官，崔熹云的太太，刘斌昆的医生，童芷苓的小姐，一律时装登台，人人过足戏瘾，九腔十八调各显神通。芷苓唱李多奎《钓金龟》、越剧《梁祝哀史》、吹腔《小上坟》，学梅兰芳《女起解》，与刘斌昆合唱沪剧《陆雅臣》、维扬戏《活捉三郎》，与寿苓合演话剧《凤求凰》，与李宝櫆合演梆子《大登殿》、《玉堂春》……这下苦了李万春，他只得巧变戏码应急：《大三岔口》、《范仲禹》双出；《盗魂铃·金钱豹》与《群英会·借东风·华容道》双出，一人兼豹精、八戒、孔明、关羽四角，甚至一夜演三出：《三本铁公鸡》、《群·借·华》、《八十八扯》，以对抗童芷苓《戏

童芷苓在40年代演荀派名
剧《荀灌娘》中饰荀灌娘

迷家庭》。戏码已是无可再硬。

李万春果然"道行"深，他亮出了热闹戏《七擒孟获》，芷苓开始祭起第三颗"番天印"——《纺棉花》，同时推出《红娘》。明眼人一看便知，她这时以歇工戏应付万春的累工戏，分明有以逸待劳之势，局面对万春似乎不利。任凭万春大哥在"中国"如何出奇出新大翻花样，她则以不变应万变，依然以几出号召力特强的戏翻着头演。对台愈打愈激烈，李万春居然一天贴出一至八本《铁公鸡》，中间还有加戏《四五花洞》，李万春显然精力已出现透支。

又过20天，万春已然咬牙，天蟾卖座的绝对票数明显压过了"中国"。就在这时，一支生力军赶来"勤王"，白玉艳、李如春两位海派名角加盟"中国"。得这两位之助，万春又贴出连环好戏，才保住戏院大门口高挂的客满牌不被拿下。对台正酣，童芷苓与魏鹤龄、李景波、周婷、石凡等合演的电影《粉墨筝琵》放映了，当电影广告在上海各报登出后，"童芷苓"的名字在影剧海报上同时出现，一批影迷看罢《粉墨筝琵》，旋即加入了天蟾舞台的捧童行列。借着电影风势，童芷苓一方如同火上加油烈焰升腾；李万春一边不啻遭一雷击，谁能料到芷苓竟有天助。

李万春名不虚传，攻不出却守得住，他把劲卯足，连续一场演三出，面对强劲的童芷苓旋风，他还是站住了脚，保得城池不失。见芷苓演期即将告终，万春不愿在最后搏杀中败下阵来，故每天亮出让人眼花缭乱的戏码，如把《大白水滩》、《盗魂铃·真假猪八戒》和《酸枣岭·刺巴杰·巴骆和》三出好戏集中在一个夜场；又把《两将军》、《大三岔口》和《莲花湖》三出组成一台戏；还把《大拾黄金》、《八大锤》和《六贼战悟空》配成一碟拼盘……能把戏唱到这种程度，李万春"道行"实在不浅。凭着他施尽的一十八般武艺，硬是缓解了童芷苓最后强大的冲击波。

最后十天，童芷苓连贴十场《劈》、《纺》双出，连卖十天狂满，在八面威风中鸣金收兵。李、童两位对台能手自成大名以来，不曾在对台中落败，今番两强遇五十多天，拼成均势，最过瘾的当然是上海戏迷。

高手过招，剧目当先，两人能戏均多，万春更胜一筹。打开双方剧目表，芷苓贴戏13出，万春多达33出；万春以个人翻新的老戏为主，芷苓以《劈》、《纺》、《戏迷家庭》为依托，这三出戏上演场次竟占了六成以上。万春戏码虽有创意，且自出机杼，比之芷苓三把撒手锏和几出传统拿手戏，上座似有不如。《红

童芷苓出演《红娘》，每场必满

娘》、《锁麟囊》照样可以让天蟾卖满堂，之所以老戏不敢频出手，许有天蟾老虎口之累，也因在万春盛名之下有所顾忌。两个月的争锋，常见"天蟾"满座早于"中国"，持平之中，实则童芷苓略占上风。再换一个角度看待李、童对台，阵容因素不可忽视，天蟾人马齐整，绿叶厚实，芷苓先占三分光，万春在这种情势下同芷苓较劲，"先天"已是不足，逼和告终已经勉为其难了。

回想这火炽的两个月，她心生后怕，逢人就说："上海人可真捧我。"刘斌昆夸她"常胜将军"，她不好意思："其实我打从心底里不愿同万春大哥唱对台，那是大哥让着我。"刘又说："上海人不是说你童芷苓旋风吗？"她赶忙说："什么旋风呀，我这风根本就吹不倒他。"

两下战罢，李万春对石挥说起过这次对台的感受，"我三十七了，打天下多年，唱对台戏是常事，很少有这样吃力的，芷苓把我逼得够呛，累得我心里直叫苦，我真的已经翻箱底啦！她可真行！"

两位背靠背，却在英雄惜英雄。

七、闹天蟾（Ⅱ）

芷苓天蟾演毕，接她后队的是人称"关外唐"的唐韵笙。前一年唐在天蟾创下连满半年的疯狂纪录，人们记忆犹新，由他接下芷苓唱热的场子，应说是十分理想的人选。唐先生在剧界是文化程度很高的艺术大家，他边搬演老戏，边编排新戏，在天蟾陆续推出的《好鹤失政》、《绝龙岺》、《驱车战将》、《闹朝扑犬》、《二子乘舟》等都是他自编自演的独门好戏。他涉行广泛，剧目极多，腹笥渊博，很少有人能与之比肩，能唱、能做、能舞、能打，早早就在内地打出了自己的品牌。唐戏是好戏，功也是真功，但这次上海人反应并不如预期强烈，面对"中国"久战的李万春丝毫不占上风。万春期满，言慧珠、叶盛兰接手"中国"，号召力相当不错。天蟾军情紧急，老板沉不住气了，在唐演至40天时，动了邀回芷苓的念头，盼她早日杀回天蟾重振营业。芷苓心目中，"天蟾"是她新的福地，戏迷中素有"京角不进天蟾不成名"之谓，芷苓既已把天蟾闹得鼎沸蒸腾，当然乐于接受老板之请，重回炙手可热的天蟾。

唐韵笙名声太大，作为后辈的芷苓多少有几分忐忑，还是双头牌谁先谁后的老问题。如居次席，领衔惯了的她心中着实不愿；若位居首席，不知这位前辈是否像高百岁、林树森那样肯逊让。老板照例宴请双方，反正谈公事有大哥出面，不用自己脸面上犯难。老板情商名角自有高招，能把双方摆得很平，言外之意，无非请唐韵笙以辈、名之尊提携后辈，捧童芷苓挂头牌。唐毕竟东北汉子性格，豪爽豁达，与红得发飙的童芷苓并牌不致有碍自己名声，反有扶掖后辈的美名，于是"情商"定约，共襄1948年那次有名的童唐联手闹天蟾的盛举。

天蟾这期阵容之强劲实为芷苓艺涯中之稀见，"三军之中，有足能独挑大梁的高盛麟，著名的唱工老生纪玉良，做派精到的著名老生梁一鸣，短打武生佼佼者贺玉钦，小生由姜妙香、童寿苓师徒担纲，二旦有魏莲芳、吴富琴和崔熹云各司其职，净角有程少余、金少臣，丑角为郭金光、李盛佐、曹四庚，还有著名武旦班世超，老旦名家李盛泉，可谓群贤毕集的钢铁阵容。"

9月20日，时已入秋，又到唱戏的黄金季节。芷苓炮戏《红娘》连演九天，前场是唐、姜、纪、梁等人的大戏《群英会·借东风·华容道》，唐韵笙前鲁肃后关羽，可是出奇的精彩，天蟾的客满牌子重又高悬。老板敢于如此"大胆妄为"，《红娘》九天翻头唱，没有十足的把握断不敢为。但芷苓总觉这样的戏码编排似乎太委屈唐大叔了。

未几，童、唐开始合演大轴，第一出是《双姣奇缘》，芷苓一人演"双姣"；唐韵笙在前与高盛麟合演《枪挑小梁王》之外，还在大轴中反串后刘媒婆。唐彩

旦戏很有名声，他有一手巧耍旱烟袋的绝活，台上手持二尺长的旱烟袋，点上真火吸烟，边唱边跑圆场，同时那杆旱烟袋在右手中指上旋转如飞，一连好几分钟不停，把刘媒婆自信、风趣、诙谐的性格描绘得活灵活现。这位老前辈手上有绝招，正巧赶上了，此时不"偷"更待何时？她藏身帘侧边观摩边琢磨，不放过任何一个细枝末节，她胸中已有打算，来日套用唐大叔演法，同言慧珠一样，也来一个"一赶三"。

为捧童芷苓，唐韵笙常把重头戏开在前场。关公戏是唐素负盛名的看家戏，这次只能屈居压轴，甚至中轴，足见捧童的力度。如芷苓唱《四郎探母》，当天压轴戏就是唐与高盛麟的《头本走麦城》，即使平时唐唱惯了的大轴戏，如《逍遥津》也不例外，照样码前，为芷苓造势。

童芷苓在中期推出流派戏，她有十足的自信，根本无须《劈》、《纺》壮色，与唐大叔同台竞演老戏，多少还有几分自励成分。唐每晚火炽在前，无形中对她的压台能力是一种考验。她上演四天荀派名戏《诓妻嫁妹》，压轴是唐与盛麟的《反五关》；接着她又上演六天《贵妃醉酒》，压轴是唐大叔与纪玉良、高盛麟、贺玉钦等人的《黄、关、刘、赵》，唐以一演

童芷苓《战宛城》中饰邹氏

坤伶皇座

三；她再上三天《锁麟囊》，前场是唐与姜、纪的《群英会·借东风·华容道》；她重上《红》、《锁》二剧，唐则以前部《汉寿亭侯》唱在压轴。压轴戏天天都是以唐为首的大群戏，本来就是大轴戏的分量，芷苓若锋芒稍减，整台戏便会头重脚轻。她不得不全力以赴，每出戏自始至终弓拉满月劲不泄，每天叫好声都贯穿戏的全过程，有人说："童芷苓天天带着彩声入梦。"此言不算过分，"台"，她是压住了。

童、唐两位合作戏出出精彩。《战宛城》一戏，唐的张绣、童的邹氏、高的典韦相映成趣；《霸王别姬·未央宫·斩韩信》一戏，唐的韩信、童的虞姬、高盛麟的霸王搭配十分理想；唐无戏不能，芷苓也与之合作《战蒲关》、《南天门》一类生旦对儿戏，一派正宗老路子；最热闹的是《吕布与貂蝉》，唐韵笙在前部《温酒斩华雄》和戏尾《关公斩貂蝉》中饰关羽，高盛麟、姜妙香分饰前后吕布，纪玉良演陈宫，金少臣演曹操，程少余演董卓，贺玉钦演孙坚，李宝櫆演王允，童芷苓主演貂蝉，后貂蝉由魏莲芳扮演，整台大戏自《捉放曹》起，至《斩貂蝉》止，班中诸贤皆得发挥，而最富光彩的仍属童、唐两位。唐在台上举手投足全有准地方，规范之极，使芷苓处处能合辙和谐，前辈戏德可嘉。芷苓功底扎实，常喜个人发挥，但与戏路陌生的名家合作，她便不敢造次，一味谨守法度，以"准地方"还其"准地方"，双方皆大欢喜。

望眼欲穿的童唐联袂的娱乐戏终于登场，老少两位的《十八扯》把台下座客"扯"得如痴如醉。唐久在梨园江湖走，见多识广，各类曲腔、各种技艺、各色表演多不胜数；童芷苓娱乐戏的"大王旗"也已悬挂多年，早就打出"金字招牌"。此番两人联手，天下无匹，每当童唐合作娱乐戏，天蟾总是被迫早早关起了大铁门。

《金钱豹·盘丝洞·盗魂铃》亮码了，芷苓前演蜘蛛精后演女妖，唐串演猪八戒，南腔北调外加特别大开打。既称"关外唐"，唐戏路必有关东特色，即使一出《盗魂铃》，照样重火爆求激情，讲究舞台气氛热烈。唐又是长于编创的高手，娱乐戏中随时能出新意，芷苓现场被唐过上电，便以新意还新意，两人咬着演，精彩到了十二分。娱乐戏中最称花团锦簇的是《戏迷家庭》，童与唐之外，加上"杂拌"高盛麟和"戏包袱"李宝櫆，四位好手串在一起，杂上加杂，简直杂到了家。

最后四天，童芷苓高唱纺曲，大劈其棺，以劈纺双出与唐韵笙的《跑城》、

《白马坡》双出连演四场。告别那天，两位反串《连环套》，童扮黄天霸，唐演窦
尔墩，此戏一毕，历时129天的"闹天蟾"终告班师。

　　天蟾此期，共贴剧目39出，童、唐两人各自的单挑戏以及联袂的合作戏均
为13出，构成巧合。在童芷苓往日挂双头牌的场合，从没见过有如此之多的合
作戏。更难能可贵的是，在她总数26出戏中，《扯》、《纺》、《戏》、《盗》四大娱乐
戏仅占她本人演出场次的两成，《劈》则不到一成，而老戏和流派戏占了七成以
上。她这期荀、梅、程三家各戏都演了，唯独缺了尚派戏，假如真把《汉明妃》
和《摩登伽女》列上戏码，一样保证满堂。四个多月中，她的刀马旦戏始终雪藏
不露，往日的叫座戏不曾动的还有的是，剧目上的潜势说明童芷苓还卓有余力。
可以想象，再续上四个月，她的戏码也不致捉襟见肘。

　　1948年，高扬顺风帆的童芷苓登上了她创业期的顶峰。

第五章　人生选择

一、十字路口

解放战争进入决战阶段，北平围城前夕，汉侠先生匆匆地把山门胡同、大栅栏、西四兵马司几处住宅连卖带送地脱手了，率全家出走上海，聚居芷苓家中。这些房产都是由芷苓兄妹用辛苦钱挣下的，她心中着实不舍，由此及彼，她不免又为上海几处房产揪起心来。

淮海战役开始打响，此时，原是山东烟台招商局局长的干爹在上海出现了，见老人风尘仆仆，已料到定与躲避战火有关。干爹开门见山："共产党一到，先清算有钱的大户，你要走趁早。"芷苓心里一片空白："政府不是说解放军绝对到不了南方吗？"老人愈说愈肯定："别看共军还远在千里之外，说快也快，不过一两个月就杀进上海了。"芷苓疑虑重重："我看上海还没有人准备走的。"老人还真苦口婆心："那些不走的大多是穷光蛋，共产党是让他们翻身的，为什么要走？别忘了，你可是名伶、阔户，就不怕清算？"

芷苓忧心忡忡，她是一怕家财共产，二怕唱戏泡汤。要走吧，台湾那里唱戏哪有上海、北平、天津这样的皮黄市场？不走吧，真的被清算怎么办？要说走，决心难下；说不走，又对共产党满腹狐疑，她听到的国民党宣传太多了。

百万雄师兵临长江，上海市面混乱到了极点，物价一日数涨，当局发行的金圆券贬值飞快，上海人每天都在紧张地兑换着黄金、美元和实物，社会上一片恐慌心理。有人向芷苓借了四千美元，还的是金圆券，没过几天，想到要动用这笔钱款了，谁知已成废纸一堆。她也坐不住了，不由自主地加入了抢购的行列，为的是把手头上所有金圆券全数脱手，她抢了几件名贵皮大衣，还有一座小公寓，这才心里踏实了几分。上海戏院出现了令人费解的畸形繁荣，看戏人像抢购物资一样争购戏票，坐满了还要加票，一般演员尚且收成颇丰，更别说烈火升腾的童芷苓了。

这种反常的热门时令无疑是最后挣钱的机会，她分秒必争，有邀必演，对"劈纺"也不抵制了，劈足纺足就是为了把钱赚足。她与上海老板周旋多年也学精明了，每场戏都向老板索取加座的分成钱，还聘了一位女秘书代她每天到前台算账领钱，的确发了一笔其数不菲的"小财"。

　　财运亨通的童芷苓,见了大堆花花绿绿的钞票兴奋不起来,想到今后去向的抉择,心坎上好似悬上一块沉沉的铅,正在此时,她所熟悉的同人好友一一有所动作了。她的挚友夏济安教授赴台前特来辞行,夏人品、情操、学识素为芷苓所敬慕,他不但是上海童府常客,也是北平童宅嘉宾。这次来访,两人叙谈良久,说的是去与留的利弊。夏接受不了共产主义制度,童则认为自己纯搞艺术,制度好坏与己无关;夏分析解放对芷苓利少弊多,难保不生意外,童自思与共产党无冤无仇,想必不致成为打击目标。她两眼盯着前辈师长,想起梅先生曾说过"我是哪儿都不会去的",周先生也表过态:"我绝对不走。"荀师、尚先生、盖老、谭先生各大顶尖名家全选"留"而不选"走"。在芷苓心目中,他们阅历见识都高过自己,留必有留的道理,可自己不少亲朋好友却纷纷劝行,何况夏教授那一席拨动心弦的体己话……她心思乱极了,继而又想到一旦到了台湾,什么艺术、什么事业全将付诸东流,二十七八便艺终正寝了,实在心有不甘,听说解放区也有京戏,但不知是真是假,犹豫之下,决定暂时按兵不动。夏见芷苓难做决断,十分失望,临别之际,特为芷苓拍下了几帧象征告别意味的照片。到了握手告别的时刻,他连发三声叮咛:"保重!保重!保重!"芷苓一片惘然。

　　国民党军政大员、上海滩豪门巨富仓惶撤退,争先出逃。她的一位军界戏迷突然来电,通知她军舰就停泊在黄浦江边,催促她赶紧收拾一起逃往台湾,并照顾她连家具都能一起运走……电话这头芷苓嗫嗫嚅嚅,不敢答应,贸然去台,风险太大了。说也凑巧,此时冒出一个人来,他就是"皇后"前台经理李小毛。李建议芷苓不妨香港走一遭,说那里有人邀她与大影星胡蝶合作拍片,经与恋人陈力先生商议,先去那边看看情势也未尝不可。

　　童与叶相约在香港见面,童先行一步,在那边一等好几天,哪有李小毛的踪影,胡蝶根本没有露面,合作拍片也是子虚乌有,自己决定太过轻率,她不由心生后悔。好在这里不乏好友,她有时去著名影星白光家中消遣,神聊一通打发日子;有时被房东太太邀到粤剧名艺人新马师曾家做麻将"搭子"。又得悉马连良先生在港居住,特地登门拜访,马约她在港合作唱戏,许以重酬。芷苓看马、张(君秋)、俞(振飞)三位刚来港时很受欢迎,时间一长,观众渐趋冷落,盛名如马先生也难逃债务一身。又见马先生夫妇沉湎烟榻,潦倒迹象已现,她暗中警惕，不时提醒自己，香港非久留之地，耽久了，或许也灾星难逃。于是果断地婉辞了香港之邀，萌生了返回大陆之念。

天津、香港海路通航了，要解开解放区的谜，何不找天津海员打听消息。东访西寻之下，找到了停泊在香港的天津"顺天轮"的一位水手。当对方得知这位女客原来是天津老乡时，乡谊催开了他的话匣。凡他所知，东西南北一锅端。她这才知道津门秩序早已恢复，市面正在复苏，剧坛开张如初，艺人纷纷登台，没听说整过一个演员，发布过一条戏禁，有头有脸的大角儿，照样唱戏赚大钱，一番乡音，使芷苓如入桃花源豁然开朗，集结心头年余的愁云顿时去了大半。

台湾，那是断然不去的。自己的亲人、恋人都在大陆，自己的艺术和观众也在大陆，若去台北，与出家修道何异？最后的决心还是来自上海陈力先生的鸿雁传书。陈思芷苓切切，规劝未婚妻"莫当白华"，再三道明共产党绝不会与艺人为敌，"孤雁失群不应是你我所为"。恋人的召唤，具有一锤定音的效应，尽管她整天被好心的"说客"所包围，但已动摇不了她回归上海的决心。1949 年 5 月 24 日，她只身飞返上海，三天后，枪声寂、红旗扬，解放军开进十里洋场，上海全城解放。

28 日清晨，街上静悄悄，芷苓照例早起遛弯，走出家门，即被一番奇异的景象所震撼。通衢大街两边人行道上满是扶枪背包席地而坐的大兵，瞧这模样，不问便知昨夜准是露宿街头。如此浩浩荡荡的一支部队从四面八方进入闹市，怎会令人全然不觉。看他们背靠背一夜坐眠，倦容全无，个个英气勃勃，难道是天兵天将下凡不成？看他们面对百姓坚请就是不进民宅，不领民食，这样军纪肃然、秋毫无犯的军队不打胜仗才怪。"大兵"，芷苓见得多了，而如今这些荷枪实弹、一身戎装的战士与昔时印象中的大兵全不是一回事，耳边灌了多日的国民党宣传，在她身上发生了根本性的动摇，她简直不能相信眼前所见到的一切。

"解放区的天是明朗的天"的歌声在上海上空四处回荡，童芷苓不由自主跟着哼了起来。浩瀚无际，确是碧空万里，她内心深处也是一片晴朗。传闻的消息不假，艺人照常登台，不久"中国"向她发来聘书。时入盛夏，她原先焦灼的心骤时升起了高温，她重又变得意气风发了。

越过十字路口，一条奋进的大道延伸在她的脚下。

二、良机错失

1949年夏秋之交，上海京剧界举行慰问党政军的盛大晚会，陈毅市长忙中抽暇前来助兴。剧目是经过精选的，有张二鹏《武松打店》、黄桂秋《春秋配》、李玉茹《鸿鸾禧》，大轴是童芷苓和言慧珠《樊江关》。言、童两人铢铢悉称，半斤八两，芷苓的樊梨花和慧珠的薛金莲台上彼此咬着演，较着劲，绝对精彩。当晚坐席中全是陌生面孔，她欣喜自己又有了大批新知音、新观众。

潘汉年副市长约见芷苓，这位首长曾在天津见过童老板，十分赞赏她的才华。潘请她为外宾作招待演出，还是点了这出《樊江关》，潘一番口头戏评直把芷苓说得心花怒放。但令她印象至深的是潘的一段鼓励："你名气很响，大红大紫，希望你能把艺术献给新中国、工农兵，我相信你一定会成功。"此时的她心气正高，回家后把自己所会的戏开列出清单，逐一过筛，精选出一部分思想内容健康、观众雅俗共赏的戏，准备顺应解放的潮流，试试新意，大干一番。

话虽如此，但一下子童芷苓在舞台上几近失踪，她哪里去了？1950年上海剧坛颇具一番景象，梅兰芳、周信芳、杨宝森、黄桂秋、吴素秋、言慧珠、赵燕侠陆续登台，裘盛戎与谭富英挂起了谭、裘双头牌。此时长居北平的言、吴与久居沪上的童、李（玉茹）同处一条水平线上，在沪上已有"新四大坤旦"之称，后起的赵燕侠羽翼渐丰，上座奇佳，令人侧目。"新四坤"正在黄金年龄段，理应有一番竞艺争胜，但往日以高频率演出著称的童芷苓怎会退避三舍了呢？

人们很快发现，她的名字从京剧戏报转移到了电影广告，原来她正在影界大露脸，主演了多部故事片。1950年初，《十二小时奇迹》献映，接着，上海的皇后、大华、国泰、美琪、黄金、红光六大影剧院一齐推出《太太问题》，该片由周伯勋、路珊、李保罗、朱莎等通力合作，是一部很搞笑的喜剧片，噱头十足，新鲜对白一连串，影院内黑糊糊的一眼望去，尽是笑得前合后仰的，散戏时不少人都说肚皮吃不消。

《阴阳界》放映了，这部风趣喜剧由童芷苓和杨志卿合作，导演是上海滩斫轮老手孙敬。制片商似乎专在童的身上动喜剧片的脑筋，只因她太擅长此道了。1951年3月，皇后等四家影院推出又一新片《姐妹冤家》，由芷苓、葆苓联袂，导演是徐苏灵，周伯勋、魏鹤龄、乔奇、路珊等全为辅弼角色，皆一时之选。

　　童芷苓影剧两难全，乐此不疲的她毫不犹豫地采取先影后剧的态度，她最后两部故事片《女大亨》和《太太问题》便带有这种明显的倾向。在她看来，从影是诱人的，银幕前的观众可覆盖到各个阶层、各色人等，远胜带有局限的戏迷群。何况戏剧仅是舞台现身，不比电影中形象长留，不说保存百世，至少也得有数十年。最来劲的是，每拍一次电影，等于每从一个新的角度来观察、模拟一回人生，一切是现实性的，一切又是生活化的，正中芷苓下怀。因她家宽敞，又地处高雅的淮海路，故影圈中人都喜欢上她家，石挥、吴永刚、柯灵、刘琼、张伐、乔奇、梅熹、魏鹤龄、吕玉堃、周璇、李丽华、岑范、徐昌霖、王丹凤等都是平日常客，她家简直成了电影沙龙了。席间不少人常因芷苓而生"影剧双栖"话题，魏鹤龄等几位好友就曾直截了当，问芷苓今后于两者中何以择从，芷苓两难不能答。眼下政府已开始筹建国营和公私合营的电影厂，作为"国泰"、"文华"一类私人电影公司已失去了生存的基础，影剧分家已在所难免。友人们的发问并非空穴来风，果然隔不多时，芷苓担心的"分家"成了现实，到了这个当口，没有太多的犹豫，她毅然回归了舞台，为之奋斗了二十年的舞台哪有这么容易割舍的呀！

　　离开了银幕，童芷苓还是没有出现在上海各大舞台，却热衷于沪宁线上跑码头。她的班子已难现往日强势，但总体来说还算可以，除了已能独当一面的葆苓、祥苓、寿苓是常务绿叶外，还有纪玉良等几位老伙伴，其中最关键的一位"常委"是芙蓉草先生。他一直是芷苓不挂名的老师，亲密的合作者，有他相随，芷苓便有主心骨。她常念及这位前辈的好处，曾对人说："有赵先生傍着，我受益匪浅；有他的指教，我终生受用。"芷苓思学王派名剧《十三妹》，芙蓉草二话不说，把其中重头的《悦来店》、《能仁寺》两折素身拉了一遍，芷苓又惊又羡，便央着他上台公演一次，赵已多年不演此戏，此举纯为芷苓。为让芷苓看清王派刀马旦路数，他又特地示范演出了《银空山》中代战公主。这位良师益友，实为芷苓须臾不可离，终因赵先生已应邀去沈阳夏声剧校任教而不得不离开上海，芷苓见赵先生上门辞行，心中酸楚，她表示理解，改演为教，对赵先生不失为扬长避短的选择。本想笑着送别，竟张嘴不知所云，送出家门口，芷苓满腹言语、满腔思绪全在这深深一躬中。她艺术尚在上升期，赵先生的辞行，对她确有断臂之痛。

1951年4月，芷苓回到阔别四载的北京，全家劝她留京，说是时代不同了，戏院里来了大批新观众，他们肯定喜爱芷苓的艺术；又说北京老观众、老朋友经常惦记着她，渴望这位"皇座"能重新回归首都。很快民主剧场递来戏约，三天炮戏《锁麟囊》、《鱼藻宫》、《红娘》卖了三场狂满，后续戏码也都票售一空，她在古都依然强势。

某日，一位袁姓女客上门，自我介绍是戏曲改进委员会的一名主管。叙谈后，方知他们专为请她出席茶话会而来。"戏改委"给了莫大的面子，又请她出席一场京剧晚会并担纲大轴。晚会戏码是《王宝钏》，前场《武家坡》的王宝钏由杜近芳扮，后场《大登殿》由芷苓演，代战公主一角归了葆苓。那天场面出奇的热闹，名角王玉蓉、李桂云、小白玉霜等都跑宫女为芷苓壮色，童芷苓怎会不知，那是北京方面的隆重礼遇。卸装完毕，遇上了多年不见的太老师王瑶卿，太先生满面笑容，夸奖"今天你的宝钏唱得不错"。听到王大爷这句不寻常的表扬，她双眸闪出激动的泪花，自别大马神庙后，时隔十年终为青衣泰斗所肯定。

几天后，"戏改委"来人洽谈芷苓的留京事宜，她只道自己鼎盛如昔，立足上海，走南闯北，一切照旧，岂不是好？于是这番词意恳切的邀请立即化为耳边风，忘了个干干净净。错失了大好良机，童家竟没人叫可惜，兄妹几个忙于讨论台上"活口"，津津乐道于芷苓那天晚会上精彩的活口表演。遐苓即兴打趣："你浑身荀先生路数，'活口'真好，把台上葆苓都逗乐了，差点笑场。"原来那天《大登殿》王宝钏和代战公主相见，芷苓冲着台下来了一句"你们看我们姐妹俩长得有多像"，引起观众席上哄堂大笑，老父在一旁正色说道："别太得意，你要在北京多看看我们这一行最近的变化。"芷苓心想父亲所言极是，也该了解一些行情才是。

她看到北京戏目收缩很多，演出场子大为减少，原来首都率先进入了"戏改"。田汉等来自白区的名家所领导的文艺界，怀着向旧文艺冲锋的批判心态，左右着当时文艺界的思想改造运动。于是《九更天》、《翠屏山》、《一捧雪》、《探阴山》、《大劈棺》之类有着这样或那样问题的戏大量地被封杀了，被搁置了。芷苓自恃戏多，这出不唱唱那出，何虑之有？汉侠先生见她若无其事，再次提醒她："你别得意，现在讲究戏的内容第一，不健康的戏不能演，你还是小心一些为好。"遐苓则为妹妹开脱："她有的是戏，难不倒她。"寿苓说得妙："她本来就爱改戏,这下搞戏改,不来的正好?"

翌日芷苓接到通知,当晚去中南海怀仁堂为首长演出专场,剧目是《汉明妃》,她大喜过望,这可是一次千载难逢的机会。《汉明妃》现时以尚(小云)为尊,循尚之规,定保不失,何况王昭君一角自己早有根底,她成竹在胸,坐上了前来接她的专车。

来到怀仁堂,场子里早已坐满中央机关大小官员,接待十分周到,口称"同志",先道辛苦,几声寒暄,尊重有加,虽也支付出场费,却使人感受不到金钱买卖的商品关系。那天请来名角不少,芷苓位居大轴,谭富英、裘盛戎两位的《将相和》反唱在前,这是她万没想到的,显然与毛主席属意《汉明妃》一剧有关。主席到场已过午夜,《汉明妃》半夜一点开戏,演的是全本,自《描容》起至《斩毛延寿》止,共两个小时。戏中王龙由名丑萧盛萱扮,马童由杨荣楼扮,上得台去,她兴奋中略带紧张,把劲用到了十二分,拂晓前三点钟左右,这场"晚会"终告结束。她刚舒一口气,忽然间,后台人等奔走相告,毛主席和中央首长要上台接见演员了。她脸上滚烫,兴奋得几近亢奋,不过她两手却是冰凉的,童大胆也有紧张的时候。毛主席走到面前,她握着主席的一双大手,瞧着领袖慈祥的笑容,天不怕地不怕的童芷苓居然发上呆了,连一句话都说不上来。主席笑了:"我很早就知道你的大名了,戏演得真不错呀,辛苦了。"芷苓也算能说会道的了,但就在面对毛主席时她失常了,事后直埋怨自己:"上不了大场面,怎么偏偏今天露怯了。"

童芷苓又应聂荣臻之请,在总政礼堂演出了《贵妃醉酒》,高力士和裴力士分别由萧长华和姜妙香担纲,完全是一派梅先生的"份"。北京地面,童芷苓声势日隆,她只以为个人奋斗前程似锦,对私营剧社的存亡前景毫无所察,"戏改委"的坚请和一再的挽留被她客客气气地推辞了,她心目中第一志愿永远是上海,殊不知京剧热土始终是北京,上好的机缘就此在她手中轻易地溜走了。

她春风满面地回到上海,旗帜鲜明地对戏院老板表了态:"我再不唱劈纺了,我难道别的戏就唱不好?"1952年春,她出演天蟾,对后台主任有言在先:"除了我开的戏码,别的戏您可别派。"她今天成了剧目的主人,这是多年梦寐以求的心愿,她真把自己当成"灵魂工程师"了。大哥对四妹励精图治的雄心常有激励之词:"要想立于不败之地,在上海滩要能经受十二级台风的冲击,你非有国际饭店二十四层高楼的地基不可,你当今之计,还是实授为先,真本事再多也不嫌多,'艺多不压身'嘛!"芷苓从来尊重大哥,心想各路英雄南来北往必过上海,以自己之当红,移樽求教于人,想来不致被拒。

四小名旦之一的宋德珠,媚、脆、锐三位一体,文武兼优,芷苓敬服多年了。宋盛势已过,童芷苓并不以上座多寡取人,她早萌求教之心,凡宋来沪,必接来府上叙旧,接风饯行,盛情款待,唯恐待之不敬,宋感其诚,乃悉力相授,芷苓受惠莫大。名武旦班世超正搭班天蟾,往日曾在芷苓班中唱开锣戏,芷苓放低身位,虚心请艺,班为之心动,全力授予《梁红玉》。这出戏她一拉就是三个月,"天蟾"成了她每天必到的练功房,一天凡两遍功,一练就是两小时,练得够苦,练功服几可拧出水来。宋德珠夸她,"花旦骨子武旦活,真亏她能顶下来";亲家李华亭看了《梁红玉》,翘起大拇指直说:"真溜,像个大武生";名宿包丹庭说:"看你的戏,我直揪心,没想到你这等勇猛。"一次去外地演出,居然贴出武旦戏《打焦赞》,观众们还以为登错了广告。又有一回抗美援朝义演,在《十美跑车》一场芷苓压场殿后,是出台十坤中最为出色的一位,江南武生泰斗盖叫天也不由赞美起来:"还真溜,没想到。"

名旦徐碧云来上海光陆戏院演出,在芷苓看来,无异天赐良机。曾名列当年"五大名旦"之一的徐碧云演技出众,武功超群,青衣、刀马之外还有口碑极佳的武小生戏,因受军阀迫害潦倒多年,人老珠黄,已不为人重。芷苓慕其高艺,执弟子礼,恭敬有加,徐见"孺子可教",便欣然授以拿手戏《花木兰》。徐涓涓滴滴不分巨细,教之唯恐不到。花木兰的戏装"走边",主唱段之一的[娃娃调]及多套开打把子一股脑儿传给了芷苓,她由此而将自己刀马旦戏和武小生戏提高了一个层次。

此时,私营班社纷纷解体,公家剧团大批涌现。解放军总政治部在北京建团,童葆苓和大嫂李多芬、李鸣盛姐弟被邀入团中,总政最予青睐的还是芷苓,特许她团长头衔和多项优厚待遇,童芷苓不予考虑,照例婉拒。她接着又去南京演了一期,恰逢尚小云先生长子尚长春率团在宁,南京方面从中撮合,两人合排一出《梁红玉》,却又为"双头牌"的提法滋生龃龉,最终不欢而别。南京方面本想留住芷苓,并允以团长和高薪,但她无此意愿。

汉口方面下帖来请,约童芷苓组团演于武汉三镇。对方条件开得十分干脆,一个月支付几千元,按此收入,每年唱上两三个月足可维持全年开销。芷苓也真对得住热情的武汉知音,连喘气也冒汗的酷暑天,给戏院带来了整整一个月的满座。因在武汉大受欢迎,武汉方面提出的留童条件优惠得出奇:月薪数千,小车一辆,住房一幢,一年一度庐山避暑;再封团长之职……太诱人了。令人不解的是芷苓依旧"冥顽"不化,如今世上已换了人间,"私营"的出路日益萎缩,怎么还不迷途知返?

谢辞总政,失机南京,婉拒武汉,童芷苓的路越走越艰难,拖着一支军威不振、七拼八凑的"小分队",继续她那惨淡的经营。她练戏过度,拉伤肋骨,又连轴转地奔走各地,在无锡上演吃工繁重的《花木兰》,还得了一个"拼命三郎女石秀"的雅号。经过近半个月的苦熬,直到精气神耗尽,好强的她才难得挂起了"免战牌",她终于倒下了。经X光诊断,原来得了肺病,不得已之下,暂时告别了她心爱的舞台。她本想在私营剧团苟延残喘的最后日子里,再好好挣下几笔钱,然后再作计较。"此刻倒下真不是时候,倒霉透了!"她老是在自怨自艾。

童芷苓回到父母身边疗养,马少波得知她在北京,用宴请方式约见,席上旧话重提,说来说去,还是留不留在北京的老话题。少波先生是中央级国家剧院的一位负责人,说话具有权威性,他之请,代表着中国戏曲研究院实验京剧团(中国京剧院前身)。到了这个时分,李少春、叶盛章、叶盛兰、袁世海、李和曾、张云溪、李宗义、张春华、杜近芳、云燕铭等已先后加盟。少波先生许以芷苓自领一军挂团长衔,授一级演员称号,另有汽车、房子、小灶、付巨额保留工资……言外之意,童若加盟,将是当家青衣,其位与李少春并肩。这番礼聘足令同行艳羡,芷苓心稍动,初萌留京之念,然而此等大事,需与上海陈先生从长计议。陈君闻讯,大表反对,陈家老少两代好端端的都在上海,何苦北迁三千里?来日结褵,安家合适不过上海,付出全家拔寨的代价,无此必要;若天各一方,那劳燕分飞之苦,却又何必?陈君所见,芷苓也觉有理。又一想,投身国家剧院,管辖必严,放着自由人不做,岂不是傻?只要有戏可唱,管它国营私营。她意决,遂谢绝了少波先生。马少波不胜遗憾,事后常对人言:"芷苓不留北京是个错误。"此话来日果然应验。

童芷苓错过了千载难逢的良机,她无论如何想不到这一选择会对今后艺路导致严重的后果。她的失机一而再,自此天时不再属意于她,一条坎坷的路正等待着她。

三、凤还巢

人们很难相信，童芷苓这位舞台上常年抛头露面的风云人物，在生活圈里还是待字闺中，过了婚嫁黄金年龄的黄花闺女。台上多情种台下果真不泛春情吗？非也。嫁人并不难，难在琴瑟和谐。她相信缘分，没有称心的另一半，那是缘分未到。

上海的花花世界是迷人的，"百乐门"、"米高梅"、"七重天"……在舞厅中那忽明忽暗的奇光异彩中，多少体面的男子为之倾倒。舞场内外，拜倒在石榴裙下称得上有头有脸的，都等着童小姐凤冠霞帔上彩楼。可她的芳心，像一阵风，像一朵云，一时思春怀春，一时又把"春"字推出窗外，脑海里的顾虑压下了几多春潮，她心旌不动分毫。

芷苓的豆蔻年华里，曾有过几次"说来话长"的舞台情种戏外情。她说过"我到十七八岁，还没谈过真正的恋爱，那时家里负担重，靠我唱戏挣钱，谁想娶我就得养活我一大家子。年纪轻轻看得上眼的没这个经济能力，又不想做买卖婚姻，也就省了这个心思，专心去巴结戏了。"话虽如此，她还是偷尝了初恋的滋味。

那时芷苓一位女友在准备婚事，对方男士堂堂一表，谁知他与芷苓相识后心猿意马起来，找的常是芷苓而非那位女友。对方很有一套讨好女性的本事，用一些爱慕的话语开启了芷苓的情窦，她也就瞒着父母频频与他约会，半信半疑地听他常弹要与女友解除婚约的老调，每天生活在矛盾的幻想中。原先的一对还是如期举行婚礼了，女方还请芷苓当伴娘，伴新人步上红地毯，令她啼笑皆非，真想一头钻进地里去。这段不知所云的初恋，她至今谈起来都觉幼稚可笑。

抗战头年，芷苓登台南京，发现一位男士每天出现在前排固定座位上，一双目光自始至终不离芷苓。不久她在湖南登台，前座竟然又出现这位男士，此后他常来后台见面，原来他是湖南人，在当地谋生，后台一束束鲜艳的玫瑰花都是他所送。平日演出空闲时两人也去公园漫步，男士言语不多，却是深情款款，撩拨起芷苓泛开了一些模糊的思绪。抗战八年他避祸川中，鱼雁不断，胜利后特来南京会芷苓，见面之下，芷苓大失所望，该人已成了又干又瘦的半老头，三十六计"躲"为上。这位走了样的当年男友又差人下书，要接她去家中叙旧，她最终还是婉言谢绝，从此不复往来。

童府堂上客不乏知识界人士，有位好友程靖宇，是遐苓中学同窗，光复后芷苓已成"劈纺大王"，但很少北返，忽然有一天听说真的由上海飞来了，长安大戏院贴出了《锁麟囊》和《红娘》的海报，门票顿时奇货可居。程靖宇购票不得，便向遐苓求票："想不到你们姓童的会出这样的红角，我倒要见识一下在上海红得发紫的坤伶皇后究竟怎么个好法。"程被安置在包厢特座，相当于前排池座十张票的票价，遐苓此时走来，神秘兮兮地告诉他："我陪你去后台看化妆……嗯，有件事我本该早让你知道，芷苓是我四妹。"这着实让程靖宇吃惊非小。

程对芷苓第一印象奇佳，还为《锁》、《红》二戏写了两篇评论，程从此成了童府常客，他和芷苓的友情也由一般变为知己，开始了程自嘲为"柏拉图"式的交往。临近中秋，芷苓再次回平又贴了八天夜戏，程时在北大任教，看芷苓戏几乎一场不脱，真成了头号童迷。同年，童遐苓忽然议婚了，女方是马连良经理人李华亭家闺女李多芬，婚宴就设在大栅栏童府，婚典场面大，来客名流多，古都梨园大亨贺者过半，急需一位"总提调"调度场面。当时已转赴天津南开大学任教的程靖宇，领了童府二老之命急赶北平担纲童家盛大婚典的"瓢把子"。众人眼里程已是童家当然成员，童父童母倚为长城，遐苓、寿苓引为知己，芷苓、葆苓视为兄长，小弟祥苓当成师友。然而，最为莫逆的当推身在南方见面不多的"四妹"。

程之待童，呼之"小妹"；童之待程，直呼大哥，两人把彼此间弥可珍贵的友情始终萦于心怀。程在天津旧意租界买下一只漂亮精致的金质扁平烟盒面送芷苓，把芷苓吓了一跳，她催程快去把货退掉，久住上海的她阔玩意儿见过不少，一看便知这是真货。但程声明再三，"退是退不了，这并不贵，求你收下做个纪念吧，小四！"程似有预感，天下筵席无不散。芷苓回沪，托在沪同台的小葆千里迢迢带回天津一枝全新的"瓦特曼"，直接送到程大哥手中。受之以桃，报之以李，双方之间皆无"作用"，但都出于"有心"。

程靖宇渴望得到一整套芷苓的戏装相片，芷苓自然满口答应。在津期间，她带了跟包和几大包袱戏衣及化妆箱，到程事先约好的一家天津照相馆去拍《蝴蝶梦》、《大劈棺》等拿手戏的剧照，一拍就是二十多幅，其中有一张右手高举板斧，口中紧咬水发作劈棺的凶煞相；另有一张《田氏思春》，全身缟素但满面春色……她另赠送了不少在家由程用小相机摄下的生活照，还特地捧出她的私人相册,由程自选,凡程所索,一概赠予,并逐一签名留念。其中有张芷苓十六花季的便装照,在程大哥为她饯行的场合,她翻了出来面赠程靖宇。程一时不明深意,芷苓悄悄地说了几句聪明话:"这相片儿,只剩这么一张了,送给您吧,也许您能保留得更长久些……放在我这儿,一乱一搬动,就会找不见,是我十六岁那年的……"此话果然应验了,程靖宇于1982年特将此照交香港大成杂志社制版,冀盼童芷苓迷能人手一帧分头保存。对于这张豆蔻年华方十六的玉照,过了这么久,总算应了相赠时的那句话,"也许保留得更长久些"。

异性间非恋之爱常为凡夫所不解,为世俗所不容,程靖宇与芷苓间那种"发乎情而止乎乱"的高尚的爱显得尤为圣洁。他们心有灵犀一点通,即便大陆解放,程、童分手,不尽的思念仍然牢牢地维系着这条难能可贵的友谊纽带。1950年芷苓作客香港,不忘约已在港执教的程大哥来招待所一聚,畅谈别后一切,言之甚欢。两人昙花一现了数日,从此一别三十二载,及至1982年这对异姓兄妹再次香港重聚时,已是人事全非了。

她梦寐以求的是一位能理解她的事业,尊重她的艺术,与她一起在人生长河中泛舟的足可依赖的丈夫。她无时不在盼望月老拿出囊中红绳,为她系定三生石上定缘的郎君。择偶条件随她年龄增长变得日益苛刻,对方的奉献精神成了定情的第一因素,她只身居沪,多么需要这样一根"擎天柱"。

月老终于被她的诚意所感,发了慈悲。

二十四岁那年,童芷苓旋风在沪宁大地卷起,一位女姓童迷郑小姐和芷苓因戏交而成知交,常时一起出游,这位热心人为芷苓单身着急不已,一连推荐了多位年轻公子,她却无一中意。

一次偶然的机会,郑把芷苓带到了轮船公司副经理陈力先生处,双方一对眼神,立刻就被对方的磁性所吸引,顿时产生奇妙的感应,那是一种只可意会不可言传的感觉。陈力早闻芷苓大名,不由多瞧了几眼,凭他直觉,这位红坤伶身上不带梨园旧习气,十分洒脱自然,没有浓浓的色彩,却有淡淡的幽香,一股清纯气息扑面而来。他不知两位来意,显得毫无准备,正在独自锻炼肌肉。芷苓也觉新鲜,平日凡她在场,男士们无不勤于奉迎,陈力却不然,他虽无名声,乍一看就是一名小职员,可举止谈吐不卑不亢。这位男士说话还十分得体,说不几句便骤然收住,静待对方反应,寡言默然却又执礼相宜,给芷苓的印象是此人与众不同，平凡中见高雅。此后，两人开始了交往。

频频过从中，芷苓着意对陈力作全方位观察。陈力性格之内向令人着急，涵养好得出奇；他做事谨慎，井然有序，男人家这等心细如发的倒是少见；他珍惜羽毛，衣着不尚华贵，讲究整洁大方；他幼年父母双亡，伯父抚育成材，此恩不敢有忘，无时不思报答，孝道可嘉；他同胞手足情深，对两位兄弟尽其长兄之责多年如一日，是一个善良的人；他勤于业务，很有抱负，常以俭约自励，虽说生活宽裕，但从不摆阔挥霍，是一位理财治家的能手。他年长芷苓九岁，外貌上看不出来，他不涉烟酒，唯好各类运动，打球、游泳、骑马、滑冰都很出色，还开得一手好车，更令人意想不到的是能在自行车上表演车技，初见面时芷苓错把他当成了职业运动员。陈力身上诱人的光点太多了，简直让芷苓耀了眼，爱神已悄悄地在她的心田播下了苗，她心里的平静被打破了。

她感到胸中涌起不可名状的春潮，梦幻般的恋爱说来就来，一旦来临又觉措手不及。她爱得难以入眠，爱得经常微微发怔。

一种不可抗拒的召唤，使陈力萌生了对芷苓的柔情蜜意，徐徐的、暖暖的在抚慰着陈力那渴求的痴情，丘比特箭被两人齐手抓住，互递的玫瑰枝很快被双方接过，爱情的篝火愈燃愈旺。

真有点不可思议，有意栽花反不如无意插柳，人曰"萍水相逢"，大概指的就是缘分吧，芷苓心里这么想。她常对心上人表示歉意："我是唱戏的，经常在外，浪迹萍踪。"陈力笑而不答，反而陪芷苓去剧场上戏更殷勤了，有陈力在台下，她能领略到一种心灵上的会意。散完戏，拖着疲乏的身子走出后台，有陈力相伴在侧，又觉他另具一种驱乏醒神的功能，陈力和芷苓已是须臾不可离。

跑码头是芷苓演艺生活的必修课，踏上行程之际，依依的道别把千种情思凝结成共同的心绪，每一次分手，都在为修契今生盟约添砖加瓦。这样的爱情刹那永恒，那是仅仅属于两个人的酸甜，并不需要他人的理解和认同。它的美，只在于隐约的企盼、遥遥的相思、短短的震撼。

憧憬即将化为现实，她庆幸自己喜得如意郎君。夜间万籁俱寂，人们都已坠入梦乡，唯有她老是在难抑的亢奋中折腾，直到时过三更，才走入色彩斑斓的梦境中。

不久后的一天，他俩徜徉在路边林荫下，喁喁作语的一对似乎在醖酿着什么。日光透过树叶间隙,在他两人身上投下了神秘的光点,陈力眼神流露出极其微妙的情感信息,一种女性特有的敏感在心头游弋,隐隐觉得陈力似有重要的话语要在今天对她直诉,可能是……她站住了,等待着已期盼多日的那一时刻。陈力迟疑了一下,终于鼓足勇气,断断续续地吐出他那憋了多时再难缄默的心声:"我不能没有你……你是我最喜欢的姑娘……你应该是我的妻子……答应我吧!"陈力的语音很低,可传入芷苓耳膜,字字都是重音符。她脸上火辣辣的,陈力一双真诚而灼热的眼光正在她脸上扫描,焦急而殷切地盼着她的"恩准"。开朗大方的芷苓,再也洒脱不起来,她心花怒放却找不到一句得体的话,最后双手一捂脸,低低地说"让我想一想……"是夜她通宵未眠,陈力今已三十五,自己也有二十六,"柏拉图"模式不可取,"发乎情而止乎乱"意味着失去,不能再彷徨了。

没想到甘甜未过苦涩来到,她隐约听人说,陈力另有恋人,她先是付之一笑,认为纯属无稽之谈,继又寻思,无风不起浪,莫非真有其事?她开始留意,发现陈力老失踪……一天晚上,一个娇嫩的女声给陈力打来电话,冤家路窄,偏是芷苓去应接,问对方是谁,说是外甥女,吞吞吐吐的劲儿使芷苓一下全明白了。在她不断的追问下,陈力这才道出隐情。

原来陈力和他远房外甥女日久生情,有段孽缘。见陈力与芷苓定情,对方哪肯罢休,天天与陈力通话纠缠不休,甚至扬言要自杀,陈力怕出意外,唯有经常去陪伴她。芷苓怎能容忍未婚夫脚踩两条船,自然不依不饶,非让陈力断了旧情不可,陈力唯唯诺诺,只有答应下来。一天陈力说去苏州公干,经芷苓女秘书跟踪发现,陈力与外甥女相偕一起去了苏州。芷苓见陈力优柔寡断,心灰意冷之下,留下绝交书信。奈何陈力两边都放心不下,天天到芷苓处苦苦哀求,发誓不爱外甥女。他把心中隐衷和盘托出,只是为了旧情不得不照顾外甥女,以免她走上绝路。蘑菇了好几天,芷苓又软下心来,要把陈力从她心中抹去,她实在做不到。但这段斩不断的情缘还在困扰着芷苓,圣诞夜陈力说去教堂,回来衣领上却有唇膏印红,两人再次大吵。如此这边吵吵和和,信誓旦旦;那边旧情未了,藕断丝连,她无法承受这种令人难堪的感情折磨,何况她已许终身。

折腾了好久,总算外甥女另一位舅舅出面打圆场了,外甥女答应离开上海,但索要一笔款子作为条件。芷苓只求孽缘早断,什么要求都能应允,对她来说,再没比陈力更重要的了。这位女子决定远走台湾，拿了这笔钱去开饭馆谋生。事情本已打上句号，谁想陈力又借口为外甥女张罗，每天一起核算成本，推敲盈利，并同去台湾打点开张事宜。芷苓一赌气，也约上一批朋友去了台岛，她称自己此举是"乱世偷闲"，友人皆不明她哪来的远游雅兴。

风光虽好，不觉其美，持杯自酌，更添愁思。唉！思春怀春伤春，难道真要断了春梦？"剪不断，理还乱"的日子何时得以了断？热退火不如冷处理，是散是合，终需一个体面的结局。

当地山水淡幽清澈，陶冶了她的心灵。她独自一人漫步小溪边，清风徐来，清醒了她的头脑。沉恋陈力是否在强人所难？既非自愿，又何苦一厢情愿，也会被人讥为夺人之美。可细细寻思又觉外甥女并非陈力心目中的理想配偶，他俩各方面都不和谐，至于共同的语言和情趣就更谈不上。她心境稍宽，又觉自己责之过严，陈力内向善良，对女人不是"牙签主义"，如果人走茶凉，对外甥女薄情寡义，自己嫁陈力岂不也冒风险。她不由心生后悔，不该因口角退还了订婚戒指，自己好几次周折都离不开他，说明还真不能没有他。恋情中的好事多磨，有一种"风声鹤唳、草木皆兵"的刺激，有一种"轮回再生、苦尽甘来"的快乐，她已遍尝了个中的甜酸苦辣。用心血播下的种子，已到了用心血收割的季节，她终于匆匆登程，赶回了她恋情的发祥地——上海。

1952年，一对珠联璧合的配偶在北京童家喜结鸾俦，曲曲折折而又甜甜蜜蜜的爱河里泛舟六年，一出《凤还巢》终于拉上了帷幕。

完婚之后，陈力主动提出暂且不要孩子，他已三十有九，盼嗣何尝心不切，为了芷苓，他投入了巨大的精力，专心辅弼爱妻兼理内外管事，合力开创事业。年轻时的吵闹变成了相扶持，妇唱夫随，陈力心甘情愿。

十余年后华夏大地横遭"文革"凶灾，童芷苓赖以生存的精神支柱，正是这位真情的木讷丈夫。

在上海衔泥筑巢的童芷苓

第六章　蓄势养锐

一、"三记"试新

童芷苓在北京家里治愈了肺病，春意回归了她的心头，她跃跃欲试了。她终止了每天闷睡无度、营养失控、白脱油加睡大觉的寝食习惯；她调整了生活节奏，又重投入艰苦的练功，扭转了曾使她终日烦心的发胖趋势。前秋她曾为无缘参加全国第一届戏曲观摩演出大会而烦恼不休，过去的就让它过去吧。大哥说得好："往者不可谏，来者犹可追。"

1953年春，上海剧坛名角登场又如"走马灯"。两大国营剧团"华东"与"人民"并驾齐驱，以周信芳为首的名角荟萃一堂，王金璐、陈大濩、金素雯、张美娟、陈正薇、刘斌昆等在"华东"；纪玉良、李仲林、王正屏、赵晓岚、王熙春等在"人民"。盖叫天、言慧珠、黄桂秋、王玉蓉与已经南北大红的赵燕侠均活跃于上海，唐韵笙、李玉茹、梁慧超三头牌天蟾竞技，如火如荼。最引人注目的是梅兰芳、程砚秋的再次对台……上海滩虽然热闹，但翻来覆去大多数还是老戏，出新的剧目仅程砚秋先生《祝英台抗婚》等寥寥几出，新戏实在不景气。童芷苓心里清楚，老戏虽愈磨愈精，但久则雷同，缺乏新意，何以辟径？有必要未雨绸缪。继又不胜忧虑：少时搭班难也不如今天组班难，梁柱双份已是逝去的荣耀，自己能依靠的除二哥和小弟自家人外，余者只能随时凑合，有谁算谁。角色众多繁花似锦的戏是排不成了，如是小戏出新，又难迎合喜看有头有尾整本大戏的当代观众新口味。找新剧目难，找角色不多、情节引人、富有新意且适合自己发挥的新剧目更难，剧本荒成了童芷苓此时最大的烦恼。她遇到"瓶颈"了。

她意识到当前"戏改"给剧坛带来的变化，老戏上演要经严格审查，剧目突出的应是新的时代精神，更令人注目的是北京和上海等地的公家院团正在推出一批批新编剧目，这已成了一时的方向。她虽然敏感地看到了这种趋势，可自己势单力薄，试新之路怎么走？虽然不顺，她还是一百个不服输："我就不信了，为什么我就演不了新戏？"

"他山之石，可以攻玉。"正好几位川剧名家来京公演，她抱着一份虚心求经的诚意多次走进剧场，一见之下，陈书舫、阳友鹤、周企何、陈倩云果然名不虚传。使她感到莫大兴趣的是三出大戏《柳荫记》、《彩楼记》和《玉簪记》（《秋江》），戏中人物不多，情节紧凑连贯，人物性格鲜明，全戏新意盎然。受三戏启迪，芷苓心中渐渐有了谱，回家即与寿苓商议，决定把川剧移植过来，加以变通，琢磨并设计出新的表演技法，以京剧面目出现，岂不是好？"三记"全是旦角小生为主的对儿戏，用角不多，兄妹两人大可用武。寿苓心中暗暗喝彩，芷苓没有大、洋、全的条件，就在"短、平、快"上发力，"四妹果然有心胸"。

童芷苓病愈复出自组"童芷苓剧团"，演的第一出戏是《柳荫记》。此戏首演者是叶盛兰、杜近芳，改编人是戏改委的马彦祥，演祝英台的杜近芳全戏新腔皆由太老师王瑶卿一手制的谱，新颖别致，十分动听。芷苓唱法宗的是"王腔"，间融荀、梅，其中某些唱段唱句自行设计。既求出新，她自然不愿落入窠臼，包括做派、身段都不吃叶杜现成，甘愿大费周章苦苦探索、苦苦琢磨。有人劝她"这又何苦"，汉侠先生却说"理当如此"。对女儿革新尝试大加肯定。

冥思苦索间她益发羡慕杜近芳，二十刚过，有太先生调教，有叶盛兰提携，有国家剧院四梁八柱拱云托月，又有强大的编导队伍作后盾，小小年纪就打响了牌子。杜近芳演新戏无异天之骄子，什么优势条件全占了，谁及得上？不过她的犟劲又上来了："你演你的，我演我的，我这里什么条件都不如，我可非唱出名堂不可。"她演的祝英台果然打上了童芷苓的印迹，溢发出自己的芬芳，首都观众的口碑不亚杜近芳，她初试有成，开了个响炮。

《柳荫记》的祝英台，童芷苓据己所长制宜发挥。如"送行"一场，她对山伯的暗喻采用川剧旁敲侧击、含而不露的手法，力忌山伯胸无点尘、朴实敦厚的性格有损。她嗔中生喜，逗中见情，忽张忽弛，十分出戏。再以《马家逼婚》一场而言，四九急报凶讯，英台大恸，问明山伯葬处，决意将生死恋划上鸳鸯冢的句号，此时她已是义无反顾。马家花轿已至祝府，迎亲人奏起鼓乐，她这时悲中有静，悲意步步深入，她久久伫立不动，像是一座雕塑，殉意已决，平静得令人发颤。她两眼直望前方，哭已止，泪已干，观众完全能读懂此时此刻这种眼神的含意，这回台下已然抽泣声可闻。童芷苓没有照搬荀、程两家悲剧的表演技法，祝英台是她创新的第一个悲剧形象。《柳荫记》全剧角色不过十人，然而满台是戏，杜近芳曾去观摩，马彦祥也大加好评。《柳荫记》本是新作新演，不意芷苓另创一格而新中有新。马彦祥还十分欣赏芷苓《柳荫记》的台帘，她是在程先生"守旧"的素色基调上绣上两个大蝴蝶，一是黑镶黄，一是黄镶黑，夺目又雅致，引得马彦祥不住地称道："真看不出你的审美观大大见长了。"

《彩楼记》即全本《评雪辨踪》，写北宋吕蒙正和刘翠屏故事。此戏生旦并重，极富喜剧味。寿苓文化高于四妹，且特有琢磨劲，他把内含才气、外露迂腐的吕蒙正琢磨透了，在一股子穷酸味中透出过人的才气，酸气虽令人捧腹，却不离人物轨道。当代名小生人才济济，芷苓唯独起用乃兄，实因兄妹台上过人的默契，非他人所能替代。经兄妹两人的细磨，尤其《评雪辨踪》一折被他们演成一派浓浓的京剧风味。两人台上充分运用虚拟手法，翻来覆去地看路，把那出很易演瘟的戏演得处处是戏，首演北京即获好评。改川为京的《彩楼记》在京剧舞台属首创，江世玉、刘雪涛先后上门求教，寿苓不为旧习所囿，尽其心力把戏说透，后江世玉与江新蓉、刘雪涛与张君秋的《彩楼记》皆由芷苓兄妹的套路演化而来。

《玉簪记》又名《全本秋江》，其中最精彩的一场是《追舟》，演陈妙常赶会情郎的急切情景。这场戏台上只有妙常和艄翁两人，然而川剧《秋江》的舞蹈则深深迷住了芷苓，她陶醉于行船身段的优美多姿和生动有致，这一组组舞蹈全从川中江流湍急的生活实境中提炼而来，流急船不划而自行，过滩遇礁船受阻而震荡，在江水背景下衬现的舟、水、人组合的画面醒目传神如临其境。芷苓心折，决意一试，并增益首尾，把情节串联始终，构成整本大戏。

她要来川剧本子，特烦樊放先生执笔执导。她见识过昆曲《问病》、《偷诗》、《琴挑》、《秋江》，全属整本戏中有戏可演的折子，心中自然先有几分底。至于如何变川为京，又该与寿苓一起苦思冥想了。芷苓素擅风情戏，《问病》、《琴挑》的眉宇传情自是一绝。为刻画陈妙常的心理活动，她在剧中白云楼上设置大段反二黄程腔，尽情抒发空门女尼还俗红尘的憧憬与追求的复杂情感，唱出妙常青春尘封之苦与破禁道规之难。《追舟》是全剧高潮，据她本人的诠释，大水横阻，艄翁"作难"，而情郎远去，追已难及，陈妙常心急火燎的同时还有着浓浓的怅惘和牵挂，不能停留在向艄翁催船的具体纠葛和无尽调笑之中。芷苓表演可贵之处即在催船行船时，能让人看到她心里装着潘必正，潘人不在场，但戏中时时有潘的存在，算得上是神来之笔。

她惯于《打渔杀家》戏中萧恩父女一套划桨表演，用于《追舟》，尺寸和劲头全不一回事。为找感觉，她拉着扮演艄翁的祥苓同去北海，登上一叶扁舟，荡起快桨体验水面上高速行船时上下、左右大幅度振荡摇晃的感觉。四周游人还以为姐弟俩疯得不要命了，一段好戏就此在北海酝酿而成。

今天"苓社"已不存在，代之以"童芷苓剧团"。所谓"团"，不过一支小分队，若开往外地，充其量仅为一个演出小组，班底还需当地随时补充，她应西安之请演出"三记"，即以小组应阵。临行之时，发现身已有孕，但定金已然收下，好在演期不过十几天，

20世纪50年代演出全本《秋江》，童芷苓饰陈妙常，童寿苓饰潘必正

咬咬牙也就挺过去了。她原为应付，不曾想到这一去竟在古城掀起了一阵"童热"。《秋江》打炮，戏份过重，大哥说她"吃了熊心豹胆，全不顾身怀六甲"，二哥说她"人家一捧就来劲，什么都不顾了"。在西安她妊娠反应十分强烈，她适应不了那里的清真食谱，天天大吐，直吐到满口清水。可一出台，居然一丝呕吐也没有，当地大夫莫名其妙，"她一上台就像换了一个人，除了戏，什么感觉也没有啦！"大夫说对了。

《秋江》首演西安，演无不满，常香玉也来看戏，见她铩羽鼐翼尚能高飞，风头不减当年而惊异不止。在西安扬的全是顺风帆，公众场合下，她内着艳装外罩蓝袄，红衣素裹，衬着颀长苗条的身材，显得分外妖娆。出入轿车的童芷苓所到之处，围观者无处不在，唐明皇惊变埋玉的马嵬坡，杨贵妃御赐出浴的华清池，秦始皇骊山墓址，伍子胥临潼古迹……她遍游各处，心气大顺，本在"公"

与"私"之间徘徊不决的她，加入国营的紧迫感再次松了扣。

坤伶皇座

她迟迟不肯加盟国营，多少与言慧珠有关。两人都在苦苦支撑着支离破碎的私人班子，慧珠处事可比芷苓精明多了，芷苓对国营心有所动，慧珠似乎并不热衷。言担心的是失去自由身，听人摆布，辛辛苦苦挣下的钱盈利归公，这正是芷苓的心病，两人不谋而合。慧珠多次说到"现在还不至于走投无路，再看一阵吧"。又是正中芷苓下怀，两人聪明，岂知双双失算。

童芷苓"三记"唱一路红一路，最后唱进大上海。"三记"红势不跌，"童芷苓剧团"却走到了尽头。"三记"出演人民大舞台，只能请上海人民京剧团为配，这正是上海国营剧院对她放出的"招安"气球。"人大"作为国营剧场的象征，剧团不带"公"字很难进入"人大"。芷苓心里明白，若非"人民团"助演，自己这个私营老板还难登"人大"之堂呢。临近演出，不料祥苓突然病了，嗓子全无，无奈之下，请人民团李桐森钻锅蹚翁一角。李身手远不及祥苓矫健，更别提默契了。她唯恐台上出错，一再找桐森对练身段，那时腹中胎儿已满五月，身子灵活大不如前，一下用力过猛摔了一跤，周围人无不大惊失色，"啊！"的一声，一起惊呼起来。芷苓就地一滚，坐在地上，稍顿片刻，被众人扶起，幸无大碍，一旁李桐森脸色发白，额头早已渗出大颗汗珠，"太吓人了！"

人民团"招安"多日，芷苓心中发狠：即使加入国营，就昂首挺胸入门，怎么也不能在"人大"砸牌子，躺着被人抬进国营。3月15日，童芷苓首演人民大舞台，说来也巧，她接的正是西南川剧院陈书舫、周企何、袁玉堃的后队，以"京三记"续演"川三记"。"川三记"珠玉在前，芷苓的"京三记"很不好演，不少人劝她另换剧目，心比天高的童芷苓怎肯退让，"即使我上座不如人，也是输在'三记'掌门人手里，不算寒

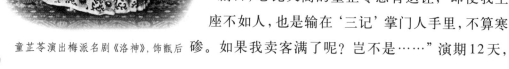

童芷苓演出梅派名剧《洛神》，饰甄后 碜。如果我卖客满了呢？岂不是……"演期12天，

120

芷苓贴八场《玉簪记》(《全本秋江》),三场《柳荫记》,两场《彩楼记》,老戏雪藏,尽以新戏争胜,芷苓性格依然故我。

未几,华东戏曲观摩演出大会在上海举行,童芷苓以一出《秋江》荣获演员一等奖。她的愉悦心绪一闪即逝,等候她的是班社解散的严峻现实。

二、随遇而安

在同行争先恐后加入国营的日子里,迫于形势的童芷苓渐渐招架不住了。团里的文武场面先后离她而去,班底们也改吃了"皇粮",她唱戏得大费周折,四处张罗借人,脸面上十分难堪。寿苓频频劝进,催促这不明时势的妹妹早下决心。此时吴素秋、李玉茹都已跨出步子,不由芷苓不动心。

常州"三记"演正酣,上海人民京剧团派来代表面商,给了她不小的面子。可来人一不谈组团,二不提领衔,什么优惠条件都不给,哪比得上北京、南京、武汉、总政的规格。她直叹气,他人劝我机不可失,如今果真时不再来,"人民团"阵容还算可以,芷苓也就答应了下来。昔日人家是请贤,如今对方是招安,性质已然大不同,只怪自己良机错失,能怨谁?

"华东团"那边李玉茹占了先手,一山难容二虎,故芷苓只能在"人民团"那边"偏安",约定年底正式入籍。上海方面摆出欢迎姿态,邀她出演"人大",她本以为团内将全梁上坝为自己一壮声威,不料配演的人选大多二三等角色,虽觉兆头不佳,可也无可奈何。

芷苓产期日近,暂时告别舞台,在家里等候小生命降临人世。陈力不知有多兴奋,家里有现成保姆,可总觉不放心,忙前忙后,他那拙手笨脚不时把芷苓逗得哈哈直乐,两口子笑声朗朗,洋溢着一片浓浓的温馨。到了临盆的日子,陈力焦急地坐在医院一张长椅上,乍起的北风,穿过长长的走廊,掀动着陈力的衣领,嗖嗖的寒气直钻脖领。不知等了多少时候,也不知挨了多少寒风,产房里隐隐传来一阵婴儿的啼哭声,隔不多久,门打开了,一名护士探出身来报喜:"是个大胖儿子,大人小孩都平安。"陈力心中一块石头落地,兴奋得像个孩子。四十得嗣,能不欢愉?真吉利,起名就叫陈吉吧!

产假结束,童芷苓开始收起华贵的穿戴,改着朴素的装束,一改经常自由自在的习性。她第一天上班，几乎手足无措，她被侍候惯了，现在打洗脸水、搬桌椅凳子全须自己动手，想来委屈，不由偷偷抹泪。陈力不甘妻子在众人面前"丢丑"，在家——教会了她，过了将近一个月，这才慢慢适应了几分。

院里执行评级定薪，童芷苓评为二级，月薪1 100元，位居李玉茹之后，这是她万没想到的。同事们见她气不顺，给她作了解释："参加国营就是革命，革命有先后嘛！"芷苓听了更加烦恼，这算什么定级？定级不是定的艺术吗？难道是先入山门为大？好心的丈夫见她整天闷恹恹，就劝她几句："随遇而安吧……"谁知这一下反点着了她的心火，一时怒从心头起，狠狠地把丈夫数落了一顿："全怪你拖后腿，不然我早在中国京剧院了。现在北京去不成，组团又不行，两头受堵，倒了八辈子霉，不怪你怪谁？"一通发作，陈力语塞。她无处撒气，只有在丈夫面前宣泄。

上海大学生戏迷十多人一起来探望她，为她惋惜不止，"你和言慧珠一样，本不该来上海，北京是你们二位最合适的地方，到了上海，利少弊多，你们会给埋没的"。芷苓一直礼貌地听着，听到此外，再也按捺不住："谢谢你们，我还是童芷苓，谁也埋没不了我！"气冲冲的语气，等于当场下了逐客令。等她意识过来，追出门去，戏迷们早已不见踪影。为此她后悔了好多日子，怎么把自己最忠诚的戏迷赶跑了。没过一个月，她收到一封发自上海复旦大学的学生来信，打开一看，斗大的两行字：上行是"既来之，则安之"，下行是"韬光养晦，随遇而安"。奇怪，怎么也是随遇而安，同陈力说到一处去了。

进院不久，她发现"上京"编导力量明显不及"中京"，又得知北京方面杜近芳短短两三年已推出好几部大戏，言慧珠和吴素秋也有新戏问世，她怎能不心焦。她找了院领导，起先动静不大，但经不住她的一再请缨，京剧院才同意让她排练由苏雪庵执笔的《柳毅传书》。戏中柳毅一角由童寿苓扮演，戏份儿与芷苓扮演的龙女三娘相当。机会来之不易，两人珍惜有加，老在一起研磨设计。经寿苓一番钻研，柳毅在倾听三娘哭诉、辞谢洞庭君请婚的几个场子都有入神的表演。芷苓对三娘的塑造充分发挥了其青衣和闺门旦的才华，把梅、程、荀各家技法熔于一炉，化为一个有机整体，人物形象十分饱满；钱塘君由架子花和武花脸两门抱，王正屏演来极为对工，排练很快完成，就等着克日公演了。

1955年5月1日，童芷苓正式以上海京剧院的名义首次登台。大众剧场

（原"黄金"）炮戏《柳毅传书》连演12场，30天演期中她一共贴了12出戏。计有《玉堂春》、《貂蝉》、《穆桂英》、《悦来店·能仁寺》、《凤还巢》、《樊江关》、《拾玉镯》、《铁弓缘》、《奇双会》和《猎虎记》，青衣、花旦、刀马俱全，兼有昆曲，久违之下的童芷苓，还是在"大众"迎来了大批观众。人们津津乐道于她难得上演的《穆桂英》，她在出场的［点绛唇］牌子声中双手掏翎，左右望门，注目看将台，一系列身段全是面向里背朝外的，都充分显现出一个当家做主女寨主的八面威风；《射雁》一场，从圆场和趟马的匀整而有节奏的步法可看出她上佳的腰腿功夫；她扬鞭勒马，急驰缓行中顾盼自喜的神气及乐观豪迈的气概全靠那光彩四射的一对眼神示情达意。《说亲》一场最为传神，表情、语气、目光、身姿无不到位，一个山寨女英雄的形象活脱如生。那大段入情入理剥茧抽丝般的说理刻画出穆桂英的辩才和聪颖，真细腻之极，只是可惜这戏她露演太少了。

《猎虎记》一连演了七场，这是一出中国京剧院首演的新戏，在芷苓手里又属新戏新演。她饰顾大嫂，江湖味十足，台上洒得开，演活了一个骨肉情重、足智多谋、胆大心细、飒爽英姿的侠骨女性。其中有一句"姑奶奶眼里容不得一粒沙子"的台词是她即兴之作，念来

20世纪50年代童芷苓在《拾玉镯》中饰孙玉姣

童芷苓在《穆桂英》中饰穆桂英

尤为传神。与云燕铭相比，云用细线条，细中有粗；童用粗线条，粗中有细，两人各臻其妙。

看一下"大众"戏码，童芷苓有两天让出大轴，有些戏迷已在感叹她往日飞逝，锋芒难再，不堪回首话当年了。看一下大众剧场阵容，李仲林外，全为二三路，同为上海京剧院主演，李玉茹那边人马齐整多了；再看一下"大众"票价，更让人泄气，1954年李玉茹、赵燕侠最高票价均为一元二角，厉慧良为一元一角，黄桂秋一元四角，梁慧超、梁小鸾合作，以及纪玉良、李仲林、王正屏合作，均为一元，童芷苓在"大众"票价竟被压到一元，戏迷都觉不公，只能归结于一句："戏是好戏，人是霉人。"

芷苓又怀孕了，她不想生育过密，经与丈夫商定决定吃药堕胎，不料服药后浑身上下无比难受，痛得脸色发青，可就是打不下胎儿来。如此一番折腾之下，芷苓身子壮健如初，她的体质禀赋实在太优异了。第二次临盆还是顺产，陈力的大伯父为其取名陈工，好一个奇怪的名字。

女儿出世不久，芷苓便接院方通知，安排她为周信芳院长配戏，在电影《宋士杰》中饰演万氏。过去与周长期搭档的是赵晓岚，此番为何改了芷苓？她觉事有蹊跷，带着一肚子的情绪和疑问去请教大哥。谁知遐苓情绪比妹妹更激动："万氏在《四进士》里不过一个二三路角色，找谁不行？为什么偏要找你？"又气愤地说，"过去你和他各领一班平起平坐，他根本占不了你上风，在大义务戏里他给你配过《大劈棺》的庄周，在《吕布与貂蝉》里他吕布你貂蝉也是角色对等的，今天他是用院长牌子来压你，别理他！"大哥气头上的话让她甚是为难，人家毕竟是大院长，他不用赵晓岚而请我演万氏，明摆着是看得起自己，还是认了吧。转念又想，人人都说周院长眼力过人，是不是他赏识我了？

万氏一角并不陌生，马上试镜也足可应付，可这戏是同周信芳、李玉茹合作的，虽戏少，可切忌演成白开水，总要让观众咂出点滋味来，于是她下起了工夫。在童的记忆里，芙蓉草同南麒（周信芳）北马（连良）都合作过此戏，他的万氏用俊扮，有江湖侠义气，做派老辣，眼神尤为厉害，与周相当，他的万氏属复合型行当，彩旦、泼辣旦、老旦味兼而有之。芷苓自思，自己尝以彩旦戏为游戏之作而略有小成，《拾玉镯》、《法门寺》中刘媒婆，《贪欢报》中鸨母，《虮蜡庙》中张妈皆有好评，彩旦俊办显然是可取的；又觉昔时万氏表演旧本中色情戏颇多，破坏了戏的严肃主题，不宜效法。她据此与周院长商榷，即把万氏改为与宋士杰一样爱打抱不平的好心人，周大表支持。

有一场戏，是宋士杰和万氏从群氓手中救下杨素贞后，在家问其身世遭遇和为何越域告状的一段三人戏。宋与杨居舞台两侧，万氏居中走来走去，形式很呆板。芷苓突出生活化表演，每次问话、递

20世纪50年代童芷苓与周信芳在电影《宋士杰》中合作，童芷苓饰万氏

话、语气和用词概不重复，而且注入了万氏见义勇为的侠义精神，念来字字爽脆，充满情感，使原本僵硬的公式化表演一下活泛起来，周信芳见芷苓为万氏开了新相，不断点头称是。她的万氏戏，原是配周、李而为，谁知歪打正着，无意栽花却开了花，童芷苓更想不到不少后来人演万氏竟以她为准绳，她的万氏成了样板。

童芷苓在京剧艺术片《宋士杰》中与周信芳、李玉茹合作，童芷苓演万氏，李玉茹饰杨素贞

人是有适应性的，对原先深以为怪的事，日久之下便见怪而不怪了。童芷苓走入低谷，牌子、票价、阵容、戏码都不景气，戏迷也有过一段由迷惑不解到渐次接受的过程，当年她的大红年月只给人们留下一抹淡淡的回忆。上海坤伶首席，李玉茹开始取而代之了。

当今三十六计"守为上"，随遇而安吧。只

要自己不埋没，就没人能埋没自己。童芷苓是这样想的，也是这样做的。

三、飘 香 欧 陆

1956年入夏，《宋士杰》拍摄完工，童芷苓又被冷落一边。好在随遇而安已逐渐成为她的处世良方，她放低了自己位置，做人处事低调，默默练功，天天磨戏，等待着重新爆发的一天。

她突然接到上级通知：参加中国艺术团出访欧洲五国。这一惊喜非小，她顿时又变得神采飞扬了，那可是难得的政治待遇呀！何况她还可以换一个环境，过上几个月的宽心日子。生性爱玩的童芷苓，赶上平生第一次出国，本已兴奋无限，再说踏上异邦国土，看看异国风情，走走欧陆景点，还能远离忧郁，把三千烦恼丝统统留给京剧院，一身轻松地游历欧洲"桃花园"。她愈想愈兴奋，眼前豁然开朗，心中阴霾一扫而空。

上海京剧院兵分两路，以周信芳为首出访苏联的一路阵容强大，李玉茹、王金璐两位大牌都在其麾下；童芷苓、李仲林、王正屏加盟的中国艺术团一路是"集"戏曲、歌舞、杂技之"锦"的综合演出团，人员八十多，云南关肃霜也被召加盟，演员座次表上，童芷苓坐上第一把交椅。剧目由上面派定，指定童芷苓五出戏，即《秋江》、《拾玉镯》、《醉酒》、《宇宙锋》和《金山寺·断桥》。

审戏居然还惊动了日理万机的周总理，总理忙中抽暇几乎天天来团进行外事纪律教育，芷苓十分佩服总理的博学机趣和诙谐。谈到出访在外，招待会和酒会是常有的事，总理一再强调，一要盛妆、二要知礼、三要长站。某日文化部门组织一场模拟酒会，请来一批外国朋友陪同操练，她原本就是大舞迷，就此把酒会当成了派对，穿上大红裙子，打扮得十分出挑，雇上三轮赶到民族饭店，门卫见她人高马大一身红，外加一副与众不同的打扮，误以为是满族少妇，真把她挡驾在门外了，还差点进不了会场。团员女演员大多旗袍加身，相比之下，她的盛妆太洋派了。童芷苓大大方方地同酒会"来宾"周旋，发现老外不约而同地都在注视她的大红裙，她一时高兴，便迈开轻盈舒展的舞步翩然起舞，一支接一支，一时间成了晚会的皇后，今天艺术团又使她重归领衔地位，能不自喜？

《金山寺·断桥》在京预演反应强烈，扮演青蛇的关肃霜不仅收绿叶之妙，本身也极具光彩，由于戏幅过大，送审后终被删去，遗憾不小。预演期间，周总理曾陪同毛主席看过《宇宙锋》，主席还同芷苓握了手，并鼓励了一番，岂不料国家元首欣赏的戏也从节目单上被拉掉，理由是外国人看不懂，芷苓很是憋闷，只是发作不得。名扬海外的梅派名剧《醉酒》虽予保留，可只剩下"百花亭"中的醉酒片断，占时区区十八分钟。连《秋江》、《拾玉镯》这类短小的折子戏也动过手术，改造成了半新不旧的戏，剧目最终确定，芷苓留下三出。

1956年随中国艺术团赴欧洲演出，与关肃霜合演《金山寺·断桥》，童芷苓饰白素贞，关肃霜饰小青

在西德的演出令人难忘。那里的接待是一流的，上演的剧场是一流的，观众对表演的反响也是一流的，只是有一次，把全团吓坏了。台上演着《秋江》，陈妙常与艄翁歌舞正酣，台下金发碧眼的座客却大蹬地板，越蹬越凶，整个大厅轰轰之声不绝。芷苓不明所以，看看艄翁，看看自己，服装、化妆、动作全没差错呀，为什么人家要闹场子呢？她很快镇定下来，顶着往下演。地板声还在作响，观众似已亢奋，这难道是捧场？《秋江》幕落，台下掌声雷动，经人说明，蹬地板原来是西德观众对演员赞赏的一种特有表示。每天完戏，场外云集的观众纷纷拿出册子争先恐后地索要芷苓的签名，尤其是男女青年，打起手势忙着问这问那，可惜语言障碍无法逾越，她只能一一用微笑作答。在西德的日子里，她

每天露笑至少一百次。

来到保、罗两国，东道主款待殷勤更胜西德，芷苓长相身材带有几分欧味，当地官员、同行都说芷苓像他们本国人，不少人还主动同她套近乎。好心的主人把艺术团安置在黑海别墅，这里是世界上有名的旅游疗养地，山水一片，天水相连，一番旖旎风光。那儿有一露天剧场，坐落在足可

20世纪50年代童芷苓在《秋江》中饰陈妙常

容纳一两万人的大广场上。艺术团对这类观众可以往来走动的露天大型演出很不适应，唯恐分散了注意力台上出错，虽然人人小心翼翼，可还是事故连连。"出手"高手关肃霜也免不了台上掉枪，心越急枪越掉，而且一连掉了好几场。团里为谨慎起见，把武戏《雁荡山》最后的集体跟斗"翻城"给免了。事故像瘟疫一样也传到芷苓身上，一天《秋江》开场不久，她突然发现身上系的腰裙（腰包）带子松了，她只能一手提着裙，一手舞动拂尘跳半截子舞。《秋江》戏毕，观众涌向台前看谢幕，有人向台上扔花以示祝贺，检场人忙于收拾场子，用脚把花踢向舞台一边，台下观众起哄不饶，事态闹大，徐平羽团长只得走到台口向观众赔礼道歉，大失面子。

徐团长为人正直，原则性特强，当时是"以阶级斗争为纲"的年代，他哪能不时时警惕。出国上飞机，全体人员对外国旅客不理不睬，连看都不看一眼，似乎洋人全是特务。芷苓风头太健，赢得不少仰慕者，有位客人想一睹芳容，打来电话邀芷苓外出，这位先生请团里再派一名"陪客"同来，以解除不必要的怀疑，团里还是一百个不同意。每次芷苓外出，身边总有"哼哈"二将伴驾，凡洋人对芷苓行注目礼，两位武行担任的"保镖"刹时进入警戒状态，令外国人莫名

其妙。招待会上为防老外围邀芷苓等女同胞入舞，武行们常会邀舞在先，不让洋人近前。老外关注的焦点集中在童芷苓身上，有一位报幕员爱找芷苓闲聊，他用手势比划，表示看上了芷苓，芷苓伸出两个手指，指着腹部做手势，说明自己有两个孩子。对方很是失望，用手一指大楼，做出跳的姿势，摇摇脑袋，表示他只能跳楼了。她收到的信件最多，本以为是奉承捧场的，谁知大多是情书。对于这类求爱信，翻译起初还为芷苓念上几句，后因求爱信实在太多，团里干脆不让翻译了。

欧陆之行近半年，童芷苓度过了一次身心愉快的"长假"，对于她，这来得真太及时了，正因这番出国经历，童芷苓得以全身心作出调整。不久，她将以好整以暇的心情返回上海舞台。

农历年底，艺术团全师返沪，大年初一至初三在"人大"举行归国汇报演出，观众给以芷苓特殊礼遇，刚一登场，全场蓦地卷起雷一般的碰头彩，这类碰头好当时仅有大牌有此殊荣，她最红的年代，碰头好也非每场都有，"碰头彩"无异扣开了她的心扉，上海观众没有忘记她。

汇报演出结束，芷苓即在"人大"领衔主演，进"上京"以来她已是第三次露面，阵容比前两回硬朗多了，有李仲林、王正屏、沈金波、童寿苓、魏连芳、童祥苓……最高票价升至一元二角，与李玉茹对等。上演剧目有《红娘》、《玉堂春》、《金山寺·断桥》、《红鬃烈马》、《红楼二尤》、《悦来店·能仁寺》和《樊江关》、《秋江》双出，共22场，上座良好，最后几天连日狂满，大大长了芷苓的威风。同期，盖叫天公演于天蟾，盖老年事已高，与童对垒，自然落于下风。有人问她盖老何以不济，芷苓已不以上座论英雄，"人老了，艺更精了；曲高了，和者寡了"，说得多好。对比芷苓，她仍处艺术上升期，以《秋江》而论，较之《三记》试新的前几年，演技更趋精到。她用素幕替代与划桨行舟动态舞蹈不相协调的静止江景，台上看似素淡，效果却大不一样。一位老太太看完《秋江》，走出戏院时一晃一晃站不住脚，老人有晕船习惯，方才看戏入了神，仿佛自己也置身于湍流中的一叶小舟，不知不觉地头晕目眩起来，由此可见《秋江》的舞台效果。

观众反应的强烈程度提供了一个信号：童芷苓的声势和状态正处于快速复苏之中。

四、乍阳又阴童家班

童芷苓太怀念当年的苓社了，她老是有一番盘算在心头：今天童家成员皆成气候，祥苓初露头角，葆苓早已成名，大嫂老旦行里有一席，弟妹张南云曾是东北鞍山当家青衣，兼有两位兄长的辅佐，如能会合一处，效法内地厉家班，大可相映成辉开辟新局面，不致再陷入势单力薄的尴尬境地。受厉家班的启示，芷苓跃跃欲试。

上海京剧院由李玉茹掌一团，专演老戏；童芷苓掌二团，以新编历史剧为主，两人各得其所，"新编"意味着"开创"，正合芷苓心意。院里特为二团配备了魏莲芳、刘斌昆在内的一套实力不弱的梁柱阵容，可还是满足不了芷苓的期望值。后经新任上海市文化局局长徐平羽和周信芳院长的批准，"苓社"成员才得以成批南下组建"童家班"。第一位是遐苓，不久是童葆苓和李多芬接踵而至。此时石挥与葆苓结婚三年，平时各自忙于自己的事情，一年会面的日子屈指可数，二团的组建终使这对两地分居的夫妻在上海有了真正的家。祥苓和南云二十刚过，正是英姿风发年华，他俩南下加盟，童芷苓如虎添翼。

童家班荟萃二团，芷苓愁眉稍展，要说这些日子，她也真够心急火燎。如今君秋、素秋名扬京师，在北京并称"二秋"，君秋风头尤健，身价已跻身马、谭、裘之列，新的流派就在此时奠基；杜近芳属重点培养的尖子人才，"中京院"李少春、袁世海尤其是叶盛兰的提携大大提升了杜的水平，不到二十五六就一跃而入中京院一团李、叶、袁、杜四头牌，近几年她的新戏不断问世。真乃时势造英雄，他人比不得；言慧珠在京昆并举，歌舞并重方面大得进展，创编新戏也有建树；赵燕侠的"燕鸣团"条件虽不足，新戏却排了不少，而且都是她的赵氏风格戏……"羡见他人舞东风，堪叹自身不得月。"她老在长吁短叹，直到童家班人马会齐，她才舒了一口气。

汉剧名家陈伯华的拿手戏《二度梅》，童芷苓觊觎已久，陈来沪公演《二度梅》，她一连看了三遍，不仅向武汉汉剧院要来剧本，还请人改编成了皮黄，寿苓见她移植完川剧又移植汉剧，问她"是不是今后下定决心要演新戏？"芷苓摇摇头："我新戏老戏都不放弃。谁不想新戏呀！可剧本哪里来？移植走的是捷径，谁能说移植改编的戏不是新戏？"

《二度梅》又名《杏元和番》，芷苓所饰陈杏元凤冠红蟒、雉翎狐尾，在《落花园》中的表演有如出塞昭君，所不同的是唱有反调大腔和［西皮慢板］转［二六］。唱好了，准能拿下好几个肥彩来。这等重头戏她演来全不觉累，是因为有《汉明妃》的底子，不过真正让她兴奋不已

20世纪50年代演出《柳毅传书》剧照，童芷苓饰龙女，童寿苓饰柳毅

的是言二姐的点评："芷苓应付《二度梅》一类大累工戏绰绰有余，唱新戏她时时冲在头里，她可有心胸了。《柳毅传书》、《玉簪记》、《秋江》的川改京，都是她第一个演，《二度梅》也是，要说演新戏，我最看好芷苓。"

《柳毅传书》改名《龙女牧羊》，正是童芷苓新戏中的保留剧目。戏剧性强的戏，人物内心活动必然复杂，如《牧羊》的凄苦、《酬宴》的含情、《送别》的惆怅、《洞房》的调侃，童芷苓俱在性格刻画中出戏。表演风格上不仅梅韵浓郁，荀、程成色均不低，极具欣赏性，后段还借鉴了《荆钗记》的关子增添效果。戏中葆苓一个人兼演锦麟、媒婆两角，救龙女的一场开打，葆苓的双刀快如疾风，异常暴烈，尺寸、劲头走的是乃师尚小云一路，一组双刀套路尚未打完，全场掌、彩声已然四起；葆苓后场俊扮媒婆，念表戏味很浓，舞台效果上佳。经过一番处理，整出戏原先头重脚轻的弊病不复再有，双主角变成了三主角，后段加工无异给全戏加上了"豹尾"，此戏应说是童家班的精品之一。

童家班期间童芷苓兼融荀、王两家技法的《十三妹》取得意外成功，这出戏是太先生传世好戏，荀、尚、筱、芙各家学的都是王瑶卿太先生路数。芷苓见识过荀师的何玉凤，也请教过芙蓉草的王派规范。她以荀派为底子，吸收王派坚毅、明快、爽朗和刚健，增以荀派妩媚、柔和、俏丽和婉约，遂成童芷苓的十三妹。她骑骡挥鞭疾步登场，颀长亭立的身材穿大红战裙战袄，戴红风帽，蹬小蛮靴，扎腰巾，背弓刀，另加眉尖点的一颗俏丽的朱砂痣，这一整套王派装扮每每皆收先声夺人之效。说起念白，太先生最为独到。芷苓在白口吃重的《悦来店》

131

一折有自报山门的大段独白，以沉重悲痛的情绪，陈述其父无辜遭奸佞所害的经过；以愤慨激越的声调，表达为父报仇的决心；以亲切深情的语气，道出对邓九公收留她母女、传授武艺的感激。她的念白力学王氏，但荀味无处不在，正好达成刚柔并济的理想效果，念来极富美感，引人入胜。

20世纪50年代当京津各地盛行鼓掌之时，上海还保留着传统的喝彩氛围。上海人对喝彩很有讲究，喝彩人中不乏顾曲周郎。童芷苓十分欣赏台下那种清脆醒神且合拍到位的彩声，它好似一贴强力剂给人肯定和鼓励，又似一剂清凉药，给人启示和提醒，她十分在意这种台上台下的互动。那个年代，台下叫"通"（倒彩）已然绝迹，但对个别角儿在台上有忽悠观众的表现，上海观众也会不依不饶地"通"声震天。对于童芷苓，戏迷是厚爱的，有一次她演《天女散花·云路》时，因长袖套住了台前话筒险些把人绊倒，由此造成了明显不过的舞台事故，台下一片肃静，默无反应。待等歌舞中精彩重现，观众依然大声喝彩，鼓掌不止。童芷苓口中无言，心里领情。她从不欺观众，观众焉能欺她？这就是金字招牌。

借二团亮相的童家班风光了一个时期，童芷苓也过了一段顺风顺水的日子，用葆苓的话说："童家班风水尽让我四姐一人占了。"童家成员多以芷苓为中心组成一具多棱镜，把芷苓的光彩通过折射、反射加漫射辉映得七彩缤纷。童家班为芷苓带来了云开日出的晴朗天气，她心生重振雄风的憧憬，谁知未过多久，天气又阴转多云了。

不知从哪里刮来的风，有说童家班老虎屁股摸不得，有说童芷苓把公家剧团搞成私人班社，也有说童家班在搞封建帮派。芷苓心中窝火，看着大字报火力愈烧愈旺，她按捺不住了，你放火我就点灯，以其人之道还治其人之身。她坚信理在自己一方：徐局长支持，周院长审批，童家班堂堂正正，一切符合组织手续。童家班隶属"二团"，挂的是上海京剧院的牌子，难道童家班不是在为京剧院增光添彩？友人告她一句话："木秀于林，风必摧之。"明明初夏天气，芷苓似乎已感深秋之凉。

其时反右斗争序幕已然拉开，她不明白国营剧团内部人事怎么这样复杂，人们言行怎会突如其来地大反常态，她想起徐平羽或能助她一臂之力，就去那里倾诉委屈，当面求计。徐指示芷苓："是你错，你承认；不是你错，你不用承认。"她心中不服，盛怒之下，她再次贴出一份反击大字报，最后写上了"我把话说完了，封门了，不写了"。对方再发动攻势，她索性不理不睬，运动期间来一个

"闷声大发财"，对任何人、任何事一概不表态。京剧院组织大鸣大放座谈会，她再也不吭一声。

1957年11月石挥失踪，乍闻这个消息，她触电般地愣住了。过不多久，童芷苓的挚友和妹夫、童家班中令人称羡的一员、成千上万的人们喜爱的话剧皇帝，饱尝了人世间风刀霜剑，终究在萧瑟初露的秋风里离去了。噩耗传来，葆苓顿时倒下，一个"右派分子"的家属，加上丈夫还有"畏罪潜逃香港"、"自绝于人民"的反动名声，其境遇可以想见。此时此刻，雷击下的葆苓身体差到极点，常时会睹物伤情，突然昏厥，北京双亲生怕女儿出事，赶紧把她从上海接走。看着妹妹带着生理和心理的双重创伤返回北京，她隐约中似有所感，莫不是童家班的"大限"到了？

石挥魂归天国，引起童芷苓层层思索。

1956年是石挥最为春风得意的一年，他的《我这一辈子》荣获文化部优秀影片奖，并在他担任由多位编导组成的"五花社"社长的日子里创作了生前的压卷之作《雾海夜航》。当时电影界上空乍现的一片创作艳阳天曾令石挥兴奋无限，谁知到了1957年形势急转直下，方才还和希望女神咫尺相对，转眼间达摩克利斯剑已高悬头顶。石挥的直觉告诉他，似乎正有一场大风暴在向自己逼近。

石挥果然首当其冲直面暴风雨，上海电影界召开批判大会，石挥成了篡权的阴谋家，接着大小报纸批判文章有如雪片一般铺天盖地而来，让人触目心惊。石挥来不及走下神坛，却已被轰上火山，聚敛多年的王者之气被打散了，他的精神世界一步步在走向崩溃。在那耻辱难忍的时光，他难得上芷苓家一走，见他神情幽暗，眼光发散，清癯的脸上罩着一层严霜，写满了痛苦和茫然，芷苓不由悚地一惊，这哪是石挥呀！又见他几次口唇嚅动，可又欲言还休，那凄楚的神态一下把人的心揪紧了。芷苓急了，"你病啦？"石挥苦笑作答："我除非不得病，要得就是要命的病。"童依然在五里雾中，一再追问，他方才从牙缝里挤出两句话来，"病从口入，我这个人吃坏肚子不容易；祸从口出，或许在我身上会应验。"说完抬起屁股走人，连招呼也不打。

石挥大失常态，童芷苓不敢惊动妹妹，生怕葆苓吃不住劲。因这位妹夫向来不愿妻子分担他的烦恼和痛苦。于是，便把石挥邀来家里细加询问，一见面不等落座，童已直捣黄龙："你到底怎么了？别瞒我，此地就你我二人，还有什么不能说吗？"石挥突然变得亢奋："好，我告诉你，我实在憋得太久了，良心不允许我再沉默，有的话我要是不说就没人会说。"石挥又想抽身，被芷苓一下挡住去路。

"你到底要说什么呀？"石答："凭艺术良心说的话。"童还是不解："什么艺术良心？"石很激动："你还是不懂为好，你别太复杂好不好！"童很不安："你不怕祸从口出呀？"石挥扭过头去："骨鲠在喉，不吐不快。"童还是追问不休："你没跟小葆说？"石挥不置可否，再也不吐一言，就此默默告辞。他的眼泪被笑容巧妙地掩盖着，仍顽强坚持着自己的硬汉形象，只见他眼神凄迷地走出门口，踯躅在夜色茫茫的马路上，连背也驼了几分。

童芷苓心头七上八下，莫非石挥要干一件大事？而且多半是一件祸事。事后有同事告诉她石挥愤慨之下曾写过一篇题为《东吴大将"假话"》的文章，大意是抨击有人不允许别人说真话，而说假话的人反而吃得开，他还把这种反常现象斥为"一股逆流"，真太犀利了，一如他在舞台上那火辣的语言。联想到石挥平日观点鲜明出言无忌，此时的童芷苓终于明白他"东窗事发"已祸不远矣。

1957年临近年底时爆出石挥失踪的特大新闻后，一时之间，什么偷渡呀，叛国呀，自绝呀，罪名不一而足。回想石挥其实早有迹象，也早有隐言留下伏笔，只怪自己反应迟钝，没往他处去想。芷苓现才意识到，那时石挥言语闪烁中决意已显，他是不愿寻找各种理由像祥林嫂一样诉说自己的冤屈和不幸。记得他曾说过"人生就是一段路，走到头就是别离"。记得他还说过："我身后不是凌烟阁，就是十字架。"童芷苓不敢再往下回忆，愈想心头愈发冷，难道石挥真的选择了一条不归路？

黄鹤一去无消息，整个童家无时无刻不在期盼奇迹的出现，谁知噩耗最终还是传到了童家，石挥遗体在吴淞口外被发现，于是本已淡化的话题重又热门起来。石挥自杀消息不胫而走，随着葆苓回归北京娘家，正式宣告了石挥的家破人亡，从此童芷苓不愿再提石挥旧事，多年来始终保持一种难言的沉默。

童芷苓永远不会忘记反右运动中，当童家班面临搞帮派搞独立王国的指控和发难，她心有不甘而屡思反击之时，石挥所提醒过她的八个字："成名之人，谤也随之。"石挥边说话边还有动作示意：左手拉长耳朵，右手食指放在紧闭的双唇前，明白无误地告知芷苓"用耳不用嘴，只听不张口"。从此童芷苓火烛小心出言谨慎，凭着石挥留下的"锦囊"，虽然童家班昙花一现被迫解体，但芷苓本人终于躲过了原已近身的一劫。

第七章　大步越雷池

一、大马金刀赵一曼

1958年2月，天蟾舞台又热闹起来，童芷苓对周围的一切不闻不问，就是埋头演戏，连演了15天《雁门关》。戏中芷苓的青莲公主戏份不重，与魏莲芳的萧太后、李多芬的佘太君、童祥苓的杨八郎相当。《雁门关》中最露脸的是祥苓，他俊扮无髯，老生声腔，于《哭城》一折其繁重唱念与出色跌扑的文武功底发挥得淋漓尽致，连周信芳都赞不绝口："小弟的八郎真不错。"

3月间，"二团"推出新的大戏《三请樊梨花》。此戏由上海京剧院丁国岑、刘梦德根据荀先生名戏《婚姻魔障》加工改编的，不失为一出尽显芷苓之长、雅俗共赏的好戏。全戏荀味浓郁，樊梨花坚决的性格、纯洁的心灵、委屈的遭遇、火热的爱情，芷苓演来栩栩如生。《三请樊梨花》连演21场不衰，这一刀马花衫代表作令芷苓尽得风流，就当时童家班处境而言，这已是莫大的慰藉了。

童芷苓如今已为人母，在淮海路登云公寓安下了一个温馨的家，可常年繁忙的演出生活使她有愧于丈夫和膝下的一双儿女。作为妻子和母亲她不少自责，家庭事务重担几乎全落在陈力一人身上。做丈夫的默默承担了家里内政、财务、后勤三个"部长"重任，同时还兼芷苓的秘书，芷苓何尝不想给子女以更多的母爱呢？但日程总被排得满满，她确实很无奈。不久，京剧院又通知她去东北、天津、青岛作为时八个月的巡回，她真有苦无处申，上次赴欧八个月，这次北上又是八个月，自己可是有家室的人哪，领导怎么这样不体谅，老这样折腾怎生得了？心中闷极，又不敢违命，回到家里，对丈夫欲言又止。陈有所察，淡淡地说了一句："你别担心，家里有我。"芷苓无言，只嗫嚅地说了一句歉意的话："我看来要为艺术献身了，你看来要为我献身了。"

1958年，京剧界大演现代戏，"上京"领导指示此去东北要编演一出歌颂东北抗日女英雄赵一曼的戏。芷苓有演文明戏、时装戏的底子，又曾涉猎电影和话剧，早就想在现代戏领域闯出一条戏路来，因为塑造工农兵形象，她至今还是空白。上海努力沪剧团的顾月珍以前演过赵一曼，这不是现成的老师吗？她带着一片诚意上门求教，顾月珍见她全不摆大角的谱，其诚可掬，即倾囊相授,还说芷苓"各方面条件都比我好,又这样聪明好学,一定会大获成功"。

她仔细阅读了赵一曼的传记,剧本选择了赵一曼光辉一生中最具代表性的一段,即从赵带领小分队掩护抗日联军主力突围起至慷慨就义止,集中展现了在哈尔滨日本警察厅和市立医院对敌斗争的情节,通过艺术概括,赵的英雄行为高度集中,人物形象开始在芷苓眼帘前浮动了。童芷苓曾说:"要让赵一曼在舞台上站得住,不是靠几个鹞子翻身或几段动听的唱腔能解决的。"《赵一曼》既属文戏一类,就该从唱念做下手。

现代戏再现代,时代性总得寓于民族性之中,归根到底,新戏再出新,也不能没有"京"字。京剧曲调的字音和旋律同现代生活距离太大,特别是旦角唱腔很难直接套用。有人认为赵一曼是英雄人物,不宜唱皮黄,芷苓则认为全盘沿袭固然不行,改革变通却未尝不可。她强调以北京字音为基础发声行腔,尽可能贴近生活,为使旦角缠绵悱恻的唱法融入慷慨激昂的成分,便糅入了适度的老生腔和小生腔,增加唱腔的力度和音量。经芷苓和名琴师马锦良、名鼓师张森林的共同设计,全戏唱段板式丰富,新意迭出,二黄、西皮、南梆子、四平调等多种板式的组合,大大提升了人物的表现力。

现代戏的白口能否全用京音,她琢磨了好些日子。京剧现代化不等于话剧化,她在京剧节奏感和音乐性方面找效果,在抑扬顿挫、铿锵有力方面找变化找劲头,让人听来,不同于一般话白,也不同于京韵白,使之既有生活感又有艺术感。

京剧舞蹈动作与古代宽袍大袖的服装相协调,搬到现代人物身上则处处别扭。芷苓抓住舞蹈动作节奏鲜明的特点,创造出一些与之协调的生活动作,再配以打击乐的点睛,达到京剧不离"京"的要求。另外,她适当加大服装尺寸,为一些带有技术性的舞蹈提供方便,把家里那件干粗活用的宽大的破旧上衣作为戏里的囚服,穿着这身衣服她还在台上摔出一个又高又远的抢背。

巡回团团长是丁国岑和林鹏程,《赵一曼》剧本正出自两位之手。全团一路风尘一路排练辛苦至极,精心是做到了,但粗糙也是必然的。7月1日,《赵一曼》首演于齐齐哈尔,赵一曼是东北父老的女儿,是关外乡亲的骄傲,老乡们带着对先烈的缅怀涌入剧场,真把童芷苓当成了赵一曼。

1958年童芷苓在现代戏《赵一曼》中饰抗日女英雄赵一曼

坤伶皇座

赵一曼回乡啦！巡回团一到哈尔滨，热浪扑面而来。哈市民众本就以热情著称，何况又是赵一曼的殉难地，英雄事迹家喻户晓，他们以罕见的热情接待了童芷苓一行。演出方酣，童芷苓觉周围气氛有异，台下东北老乡默默流着泪，频频鼓着掌，这种少有的动静结合令人动容，艺术作品竟有如此大的震撼力，她霎时得到心灵上的升华。剧终了，他们久久不愿离去，噙着热泪，朝台上长时间地鼓掌，并以呼喊声表达谢意，芷苓连连谢幕，她也泪光盈盈难以自制了。刚回后台，只见大哥匆匆跑来，连连催促芷苓赶快去前台，说"'抗联之父'今天到场了，他是赵一曼的生死战友，这里称他是'赵一曼之父'，他哭得不行了，一定要见你，你快去！快去！"芷苓急忙三步并作两步奔了出来。这位东北烈士馆馆长、东北抗日联军老战士，七十五岁高龄的李真老爷爷坐在台下正掩面痛哭，众人全在一旁陪着流泪。老人当年掩护过受伤的赵一曼，曾与赵一曼结下深厚的战斗友谊，舞台上重现赵一曼形象使老人回忆起战火纷飞的年代。他非见芷苓不可，当芷苓走到身边，老人泪如泉涌，已站不起身来，她紧紧握住老人的手，动情地叫了一声"老爸爸！"老人上前抱着芷苓，连连拍着她的肩膀点头示意，直说芷苓演得好演得像。他早先受过敌人酷刑，被折磨得嗓子失声，但从他老人家眼神不难看出他对芷苓的演出极为满意。

"赵一曼之父"与活赵一曼的会面在当地传为佳话，哈尔滨同行和观众们前来祝贺，内有一位说："您演赵一曼，成了我们家乡人；你十分豪爽，也像我们关外人，你个头模样大马金刀，更像我们东北人。"芷苓连忙称谢，心想"大马金刀"，原来是这个意思，好久没听到这词儿了，东北老乡拿这个来赞扬我倒是没想到。

八个月的艰辛几乎摧垮童芷苓金刚不坏之身，按上级意图，芷苓一天三场《三请樊梨花》已成家常便饭，剧终人不歇，每场送客成硬性规定，上着妆场场都外加送客戏。"您走好,您走好",直送到所有的观众离场为止。接着打扫舞台,谁也不能例外,完了再搞创作,排新戏,直累得直不起腰,革命化嘛,无非就是拼命呗。海路之上,大家艰苦奋斗,不坐客舱坐货舱,一群人挤着活像罐头沙丁鱼。日间累上一天,晚上也休想安睡,若要独自悠哉,只得上甲板过夜。街头演出也成政治任务,芷苓带头当仁不让,不得不在少之又少的休息时间里现编、现排、现演《妇女合作社》、《大炼钢铁》……

结束马拉松式的巡回,回到了朝思暮想的家,陈吉、陈工闪着迷惑的双眼注视着风尘未卸的芷苓,一时竟认不出来。哀怨涌上心头,只觉一阵酸楚,好在陈力早已适应了这一切,已然习惯于既当爹又当妈的日子。看到芷苓消瘦疲惫、气色不佳的模样,做丈夫的口中无言,心里直疼,于是每天变化菜色猛给芷苓滋补。八个月的艰辛总告结束,凭着她的玩命精神和出色表现,1959年荣获了"先进工作者"的称号。

不顺心的事老是尾随着童芷苓。上海京剧院正在筹建"三团"——青年团,祥苓、南云夫妇携手离开了二团,成了"上青"唱大轴的主力,自然乐不思蜀,童家班散班已成定局。大哥遐苓不久因自然灾害致病,由尿中毒恶化为尿昏迷,终至不治而亡。他虽居童家班配角,但实为核心人物,只有那些熟知内情的戏迷才有这个记忆。

童家班聚而复散不过年余,不意半道中落如此之早,她掩饰不住心际的感伤。还是慧珠说得对:"成事在天,人谋还是当有,你只作成功之谋,不作成功之想,不就把心放平了吗?"芷苓唯有点头而已。

二、双峰插云

童家班解体,只留下一年记载,出于营业考虑,"上京"让芷苓和李玉茹联袂挂出双头牌,不失为一步好棋。两位都是上海滩最有人缘的大牌,也是沪上最为叫座的两位旦角,强强联手,在上海剧坛无异成"双峰插云"之局,上海观众当然拍手叫好。

童芷苓犯了心思:合团是否另有文章?这不是逼我和玉茹狭路决胜吗?难道有人要看我们鹿死谁手抑或两败俱伤?她对自己实力还是很自信的,至少不至于落败吧！打个平手也可以接受。寿苓的点拨很是到位："玉茹班子强，合团后你就借上梁柱的光了，对你有利无弊，有什么不好？"二哥一席话，芷苓豁然开朗。

李玉茹被芷苓视为"畏友"不无道理。玉茹是红遍南北的大坤伶，用李自己的话来说，是"从底下熬上去的，在舞台上滚出来的"。在她不满十八岁的1940年底，已领衔"如意社"露名平津，走红上海；1942年被马连良邀入"扶风社"，磨砺了一大批生旦对儿戏；抗战胜利前后加盟李少春"起社"，与李少春、叶氏昆仲、袁世海等在上海合作有年，遂名扬沪上；留沪后先后拜芙蓉草、梅兰芳为师，艺益大进；1946年至1949年间，与麒麟童在"黄金"合作长达三年，成了一对公认的黄金搭档；后又挑班领衔，得俞振飞、王金璐、张少甫、芙蓉草等名家的众星捧月，身份直逼言、童。加入"上京"后，一直为周信芳所倚重。面对如此令人生畏的劲敌，芷苓能不毕力以赴？

1959年初，"双峰插云"的好戏在共舞台拉开大幕，挂牌是李先童后的双头牌，这一委屈好在早有心理准备。只是戏码欺人，使她脸上愁云一日三展。炮戏《雁门关》一演八天，童芷苓青莲公主的戏不及李玉茹的萧太后"份"重，玉茹真能演出几分君临天下的王者气，把戏做得很足，芷苓则太少用武之地，同台伊始，便显矮了一截。接着是三演白素贞，张美娟的《金山寺》，童芷苓的《断桥》，李玉茹的《合钵·祭塔》，孰轻孰重，一看便知。后续剧目《全本玉堂春》李玉茹的"游院"到"起解"，芷苓的"会审"到"团圆"，看来童居大轴，实则戏份还是不如李玉茹。只有《二度梅》一戏陈杏元由芷苓一人到底，玉茹配演邹女。最后上演两天《红娘》，让观众跌破眼镜的是，童芷苓当年一出《红娘》红天下，如今反被玉茹拿走了自己的拿手戏，反过来以李的《红娘》压了芷苓的《别姬》，扬李贬童过于明显了，引起场内外观众一片热议，芷苓能不郁闷？

1959年3月周信芳在"人大"作短期公演，李与童全归麾下调用，九天公演的戏码童芷苓颓势依然。相比之下李玉茹占尽风水，凡周独唱大轴，李、童就在前互唱压轴；如周、李合作大轴，童只能戏码挪前；如三人同上《四进士》，李的杨素贞为"女一号"自不待言，芷苓只是应个万氏。只有最后一场对芷苓放了"缓手"，与周信芳合作一出《宝莲灯》。这几天"人大"门口九江路上驻足谈戏的戏迷不少在为其抱屈，有的戏迷见到了芷苓本人动问其故，童芷苓只说了一句听来在理实非心声的遁词："这很正常，我挂的是三牌，戏码已经很不错了。"

4月中旬，两人再次合作于"人大"。打开戏报，"笔画序"的字眼赫然在目，李先童后的格局不见了，两人实现了真正的平牌。芷苓说不出所以然，也不多加揣测，恐于友谊有伤，只是一个劲儿地闷头演戏。戏迷们可是嘴无遮拦，在戏园子里说什么的都有："李玉茹台上压不住童芷苓"；"台下这么多人捧童的场、喝童的彩大概起了作用"；"童芷苓不闹情绪，大概因为表现好，才对她发了慈悲……""笔画序"的出现带来了戏码的松绑，她的地位在回升，演出阵容是集童、李两个团之精华，这下她可满意了。先贴十场《樊梨花》，由两位双演，芷苓轻车熟路，当然得心应手。再演十天《雁门关》，由李玉茹、童芷苓、李多芬、张美娟、沈金波、张南云、黄正勤联袂登台，那时算得上一次盛会。5月27日京剧院举行上海解放十周年纪念演出，玉茹《汾河湾》唱在前，芷苓《红娘》重归大轴。最后两天两人还是轮压大轴，头天李玉茹《打金枝》压台，前面是童芷苓《翠香记》；告别那天芷苓以《起解·会审》送客，前面是李玉茹的《百花赠剑》。综观这一期，芷苓似已缓过气来。

童、李合璧，精彩的合作戏当在意料之中。《樊梨花》、《樊江关》、《棋盘山》三大刀马花衫戏被两人演得处处生神，两位的《樊梨花》在"三休三请"中将爱情纠葛与深明大义结合得令人可信；玉茹饰《樊江关》中樊梨花别有一种三军主帅的元戎气度，而在《棋盘山》中饰演的窦仙童则另一副山大王千金的粗犷奔放相，还带上几分"野"味，尤为可爱。芷苓在《樊》、《棋》两戏中均演薛金莲，无独有偶皆为姑嫂对仗，那股娇憨、伶俐又任性的情态出露得淋漓尽致，两位擅长的刀马功也互为伯仲。

童、李青衣戏各擅一功，梅、程两派兼演有年，《全本王宝钏》便是两位的流派合作戏。玉茹常演《三击掌》一折以程腔抒情，芷苓常在《武家坡》中用梅派中锋之音悦众，玉茹同时串演《银空山》、《大登殿》的代战公主，刀马加花衫的特长得以尽情发挥。《大登殿》一折两人以"梅"对"梅"，另有风味。

两人均师从荀先生，花旦戏都称胜场。玉茹少时以程为本，法度严谨，故花旦戏略带一些青衣骨子，花衫味浓；芷苓少有条框约束，表演放得开，故活脱生香，灵气十足，花旦味浓。两人风格迥异，观众口味各有所调，为此两人都被看好。

童现时剧目单上，荀戏常不占主导，却着意于梅香和秋声，何也？这与琴师关系莫大。京剧院琴师不重优化组合，搞的是组织分配，芷苓最感和谐的是查长生，可是童与查的合作始终固定不了，分配给她的不是沈雁西就是黎秋觉，他俩也感别扭。两人琴艺高超，皆一时之选，苦于有劲使不上，芷苓转念想来，既来之则安之，何不借两位高手调治一下自己的梅程戏呢！她打定了主意。沈雁西是梅派名琴，芷苓虚怀若谷，竭诚求教，沈自然也就以诚待诚，把她的梅派戏好好规整了一下，《霸王别姬》、《贵妃醉酒》、《廉锦枫》、《宇宙锋》、《天女散花》等梅派戏由此登上了新台阶。黎秋觉是程派名琴，《二度梅》、《龙女牧羊》中凡属程腔唱句的制腔润腔得力黎先生不少。芷苓与玉茹学程皆先于学梅，且都对研程下过大工夫。两人相较，总体轮廓上玉茹程味较浓，可在细处，却是芷苓更为酷肖。芙蓉草曾说："老四（砚秋）唱戏处处讲身份。"童芷苓牢记这句话，在以后研程学程时尤下工夫琢磨程的身份戏，这才有她50年代重演《锁麟囊》时大不一样的境界。

频繁的同台促成了她们间的惺惺相惜，台上她们互不相让，台下则是一对"劲友"，既彼此尊重又互相引为砥砺，艺术上既互相参酌又彼此苛求。她们台上互为主配，但两位争胜的弦绷得紧之又紧，各自所承受的心理压力远远超过独自挑班时的光景，双方咬着不放，台上过电不断，给予对方的全是强刺激，这样的同台竞技，戏哪能不精彩。

尽管童、李频频高唱"凤双飞"，可两人心中的委屈也不少。童、李在上海京剧院占尽风光，岂不把他人挤出舞台？院方无休止地在两人身上挖潜，天天忙于上台，哪还有新戏问世的可能？一味翻头上老戏，魅力再大也难保长盛，怪不得芷苓和玉茹老在埋怨："我们成冤大头了，累死还被人骂死"，"光下地，不施肥；只耕种，不喂料，我们又不是神仙！"

十年大庆来临，上海京剧院献礼剧目是《海瑞上疏》和《劈山救母》。前者是新编戏，由周信芳担纲，在10月1日国庆当夜首演。后者是吕仲执笔的改编戏，由周信芳、童芷苓、李玉茹强强联合，自《宿庙》至《救母》演足三个半小时，可惜上演日期已是10月中旬，早过了大庆的黄金期。"反正是新戏，没过红十月，还算得上献礼。"童芷苓只能作如是之想。

《劈山救母》戏中李玉茹出演《二堂放子》一折的王桂英外，前面还有《洞房盘夫》一场重头戏，足以显示她那上佳的青衣功底。童芷苓饰华山圣母杨真仙，在《宿店》、《救刘》、《分别》、《产子》各场创造了不少新颖唱腔，展示了杨真

1959年童芷苓在国庆十周年献礼剧目《劈山救母》中饰杨真仙

仙的愁闷、伤感、喜悦、悲愤等不同情感。繁重的唱、念、做、打没能把她难住，反而赋予她更大的创造空间和驰骋天地。这出戏正对她的"工"，加上发挥出色、新意不断，赢得颇多好评，总共演了11天。只是可惜，此戏献完礼即被束之高阁，不复与观众再见了。

　　童、李争春是在芷苓逆水行舟的困难年月，她抱着谋事在人、成事在天的宗旨面壁修行，埋头研戏，精心演戏，终于靠着自己的不懈进取重新唤回了几将失去的春天。

三、大步越雷池

　　童芷苓十分欣赏国画大师程十发的一句励志名言——"我在艺术上一生追求'不一样'"。"不一样"者，不落前人窠臼，蔚然自成一家是也。这一志向，芷苓近年来一年比一年强烈，好在有现成军师，二哥总会为她出谋划策。寿苓虽非文坛秀才，却是舞台学者，他长于思索，精于研磨，协助四妹屡创新构有独到之处。经兄妹俩商定，今后如有机会上新戏就大刀阔斧变格求新；如不得机缘，便把老戏小改小革，来个老戏出新。两者宗旨如一，旨在建树新的艺术风格。

童芷苓创新发轫之初应推溯到50年代初的"三记"试新，加入"上京"以来，凡有新戏，她总是全力争取、毕力以赴。《龙女牧羊》、《二度梅》尝试梅、程并举，《劈山救母》、《佘赛花》、《孟丽君》试行梅、荀合璧；与李玉茹合作《十二寡妇征西》，芷苓演戏份不重的柴郡主，吸收了江苏省扬剧团高秀英该戏中所用的［大罗板］的旋律和节奏，重在唱字唱情，这一演化而成的京剧新［垛板］新意盎然，动情又动听，给人以别开生面之感，并因此而大得好评。1960年2月，周信芳点名请芷苓与纪玉良合作新戏《新台恨》，她已多年不演悲剧了，此番她尝试以梅派为基调，不仅把丝丝入扣的悲剧演得催人泪下，而且时时处处都不

20世纪50年代童芷苓在《十二寡妇征西》中饰穆桂英

失华贵的身份，行内人看后有评，说"这是中国莎士比亚式悲剧，是中国《王子复仇记》"。同期另有一出梅派古装歌舞剧《廉锦枫》，戏中扮相流光溢彩、艳中有雅，载歌载舞的表演十分精美，很富欣赏价值。此戏由"上京"陶雄执笔改编，再请梅派名家魏莲芳执排，由童芷苓试演。原想在梅先生原型之上锦上添花，谁知效果不尽如人意，虽说"刺蚌"一段设计有不少新颖舞蹈，但芷苓总觉唱不出戏情来。她要求再改本子，结果改了几回，最终还是落个劳而无功。梅派中同仁劝过她，对梅师经典何须再动手术刀，规范既在，改了反不见好。芷苓面对成功固然欣喜，面对失败也十分坦然，她承认《廉锦枫》创新不成功，可没因受挫而却步，她以一颗平常心坦然以对："创新是一种探索，马失前蹄的事总会有的，这次不成，下次再来。"也有人说："不要动不动就越雷池呀！"芷苓大不以为然："雷池还得越，梅师、荀师不都是踩着雷走过来的吗？"

创排新戏是要付出代价的，童芷苓不得不多演老戏，以京剧院完成营业指标作为回报，但按老本中机械重复又非本愿，于是她手中老拿着"手术刀"，即使骨子老戏、流派名剧也要唱出几分新意来，《香罗带》和《宇宙锋》便是其中"踩雷"的两例。

《香罗带》是荀派名剧之一，祥苓小试文墨，为其姐改写了《梳妆》、《叫门》两折，芷苓舍去后场《法场》、《活祭》，正是为了浓墨重彩地把这新编的两场戏演好。她演的林慧娘戏中充分运用自己那对会解语递意的眼神，把观众领进戏里。眼神入戏是荀氏绝活，眼为心之苗，眼用活了，心戏也就出来了。两场戏里，戏是荀戏，可风格也糅入了童氏色彩，而且舞台效果显著，真有些许继承中创新的意味，一位复旦大学教授曾明贬实褒地说："童芷苓真有胆，也真有手法，竟敢打破师父的既定规矩。"

《宇宙锋》是梅先生留下的经典，后人效学亦步亦趋，不敢有丝毫"不轨"，芷苓则不然。剧中赵艳蓉装疯，按旧例须回后台松发解帔，污损面容，而把赵高和哑奴晾在台上，戏难免松劲。芷苓设计了新的艺术处理，当场抓额甩发，卸带脱帔，这确是大胆之举。梅师圭臬，有谁敢节外生枝？何况她的新亮相恰恰又在1962年8月梅师逝世周年的纪念演出场合，就更属胆大妄为了。试新之日，幸运远离芷苓，匆忙中当场脱帔竟然钩扣打不开，帔没卸成，大煞风景，但这一设计思路已被不少行家和戏迷所肯定。童芷苓非但在跨雷区，而且走的

童芷苓温馨的四口之家,右一为陈力,右二为陈工(童小苓),右四为陈吉

还是大步。

政治挂帅的年代里,政治地位常会带来艺术地位的沉浮。1960年初,童芷苓当上先进工作者,同年去首都出席中国文联大会,并成为一名中国共产党党员。上海京剧院为她组建了新二团,阴天开始转晴,她心中的蓝图重新提上日程。芷苓十分喜爱《红楼二尤》,特别是尤三姐这个人物,她很想尝试一下新尤三姐的形象,就在此时,意想不到的机缘为芷苓送来了一位编剧高手——陈西汀先生。

1960年全国文代会在北京召开,上海京剧界的三位主要演员与中央领导合影。左起:罗瑞卿、言慧珠、陈毅、李玉茹、周恩来、童芷苓

陈西汀接过荀本《红楼二尤》，参照小说《红楼梦》来了一次再创造。他写成的新本《尤三姐》，语言上先后经老舍和吴祖光润色，田汉先生同时为《尤三姐》写了几乎全部唱词，大大提升了《尤三姐》剧本文学的价值。西汀先生还在《尤三姐》中增添了一场"梦境"，写尤三姐思念情郎，入梦见人，竭尽柔水之情，笔触华丽，是戏中相当浪漫的一笔。高层次的剧本为演员展现了一片广阔的创作天地，童芷苓接过剧本喜不自胜。她精研剧本的同时，对尤三姐进行了内心世界的深度开掘，找到了人物性格的主脉——两重性。她曾撰文写道："那特定的身世和复杂的环境使她有了明显的两重性格：对亲人温柔多情，对狂徒疾恶如仇……"

曹雪芹笔下的尤三姐性强如钢，似急风烈火，芷苓出场却像微风轻拂中的荷花，在清脆细密的小锣声中伴着悠扬的弦乐，踩着轻步荡漾的步子含笑出场，不是她有背曹翁初衷，此时此刻的尤三姐性情恰是这样，她正带戏上场呢。三姐适才看了柳湘莲的《宝剑记》，唯恐失去对柳甜蜜的回忆，她在寻思，在回味，一招一式都在摹仿，三姐真的入迷了，以致二姐来到身后浑然不觉。一团烈火的尤三姐不仅看透了人生，还深深体察了当时的戏意，为苦恋柳湘莲乃至最后杀身殉情的情节演化奠定了基础。

《骂酒》一场，是公认的童芷苓的精品，同行纷起效尤，奉为样板。三姐面对不怀好意的一对丑类贾珍、贾琏，乘陪酒之际借题发挥，趁势见酒癫狂，指着二贾鼻子嬉笑怒骂，奚落嘲讽得不亦乐乎。骂至极愤处，小说中的三姐是抓乱发髻，脱去短袄，跳至炕上，拉着二贾边骂边灌酒。芷苓意犹未尽，发挥更上一层楼，索性蹦到桌上，柳眉倒竖，杏眼圆睁，撩起衣袖，骂不绝口。她把一连串的骂词和话剧表达人物强烈情绪的发声技法融为一体，火爆到了极致。及至唱到"三姑娘与你们尽一个酒兴"一句，音调节节翻高，此时三姐的满腔怒火已是一泻无遗，至此，曹翁笔下的尤三姐活脱如生，跃然眼前。

最后一场，三姐见柳退婚悔约已成定局，万念俱灰，"只怪身陷是非门"，"取信他人已不能"，芷苓把三姐有口难辩、有苦难申，恨、忿、痛、悲交织一起的绝望唱得声随情出，催人泪下。还剑之时，三姐抽剑自刎，用的是以剑加喉、转身面里的斜坐身段，美且壮，以死明志毫不留恋，尤三姐为情而殉的刚烈性格至此以"豹尾"结束全剧。

　　《尤三姐》戏中有两段抒情意味极浓的唱段,一是看完柳湘莲串戏后回忆当时情景,春心涓涓,对意中人其念切切的 [四平调];另一是三姐接到聘礼鸳鸯剑时,梦幻成真的惊喜使她一下坠入激动无限的情思之中所唱的 [南梆子]。[四平调] 的基调是轻松、流畅、舒展、明亮,被童芷苓用以表达尤三姐当时思慕和喜悦心情是十分得体的。而"梦幻"一场的 [南梆子] 先用 [小导板]"数年梦幻竟成真",然后在第二句"喜在心头睡不成"的"成"字上用一个自然过渡到 [南梆子] 的整段连贯唱腔,显得灵动而有俏头,芷苓就是带着这头两句的兴奋心情唱出了整个大段的梦幻感。[南梆子] 固定的板式在芷苓身上成了活唱,对比"闹酒"一场那"烫手的肥羊肉"、"刺手的玫瑰花",这段唱可谓之"柔"也。

　　戏中的几处"叫板",她都有出色的发挥。当二姐、尤老娘和贾琏齐问三姐心目中才郎是谁,三姐直爽地唱出,"少小伶仃失故乡,一身侠骨热心肠,梨园客串声名广,他名唤湘……"三姐毕竟尚待字闺中,怎好当众出口,此时稍作停顿,当母亲追问"湘什么呀?"三姐叫起板来,不说是不行了,这才羞态可掬地接唱后半句"……他名唤那湘莲柳姓的郎"。此地表现的是臊不是悲,芷苓随唱身子随着摆摆摇,手往母亲肩上一搭,身往母亲身上一靠,一派撒娇的小女儿态,恰到好处。说荀有荀,说童有童,能说不是继承?能说不是创新?

　　《尤三姐》在沪大为轰动,一时间佳评如潮,周信芳不吝赞美之词:"《尤三姐》好戏一出,你演活了。"1961年周院长进京参加梅周舞台生活60周年纪念活

1959年与周信芳合演《打渔杀家》,周信芳饰萧恩,童芷苓饰萧桂英

动之际,邀芷苓同往,相约在京再次合作两年前蜚声上海滩的《打渔杀家》,并建议她把《尤三姐》带到首都与京师观众见面,她真好久没那么兴奋了。

　　《尤三姐》的口碑之佳首都不让申江,毛主席亲临,频频为她鼓掌,演至剧终,主席还站起身来拍掌不止。周信芳一旁陪

同，满面笑容，一边鼓掌，一边直向芷苓点头。那天荀先生看戏可谓仔细，他边看边含笑，默默点头不忘鼓掌。大幕一落，荀即至后台向芷苓道贺，连说"改得好！改得好！"芷苓心中抱有歉意，先生《红楼二尤》成名三十余年，弟子们无不以荀师绳墨为准，偏自己改了本子，连演带唱都改了不少，荀先生从弟子局促之中看出了她心里这层意思，语重心长地对她说："你演的是剧中人，不是演荀某人，更不在演自己，这样改是对的。"芷苓听了激动难抑，师父知我我知师，得遇荀师，如此心犀相通，真前世修来。荀先生请她乘来京之际去他家住一阵子，叙叙旧，磨磨戏。她大喜过望，平时爷俩见时稀相逢难，此番定不让它错过了。果然，荀师为她的荀戏作了精加工，也对《尤三姐》作了精雕细琢。先生一再强调"用心去演，才有心戏"。如今重温此语，芷苓倍感亲切。

　　想当年，她演全了荀师六大悲剧《杜十娘》、《钗头凤》、《霍小玉》、《红楼二尤》、《鱼藻宫》和《晴雯》，这在荀派弟子中极少见。后自度荀派悲剧难度太高，自己难以达到荀师境界而贴演日稀了。此番在山西街荀家大院，荀师对此抱憾不止："《杜十娘》、《钗头凤》、《霍小玉》几出戏确是难演，你不是照样很上座吗？为什么后来贴上封条了？我们爷俩还是把《杜十娘》再磨一磨吧。不然怪可惜的。我相信你能演出自己的新意来，如同《尤三姐》一样。"在恩师激励下，她就此重新拾起这出荀派悲剧代表作《杜十娘》。

电影《尤三姐》剧照，童芷苓饰尤三姐，童祥苓饰贾琏，刘斌昆饰贾珍

　　日子过得飞快，转眼到了分手时刻，荀师临别赠言："戏，只要改得对头，就是要改，我们都是这条路上的过来人，谁说雷池越不得？"芷苓刚别去，荀先生便对夫人张伟君点评起了芷苓，"大姑娘时代的芷苓，学戏虽不拙不僵，不过外形皮毛而已，如今大不一样，芷苓聪敏加勤奋，戏从活处演，我的弟子虽多，创作方法学得最到家的还数芷苓。"

首都归来，童芷苓心情大好，低谷已经走出，艺路渐趋平坦。就在这时，上级通知将《尤三姐》搬上银幕，童芷苓终于得到了主演京剧舞台艺术片的机会。

四、武 则 天

童芷苓渴求新本如盼甘霖。有人见首都舞台话剧《武则天》正红，便设法取来剧本推荐给芷苓，她正闹剧本荒，听说话剧《武则天》在京已连满百余场，好生羡慕，何况剧本还是郭沫若先生原作，她当然不胜向往。

郭老笔下的武后定位是"辅佐先帝（高宗）二十余年"，广获"天下人心"的女皇帝，并大唱"我武曌德政人人见"，可剧本给人总体印象是武则天精明利索地进行了一场宫廷权力斗争，粉碎了裴炎、太子贤等企图夺权的敌对集团，看不到有多少兴利除弊的贤明举措，对于身边的内戚武三思和酷吏来俊臣的诛杀异己和专横残暴则一字不提。忠于原著的上海改编本显然带有以"翻案"为前提不及其他的局限。所谓改编，用执笔人兼导演马科的话来说，就是"剧本好就好在词上，郭老原词不能动，文字的精华要原封不动地保留"。因此，除了按上几段唱以外，基本上就没有什么大文章可做了，换了别人，谁也不会去接这个用京剧演话剧的本子。此戏看来又将落入"话剧加唱"的窠臼，能否突破，就看童芷苓了。

童芷苓初研剧本时，感到女皇帝的气质很难把握，都说武则天身份重，究竟如何重法？童芷苓认为，武则天的身份也许是女性角色之最，台风、谈吐、仪态、举止……不仅要表现出她那盛唐政治家的风度气质，还要表现出几分书卷气，因为这位女皇同时是一位书法家。她很清楚，武则天反面形象早已铸定，京剧观众从来就是小说和戏剧形象一体化的接受者，今天要把案翻过来其难度可以想见。更令人作难的是改编本的话剧风味实在过浓，既要保持话剧的精华，同时又要求纳入京剧轨道，这不伦不类的戏谁看？非驴非马的武则天能站得住吗？押上这一"注"，能有几分赢面？她心里更没数。《武则天》戏有争议，人也有争议，童芷苓进退维谷。

接《武则天》剧本时，童芷苓已敏感地发现传统戏的号召力已不如前，如今上演老戏不得不常以"双出"应付，而每回新戏出台，售座反见踊跃，以新戏创品牌已刻不容缓，"《武则天》我非演不可！"童芷苓下了决心。

《武则天》毕竟是京、话合一的尝试,成败就在两者如何有机结合了。"京"与"话"均反映生活的本质真实,区别在于两者反映生活的艺术逻辑不同。解放后十多年来戏曲改革常以话剧理论或斯坦尼体系戏剧模式硬套中国戏曲,而不是从戏曲本身的属性和规律出发,抽象出自身的理论去指导实践。以"话"统"京",两者混而不化的教训难道还少吗?她虽然勇气百倍,却不自觉地在踩雷。

京剧本身固有的规律决定了表现性艺术不能不以主演为中心,演员在编导基础上的再创作才是决定一戏成败的关键。观众买票看戏,是看有才有艺的演员扮演有血有肉的人物,而不是"匠艺"那概念化的"躯壳",积28年舞台表演经验的童芷苓深明此理。她重视剧本,尊重导演,更寄望于自己的再创作。陈力见她茶不思饭不想、坐不安睡不稳的疯魔状油然生怜,一再劝说"明知涉险,何必难为?难道不能换别的戏?""不入虎穴焉得虎子,《武则天》对我太重要了,你就让我试一试吧。"她已铁了心了。

原作的武则天形象在传统京剧里没有现成的模子,也归不到任何一个旦行中去。既然剧本精华在语言,念白的创新便举足轻重。京、话两者语言不同,京剧语言讲究阴阳四声、尖团、上口、合辙归韵那一套音律字韵,把生活语言搬上舞台京剧特色将不复再有,怎么办?于是她尝试一种带话剧语气的京白,即摸索介于话白与京白之间的"中间白"。她打听到昔日"文华影片公司"的沈扬先生话剧白口功夫精到,她当然不会错失机会,很快就成了沈家府上常客,频频上门,求教不止。沈扬总让芷苓先念上一小段,每次听完先分析台词中的内涵,并指点芷苓在轻重缓急、抑扬顿挫方面怎样控制,如何驾驭,哪里断、接,哪里起承转合,解说得相当讲究。她学成回家,直对丈夫说:"幸运,幸运,沈先生真有本事,我开始找到头绪了。"

塑造这位具有诗人气质,却又叱咤风云的女皇帝,原有的行当界限、程式条框已束缚不了芷苓。她念白的突破口就是去找人物的口吻,各大名家的白口之长凡能化而用之的就予借鉴,不分门户。经她一番研磨加工,武则天的京白韵味中,有太先生的刚劲稳健,有荀先生的自然洒脱,也有梅先生的深沉庄重……她牢牢抓住念白这一关出戏、出神、出人物。第一场武后去太子宫中,忽见仇人之女上官婉儿,当时婉儿年仅十四,竟能出口成章,芷苓脸上露出一种不易察觉的爱惜,眼神严肃中又有一层慈祥。上官对武后的敌意很是露骨,借用诗词对之冷嘲热讽，芷苓脸上怒意只是稍纵即逝。她把这场对手戏处理为对上官论点的批驳，对方观点荒谬的她加以嘲笑；不堪一击的便微微付之一笑；上官说到不无道理处则露出惊奇神色，小小女孩何以会有如此精辟之见？童芷苓语态口吻显出武则天的风度、气派和胸怀，第一场对白频繁，几无唱段，话剧味较浓，但语言精彩，童芷苓的白口是京剧化的话白，是经过特殊艺术加工的话白，是充满着京剧韵律和乐感的话白，童芷苓为武则天上场"开相"十分奇特，也十分成功。第四场念白分量更重，当时的反叛领袖、官居相位的裴炎发起的讨武檄文已秘密传到京都，武后命已为贴身司书的上官婉儿逐段读来，婉儿见檄文直诉武后大罪弥天，开始不敢读，武后笑道"没什么，你读吧！"这一句淡淡而出，显得不以为事，潇洒极了。整篇檄文极其污蔑、攻击之能事，通篇内容刻毒挖苦之极，然而文字漂亮，武后反倒赞叹不已。上官边读，武后边议，逐句作出批驳，有时点头称赞，有时放声大笑，童芷苓把武后才华过人之处作了尽情地描绘，台下一位顾曲周郎抚掌赞叹："戏的入木三分来自人的入木三分"，真一语道破。最精彩的是武后与裴炎对手戏中的念白，大有音拨弦外，脸夹冰霜之妙，念白结合表演到了这个份上，已是胜券在握。

这些年来，芷苓在"静"字诀上下过工夫，而武则天尤需静功。她有过电影的体验，舞台造型由此更上一层，尤其是亮相，有如银幕特写。由于武则天身份所定，每一亮相务求有准谱，有稳定感，有帝王相，有书卷气，讲究的是一个"沉"字，意指一个"份"字。帝王常是龙行虎步，女天子怎么走才显九五之尊？她套用萧太后的老年旗人女步，因太后步子要求走得庄重沉凝，人曰"龙凤步"。武则天也垂垂老矣，但她不是旗人，故袭用的同时又有变通，萧步的成色之外另增三分洒脱，有萧步之凝却无萧步之紧，武则天兼具诗人才气，同一"龙凤步"，经芷苓一走，另有一种风姿。

《武则天》原是历史剧，童芷苓却渗入了抒情史剧成分。她的武后身为一国之君，见太子投身叛党而怒其不争，恨其不明，爱意和恨意的交错，组成她感情世界复杂的情结，既要痛斥，责其大逆不道；又要动之以情，晓之以理，用大义敦促叛子回头，武则天怎会没有母子亲情？"斥太子"一场，芷苓用多种板式的组合，多变节奏的运用，设计了兼有断续、强弱、徐疾、纵敛等多种声腔手段组成的统一协调的旋律线，突破了常规唱法，把武则天此时怨、恨、悲、愤、期待和焦虑并存的复杂感情,犹如黄河决堤一泻千里。她唱、念、做的相辅相成,有效地完成了对武则天这一复杂人物的创造。

1961年2月,《武则天》公演于上海人民大舞台,新二团以坚强阵容助演,赵晓岚、童祥苓、沈金波、李多芬、刘斌昆等通力合作,皆恪尽绿叶之职。上海滩一时掀起"武则天热",连演三十多场,场场告满。首演那天文化部齐燕铭到场,称"此戏真感动人"。名导演谢添、蓝马都出席观摩。最有意思的是芷苓的"畏友"李玉茹,她兴冲冲地跑进后台连声道贺,"你演得很成功,这戏你能演到六十岁"。

《武则天》还真叫座,赣、湘、皖、鄂唱一处红一处。外地的老同事陈正微学演了《武则天》,武汉杨菊蘋看了这戏,也演上了《武则天》。中国戏校还把芷苓一段王派风味很浓的白口录制下来作为教材。《武则天》虽到处打响牌子,但对此戏的评说,却依然是褒贬不一。

不少戏迷大谈"人保戏",意即若非童芷苓技艺过人,创作得法,此戏多半将归于失败。年长的大谈"正名",京剧舞台上武则天翻案哪怕只有几分成功,也得归功于童芷苓的感人表演。也有人赞扬她的勇敢,敢把京、话两大门类组合在一起,非大魄力、大手笔不敢为。《武则天》争取到了一大批青年观众,认为她的武则天唱、念通俗易懂,生动感人。也有一位看了四十多年戏的老戏迷感叹不已:"这戏别扭,又很成功,看了感受很复杂,几句话说不清,作为一种探索,应予大力支持。这种创新的成与败,还得看有无生命力。"赞扬听多了,童芷苓更想听听刺耳的批评。

负面批评的焦点集中在"话剧化"这一话题,有说《武则天》话剧味过浓了,第一场清一色话白,哪还有京剧味?有说《武则天》采用话剧分场形式,连形式也仿效话剧了;有说舞台设计的景物造型、角色化妆的人物造型全像越剧;更有尖锐地说"走进'人大'看《武则天》,谁知一开场我们还以为是走错了戏院,真有些被愚弄的感觉……"芷苓听到这些传入耳中的意见之后,暗自叫苦,原剧本是金科玉律动不得,话剧基调已定,演员要腾挪变化,天地太小了,幸好加了唱段,按上京剧台步,字音混用京韵,不然更成地道话剧了。

作为新的尝试,暂不论其科学性如何,就以戏本身而言,不失为一出好戏,上座踊跃就是最好的选票,若无魅力,何来这等红火?革新必遭物议,所见已多,荀慧生曾被斥为"造魔",梅兰芳新尝古装戏时,竟被人嘲讽为"嫦娥花镰,抢如虹霓之枪；虞姬宝剑，舞同叔宝之铜"。两位大师尚且如此，何况子弟辈？

《武则天》的出台，是童芷苓创新路上足资记载的一笔，《武则天》的初见成效更坚定了她大步跨越的信念。

五、福兮祸所伏

《尤三姐》和《武则天》公演后的热烈反响，使童芷苓的自我感觉重新回到最佳状态。《尤三姐》被文化部选中，童芷苓得以重上银幕；《武则天》一炮打响，一时有了南北二女皇之称，如果说北京人艺的朱琳是"话"中有"京"，那么芷苓就是"京"中有"话"。妇联、政协名单上出现了童芷苓的名字，她不仅入了党，还当上了人民代表。

当时上海连台本戏《七侠五义》已打出一个火红的局面，预售票甚至卖到了一个月后，不少爱好本戏者看上三五遍也不算稀罕。眼见海派戏在上海重又崛起，冰雪聪明的她怎会无动于衷。如能编、演一部与自己对路的连台本戏该有多好，这位发迹于京津的北派名角今天也想尝尝海派戏的滋味了。久居江南的童芷苓知道上海人就是喜欢有头有尾的成本大戏，一本一本往下看乐此不疲。她由此想起麒麟童当年《华丽缘》是一部很受欢迎的情节和表演均能抓人的好戏，何不老本新编、老戏新演？孟丽君一角表演领域很宽，十分适合自己的戏路。她把剧名改为《孟丽君》，请老编剧家苏雪庵先生执笔改编，唱腔、表演则由芷苓等自行设计。第一本《孟丽君》的皇甫少华由祥苓扮演，姐弟两人的对手戏不乏妙趣横生之处，塑造孟丽君全凭她目中的图像、书中的印象、心中的形象，她跟着感觉走，居然走通了。

头本上演个把月，票价提到一元三角依然供不应求。不久，二本写成了，但上面左右不让排。芷苓特地去北京找夏衍，当她看到夏部长面露难色便知事情不妙，原来事由康生作梗而起。《孟丽君》的"过失"是戏里说的倭寇是指朝鲜，讨伐倭寇会引起国际纠纷……她知部长无力回天，只能恨恨地返回上海偃旗息鼓。翌年，《尤三姐》拍摄完毕，田汉、夏衍都道拍得不错。无独有偶，影片放映也是杳如黄鹤，香港影院新装的广告牌装而又卸，大大刺伤了她的心。好端端的戏怎么又挂上政治了，《尤三姐》是她殚精竭虑的精品，今挨大棒一击，又一片阴云袭上心头。

1964年江青已经出山,坐镇上海。上海京剧院哪敢怠慢,立即实现战略转移,芷苓也同大家一起投入了塑造革命英雄人物的新创作,可剧本在哪里呢?她又犯愁了。同在京剧院的著名青衣金素雯提醒她:"你怎么忘了《送肥记》?"芷苓笑了:"人一急就忘事,真的,我怎么把这档子事全忘了呢!"原来1962年上海举行过一次华东地区现代戏汇演,有一出话剧小戏《送肥记》很吸引人,两人当时在台下议论过一番,芷苓曾提议"把这戏拿过来吧!"金也自告奋勇执笔改编,这下旧话重提,该戏就此提上日程。

《送肥记》演贫农钱二嫂自私作怪,逼丈夫把公家粪肥送往自留地,后接受批评并及时改正的故事。根据童对人物的理解,钱二嫂有自私的一面,也有勤劳的一面,性格外露,十分泼辣,钱二哥见她怕三分。钱二嫂身上充满戏味,难就难在分寸的掌握。芷苓认为,万不可抹煞她勤劳朴实的本质,也不应过分渲染她的缺点加以嘲弄,更忌把她演成女二流子。童决定用批评的态度,借用喜剧性的手法使观众发出善意的笑声,人物基调就此定下。但要把握褒贬兼有的农妇身上的性格特征,只能从农村生活中去寻找现实的"模特儿",为了获取钱二嫂的模型,她几乎到了神魂颠倒、咄咄思空的地步,她回想起交往过的一些农民朋友,将她们的音容笑貌、举止神态一一移入眼帘"过电影",有的取头,有的取态,有的取装,有的取声,有的取性,组合一处,钱二嫂成了十足的"杂交"品种。

她不能机械地搬用传统程式,眼下只有另起炉灶——创造。用她的话来说,"如果钱二嫂也用花旦碎步出场,再一撅腿亮相,那岂不成了《拾玉镯》的孙玉姣"。她甩开两条臂膀大步走上;出场后准备开门抬腿去浇自留地,又怕遇上熟人,于是一按门闩来一个停顿,侧耳细听门外是否有人,这就算是亮相,真亏她想得出来。

她上场的那段唱,基本板式是西皮原板,却又不受限制,连说带唱,还把生活语气和唱腔糅合一处。唱到"小日子愈过愈富裕"中插入一个笑声,那是情不自禁的笑;另一处唱到"有人说我自私自利"的后面加了一声"哎哟",再接唱"多浇点自留地可有个啥稀奇"。这声叫,叫出了钱二嫂对批评抱的无所谓态度,两处细节处理可谓生花妙笔。

童芷苓向来忌讳念白"一道汤",钱二嫂戏中骂丈夫"死人"共有四处,她

1964年演出现代戏《送肥记》,童芷苓饰钱二嫂,
沈金波饰钱二哥

通过声调变化活刻了钱二嫂的个性。第一次,夫妻二人为肥料浇公还是浇私争执不下,钱二嫂生了气,怒目叉腰骂"死人",语气颇重。第二次,夫妻抬肥,一往左而一往右,拉扯之间钱二嫂失脚跌坐在地,"死人"二字脱口而出,骂中有嗔。第三次,丈夫拿砸破锅一事启发妻子,她觉惭愧,当知砸锅是假,她又很尴尬,轻轻地又骂了一声"死人"。

第四次,钱二嫂受赵大妈教育,心生后悔,想及时改错把肥料拉往大田,丈夫故意捣乱主张抬往自留地,钱二嫂心里埋怨丈夫此时还当众取笑,结果再骂了一声"死人",无非申辩而已,声音不大不小。童芷苓把四个"死人"区分到位,钱二嫂形象才活脱如生。

《送肥记》是活用传统程式的成功之作,整出戏流畅活泼,生活气息浓郁,风格清新明朗。难怪一经公演,又是大获成功。

江青一上台,首先把矛头指向传统,打着"大唱现代戏、大演工农兵"的旗号对传统戏、历史剧祭旗开刀。这位旗手把老戏当成"传染病灶",大有扫穴犁庭,荡涤一切的气势,一时之间,所有老戏一律被迫遁入东山而雾隐了。童芷苓却不信江青会是"杀手"。江青来沪"调查研究",初见芷苓,嘘寒问暖,语带三分亲切。又见她多次声明:"我是老百姓","我是学习来的"。芷苓反倒心生几分好感。特别是不久她被江青相中,在《海港》剧组担任主演,"中央领导"的"青睐"很快使童芷苓解除了思想武装。

《海港》由淮剧《海港的早晨》改编而来,与《芦荡火种》、《红灯记》一样。芷苓以真诚还敬江青的惠顾,她十二分的投入,多次下码头体验生活,一去便是三个月。谁知这戏一上即被江青全盘否定,甚至批评她台上不会走路,一下把芷苓气得够呛。她不顾什么首长不首长,"我演了这么多年戏,难道台步都不会走!"不加掩饰地表示了自己的愤慨。她不知厉害,尽在那里对江青、张春桥看中的本子大加批评,"我几次下码头,见扛大包的工人全是清一色男的,看不见有一个女的，戏里偏偏放上一名女书记，这不符合生活真实"，"矛盾冲突不突出，整出戏像白开水，这样的戏谁也演不好"。她说的是真话，可哪知《海港》歌颂的正是江青，她犯了江、张的恶，自己全然不觉。

是年6月，全国第一届现代戏观摩演出大会在首都隆重举行，上海赴京汇报剧目有《智取威虎山》、《审椅子》、《柜台》等。江青对《送肥记》不热衷，有意打压，经上海方面力挺，才予补报。这届盛会规模空前，共有二百来个剧团参加汇演。童芷苓信心十足，但结果还是大出所料，小小一出戏居然掀起了大热浪，在上海汇报团的晚会上，反映最为强烈的就是《送肥记》。田汉观后评道："有嗓子的不唱，没嗓子的穷唱。"并对芷苓许诺："我要给你写一出重唱工的现代戏。"夏衍直赞："《送肥记》戏演得好，是因为童芷苓基本功好，用得活，才能演得活。"前辈花旦名家筱翠花先生特为《送肥记》撰文宣扬，芙蓉草先生还带了一批中国戏校学生集体观摩，上门请她教戏。荀师喜芷苓之喜，弟子成大功，师父露大脸，他兴致勃勃来到后台，没等芷苓请安，便已开口："这戏很成功，人物琢磨到了家，这样的创作是对头的，我祝贺你来了。"芷苓连连称谢，因为荀师的赞扬是从来不拉满弓的呀！周总理百忙中两次光顾《送肥记》，他看了大表满意，握着芷苓的手连说两遍："你把我们苏北农村妇女演活了。"他请李玉茹、红线女和芷苓几位赴便宴，席间又再次夸了一番《送肥记》。观摩期间，多达一百多个团纷纷学演钱二嫂，她实在应接不暇，大会只得组织集体听课，请她主讲，足见此戏之成功。

她急于把出师大捷的喜讯速速报予上海夫君知，一封心潮澎湃的家信寄出当天，会场内不意与江青擦肩而过，芷苓忙打招呼，江青则是一副铁青的脸，这是怎么了？细一想，原来如此。江青第一号"种子"戏是《智取威虎山》，行内行外反应相当冷淡，江青自然窝火。《送肥记》不是江青亲抓，戏愈红，她就愈憋气。芷苓志得意满，一切无所谓："我又没招你惹你，你自己没抓好，还好意思给人脸色看。"这下她大错特错了，正是这出《送肥记》，芷苓把自己直接推向了江青的对立面。

恰在这时江青开始挑刺了。她看戏时，一副阴沉的脸，一声不吭，有时鼻子里哼一声，周围人连大气也不敢喘一口。戏散了，谢幕在长时间的掌声中结束，江青瞪了瞪眼，冷冰冰地说道："童芷苓劳动人民本质出不来，只会丑化，这戏大有问题，要演就得大刀阔斧地改……"她这道指示下给当时带队的上海市委宣传部部长石西民，严令立即修改，限定全戏砍去三分之一。芷苓不服："为什么要砍？她懂什么？"石西民一再息事宁人，大有好汉不吃眼前亏的意思。芷苓难咽这口气，她对戏仅作了不动筋骨的改动，精华处毫发无损，仗着《送肥记》的舆论支持，她还是同江青大胆地对抗上了。

童芷苓哪壶不开提哪壶，回沪后，她兴高采烈地向江青亲信、上海市委分管文教的副书记张春桥汇报在京与田汉的一段过从："田汉看了我的戏，他很高兴，主动提出要为我写有唱工的现代戏，还建议我演他编写的新戏《谢瑶环》呢！"张脸上有如僵尸骨容，一丝表情都不带，也不理会芷苓的话。这下芷苓又失算，田汉早被江、张列入黑名单，拉上田汉关系等于引来政治是非，善良单纯的童芷苓怎知其中凶险。

《海港》排练在继续，童芷苓表现不中江、张意，被安排去了上海《红灯记》剧组扮演李奶奶一角。她就是不服气，"休想看我笑话，我照样拿得起来"，于是就不加抗拒领了"旨"。为练老旦功，她买了公园月票，每天清早骑着摩托单车直奔西郊公园，独自找个僻静所在。她摇摇晃晃地学走老旦步，全身抖动如筛糠，全神贯注，忘乎所以。一位园工一边注视良久："你是不是有毛病？要不要我陪你去医院？"窘得她不知所措。老旦"混合共鸣"和"三节音"一时难以练就，好在自己有条亮嗓，唱出激情不成问题。她"说家史"一段，唱得神完气足，如春云三展顺流而下，几处唱段满宫满调，竭其悲壮慷慨之能事。观众也大惑不解，真不愧多面手，她的李奶奶同北京高玉倩足可平分秋色。

童芷苓应召返回《海港》剧组参加复排，仍是剧中A角（B角李丽芳、C角杨春霞）。即使改了本子，她仍坚持《海港》没有生活真实性，靠折腾是出不来戏的，牢骚直冲张春桥。《海港》在张手中朝令夕改，理由是这戏要面向世界，于是排了又排，没完没了。上海码头足够大，可怎么也找不到一位女书记，即使男书记也总在忙于扛包，根本说不出个道道来。什么女支书，什么国际主义，她脑子空空，实在难为这无米之炊，终于忍无可忍，在剧组发了脾气，"我不干了！"张没理她，只说"戏必须改！"芷苓不让步，"要改就改整出！"更说："观众看戏，不是来听社论，还是换个男的来演吧！"她把一瓢子"水"泼向张春桥，把江青的狗头军师脸都气歪了。禀性耿直的童芷苓尚未养成在权贵面前诚惶诚恐的习惯，痛快是痛快了，可祸苗也播下了。

一天张春桥把芷苓召去，通知她，"今后你演老旦吧，不要再演花旦了"。没等她醒过神来，张接着再加一锤，"叫你演老旦，难道你想不通？"张又装作关

20世纪60年代童芷苓在《天女散花》中饰天女

心,"江青同志是爱护你的,一个花旦演员没有多少年能演,演老旦倒能一直演下去"。芷苓再难忍耐,针锋相对而寸步不让:"年纪大了老旦也不能演,唱老旦一定要有底气。"张脸上挂色,芷苓还是不饶,"我才四十三,为什么不能演花旦?"张冒火了,芷苓更是怒火三千丈,她摔门而出,临走还甩给张春桥一句话:"还是把我调到北京去吧!"张春桥目瞪口呆,眼中射出的是两道凶光……

未几,一道命令下来,撤去她的《海港》A角,派去农村搞四清。几个月后,她在四清工作队学习了"评《海瑞罢官》"。一场空前规模的政治大风暴正在中华大地上空酝酿积聚,是凶是吉,她是辨不出个中三昧来的。

20世纪60年代演出《杜十娘》,童芷苓饰杜十娘,童寿苓饰李甲

160

第八章 "文革"炼狱

一、莫须有

1966年，华夏大地卷起狂飙，卷来了最为混沌的年代。

铺天盖地的大字报贴满了京剧院每一块墙面，每个人都在心底里发颤。不久，《横扫一切牛鬼蛇神》的社论发表，一下子大字报乱箭齐发，凡属名人皆难幸免，从"周家天子"到"郭家王朝"，从"李家班"到"童家班"，一场谁也分辨不清的大内战把所有人都卷了进去，童芷苓开始紧张起来了，一连串的问号叠瓦一般堆砌在头脑里苦不能解。进出京剧院大门，张牙舞爪的十个大字"庙小妖风大，池浅王八多"触目惊心，堂堂国家大剧院，民族艺术的芳草地，怎会变成了毒菌滋生的污水塘，这可能吗？

母亲打从北京来，老人家实在是放心不下，见女儿只是挨了大字报的炮轰，悬在心上的石头也就落了地。母亲带来了北京的最新信息：不是×××被整死了，就是×××自杀了……每条消息无一不是击在芷苓心头的重锤，她变得沉默寡言了。她哪里知晓，1966年血红的8月里，北京烧过多少文物、书籍，抄过多少人的家，开过多少次批斗会，造过多少谣，搞过多少次剃头、挂牌、游斗，复活过多少刑具刑法……只有描述，没有记录。8月23日，北京市文联院子里开了"戒"、流了血，荀慧生等大名人跪地受辱，挂牌游斗，文联主席老舍先生不堪凌辱，自毁于太平湖。听了岳母介绍，陈力心里叫苦，祸不远矣。

四百人不到的京剧院，几乎每天都有新的"牛鬼蛇神"被揪出。院里一批涉世未深的"学馆"小将，受人蛊惑，充满了占领运动舞台中心的狂热，被推上整人第一线，唱开了私设公堂、滥刑逼供的系列剧。自此，"牛鬼蛇神"的滴滴血、声声泪逐日写下了对"文化大革命"的血泪控诉。

"《尤三姐》是大毒草"，大字报点名了，升温了，毒草毒在"翻案"上，童芷苓一下成了"女海瑞"。如果说《尤三姐》反毛主席，当年主席不是还起立鼓掌了吗？"闹酒"一折明明骂的是贾府纨绔子弟，怎么又把毛主席扯在一起，到底谁在反主席？她糊涂了，剧中柳湘莲的《雅观楼》改成《林冲夜奔》，说是逼上梁山要造共产党的反，她哪里想得通，全是莫须有呀！还是北京父母有预感，在交出房屋财产同时，把芷苓所有剧照全数剪去头像，《尤三姐》留照最多，统统付之一剪。

一副可怕的景象出现了，院里名编、名导、名演员全都集中一起，排成长队，每人胸前挂着一块"牛鬼蛇神"的大牌子，在阵阵嘶喊声中，有人提着一块大号牌子直向童芷苓脖子套来。从这天起，童芷苓经常头戴高帽、脸上抹垢、蓬头散发，任凭从四面八方赶来的"红卫兵"戏弄、侮辱、踢打、咒骂……这真是一个不讲理的年代，她实话实说，"啪"的一下，挨了一下耳光。她有一说一，不弄虚造假，便会"啪啪啪"地招来一大串大耳刮子，她还能说什么呢？批斗会上好强的童芷苓宁吃皮肉苦不吐违心言，她的头被人狠狠地往下按，耳边口号声此起彼伏，"童芷苓不投降就叫她灭亡！""砸烂反动学术权威童芷苓！"她始终克制着，不让伤心泪滚下面颊。每回批斗会结束，跪在地上的童芷苓，膝盖骨痛得麻木，几乎就站不起来。

她步履维艰地拖着沉重的身子走出了京剧院，心里苦不堪言，为什么人们全变了？不少长期相处的同事好友怎么了？台上慷慨激昂、声嘶力竭的发言者声音好熟识，他们为什么这样待我？难道这场席卷神州大地的风暴胁裹着人们身不由己地朝着一个人人虔诚的召唤在随波逐流？她不知怎么出的门、走的路、上的楼，她几乎已无力敲门，陈力一见便知端的，一双儿女齐扑上前，紧紧地把妈妈抱在怀里。悲声乍起，陈力赶紧示意噤声，不能哭！须防隔墙有耳。此刻，她整个身心在哭泣，她的心在流血，陈力很清楚，戏才刚刚开场呢。

芷苓本想采取主动，尽快把金银首饰、存款现金统统交出去，谁知陈力赶去银行，一眼望去，银行门口全是一脸煞气的红卫兵，他又被吓了回来。心惊肉跳地熬过一夜，第二天正待上缴上海京剧院，却迎来了第一批抄家的造反派。钱财抄走，还勒令她第二天交代，陈力要陪她同去，她怕丈夫挨打，还是硬着头皮独自去了。大会批斗以后，第二次抄家的队伍冲进了淮海路的家。来者下手全无一丝宽容，登云公寓被封，大门贴上"反党分子"标语，一家四口被赶在两小间北屋居住，连张床也不留下，一家四口夜夜席地而睡，竟一睡七年。

"反党分子"有何尊严可言，人人可来抄家，人人可以批斗，连无辜的小孩也被人吐唾沫，指着脑门骂八辈子。不知来历的抄家者来过多批，有一次红卫兵上门，瞥见两件大衣，随手扔下楼去，同伙楼下候着，接了大衣，呼啸一声扬长而去，简直就是趁火打劫。多次被抄，家财殆尽，抄剩的几只凳子全作废品处理，一套全真丝的童装卖掉竟开价四元，几百张好唱片卖不出去，只能背地里自行踩碎，乒乒乓乓的声音碎裂了芷苓的心。"但愿青山在，唱片值几何"，陈力劝慰着妻子，不禁自己也老泪纵横了。

童芷苓既然是数得上的大角儿，批斗会上也必露脸，她游斗过多次，每次都和周信芳一样享受特殊待遇。初斗，令人生寒；再斗，临场应变，渐趋从容，她放不下的是小弟祥苓。他为姐姐鸣冤仗言铤而走险，参加了造反队直接对抗，为姐的既心生感激，又深为担忧。祥苓是样板戏的大红角，杨子荣一角是江青从众多候选人中特地挑选出来的。可祥苓不知感恩，处处躲着江青，江青台上讲话，他坐在最后就是不上前去；江青干涉他的婚姻，他也坚决不从。一心要为姐姐平反的祥苓越抗争，姐姐就越倒霉。紧追祥苓的大字报以打祥苓为手段，以打芷苓为目的。有一次，大字标语由南京东路中百一店顶楼一直挂到一楼大街上，堪称上海滩"天字第一号"，童芷苓的名字几乎到了妇幼皆知的程度。

京剧院"牛棚"里又多了一号，乃意料中事。无休止的请罪、劳动、批斗、交代，成了每天必修课，把人折腾得站着也能入睡。串联的来了，把牛鬼蛇神一律拉出来跪场示众，一个个自报罪状，接着就是批判，日子长了，芷苓也就麻木了。

童芷苓在苦苦求索，夏衍、马彦祥给自己的信谈的全是艺术和电影，她主动上交的这些堂堂正正的信怎会变成了罪证？《尤三姐》引出女海瑞，田汉又是被点名的"四条汉子"之一，其中是否有由童及田的部署？当年大红于南京、上海，与国民党官方、军方好戏者有场面上的过从，这难道就是"特务"的定罪依据？《送肥记》不合江青意，《海港》又与张春桥犯顶，凭这学术之争，就成反对样板戏进而反党了吗？我何罪之有，一切都是莫须有啊！她不由愤然："我到底得罪谁了？"陈力脱口而出："江青！"芷苓一时反应不及，还是陈力把谜底道破："因为张春桥点了你的名，他是中央文革副组长，江青的副手。"

1966年10月9日，子夜已过，四周一片沉寂。这时，街上出现两辆军用卡车，车尾牌号用白纸糊得真迹不露，其中有一辆开到童芷苓家门口。车刚停稳，跳下十几名精壮汉子，个个戴有红卫兵袖章，有的还戴上只露双目的大口罩，从来人的干练和敏捷不难看出大有来头。陈力夫妇刚想就寝，突见一群清一色军装的壮汉闯进门来，顿时睡意全消。

抄家多次，大多夜袭，开门稍迟，便以拳脚相加。当夜那伙人还算客气，带队的叫"小李子"，他驱使手下把陈力关进厨房，把母子三个赶往墙角，两个孩子不敢出声，却一点也不紧张，双目迸发出的只是仇恨。芷苓怕孩子吃眼前亏，躬着身用认罪姿势护住一双儿女。来者训练有素，一进屋就随手把门反锁，拉严了窗帘，先对四人搜了身，口袋里钱币、钥匙、纸片、证件全被掏出。他们配合得像一部机器，不像是毁灭性抄家的造反派。他们把目光向着书柜、抽屉、壁橱、立柜，为首的一使眼色，把家具门缝上的封条七手八脚全撕光。芷苓不敢喊，知有背景，只能恳求，"这是革命组织的封条，撕了，我说不清楚"。为首的不予置理，指挥手下开始了一场翻箱倒柜的搜查，镜框也全被打开，连钢琴的腔体、墙上的板缝都不放过。他们并不在意财物，能引起他们兴趣的是日记、笔记、信件、杂志、报纸、照片，哪怕是一张年久泛黄的小纸条。领头者说："我们不要你家金银财宝，要的是我们想要的东西。"

东方欲晓，天际渐吐鱼白色，这批特殊的抄家者把通宵所得的一切有文字的材料全数带走，装了有好几包，几十卷录音带，一架小型电影放映机也不能幸免。那个叫小李子的轻轻一声招呼，顷刻间十几号人影迹全无，只听窗外马达声响，芷苓撩开窗帘望去，原来是军用大卡车。两人回到房里，本已屡遭洗劫的卧室更是狼藉破败。夫妻四目相对，大惑大奇，真是好身手，搜得太彻底了，连一张纸片也没留下。

纸片还是有的，交代材料的底稿还在，这是何意？在这伙人手里绝不是疏忽，陈力马上想到会不会是某种暗示：老老实实交代自己问题，不要去涉及他人。丈夫的提示使芷苓陷入了莫名的惊恐，她理不出头绪。突然间，一个人名从陈力嘴里冒出："江青！"眼下文革舞台，最炙手可热的不正是她吗？每回露面穿的都是军装，她的手不是伸向军队了吗？陈力这下肯定了前番的猜测，一场更大的灾难，行将可怕地降临到芷苓头上。

二、打不死的童芷苓

江青表态了："和童芷苓这样的人一起过组织生活是一种耻辱。"这一导向再明朗不过，童芷苓被列为特大打击对象就不足为怪了。

"牛棚"设在学馆的小楼里，阴森森、灰暗的光线下，芷苓握着笔，紧锁眉，搜肠刮肚地寻找自己的"罪状"。全都是莫须有，有什么可交代的呢？过了大半天，笔下仍是寥寥几行。这不是明目张胆的抗拒吗？小将们气势汹汹地把她带进审讯室，开始了一场令人发指的逼供。

"为什么不写？想对抗吗？"童芷苓很强硬，"我没什么可写的！"又是逼问："你是不是反党分子？是不是反动学术权威？"芷苓一言不发，多名造反派刷地站了起来，直逼向前："坦白从宽，抗拒从严！"芷苓扭过头去不理不睬，这一下好似汤浇蚁穴火燎蜂房，把对手们全给激怒了，一声吆喝打破了可怕的沉默，"让她尝尝厉害！"

先是"劈、啪"两记耳光，接着腰间挨了重重的一靴，她身子一晃向一边倒去，又被一拳击了回来，四面八方飞来的拳脚把围在当中的她打得东撞西跌，前倒后仰。她牙关紧咬一声不吭，惹得打手们性起，抄起皮带狠命抽打，又抢起木棍直往她的脑门砸来……暴行之下，一声声撕心裂肺的惨叫声，木棍、皮带发出的呼啸声，大头皮靴踢在身上的夯击声，打手们可怖的吆喝声交织一片。刑具断了，再换一根，打累了，走马灯似的车轮大战，一阵刺骨的剧痛使她松了牙关，眼前模糊了，只觉一阵发黑，天旋地转，她晕死了过去。打手们哪肯住手，一大桶水泼上去，只见她浑身抽搐，发出一声细若游丝的呻吟，迷迷糊糊地苏醒过来，又昏昏沉沉地痛厥过去，童芷苓第一次尝到死的滋味。

第二次审讯火力有增无减，造反派施出新招，用木棍皮带和扯下的窗帘吊打，童大声抗议"要文斗"，打手们一阵大笑，"打死坏人不偿命，打死白打"。完全是彻头彻尾的江青论调。他们不理会邻里居民的劝告和阻拦，把审讯室窗户关紧，窗帘拉严，于是下手更黑。芷苓抗议声渐寂，棍棒却还在雨点般地打来。钻心的痛使她两眼尚未睁开却重又昏厥过去，这一阵酷刑将近两小时，苦海无边的她，只有在晕死的时刻方有暂时的解脱。

硬自挣扎回到家门，儿女早在那里倚门盼娘归，他们搀扶着遍体鳞伤的母亲进了房。丈夫眼神透着悲愤和痛苦，这些日子陈力苍老了不少。女儿为妈妈擦洗伤处，殷红的血已经干了，皮肉和衣服粘连一起，真是个皮开肉绽，血迹斑斑。眼前的丈夫瘦骨嶙峋，满眼红丝；儿女皮包骨头，脸色焦黄，自责和内疚绞着芷苓的心。作为妻子，不能为丈夫分忧，反拖累了他；作为母亲，不能为子女提供保护，小小年纪就成反革命子女……她痛定思痛，突然放声大哭，她的心都碎了。

她怎能想到《海港》每演之前，她必先被押上台去，"坐飞机"是她的出场亮相，跪地挨斗是她的全堂会审。《海港》演一场，她垫一场，连着演，她就连着垫。事情并非到此为止，她还被揪到海港码头，当年排练《海港的早晨》所谓体验生活的地方，去接受无休止的批斗、污辱和打骂。批不出实质内容，造反派便无限升温，声嘶力竭之下，拳脚皮鞭一起加入了批斗。海港在押期间，她服着折磨心灵的苦役，在咬牙、在挣扎。有好心人偷偷送来饺子，童芷苓边写"罪状"边把藏在桌下饭盒里的饺子一个一个塞进嘴里，饺子上大把大把的蚂蚁她也顾不上了。

生之既难，何不效法慧珠姐姐换一个世界，一个可怕的念头出现了。为了一次性成功，她天天在琢磨最为保险的方式。她看准屋里哪一根房檩可以上吊；又观察哪一个楼层可以坠楼，又找到了深井一口……"难友"们见她神不守舍的异样神态，偷偷地劝慰她："不会永远这样下去的，事情总会过去的。"恍惚中耳边也会响起陈力的警语："不能死，死了就是畏罪自杀。"真是活也难死也难啊！

回到学馆，造反派不会放过她，一天小将们喝得半醉，一来兴致，一声吆喝："童芷苓，出来！"她知祸事又到了。他们用白酒灌她，她硬着头皮喝了几大口，又喝令她把拉力器打开，她说不会，造反派逼她非拉不可。童芷苓犹犹豫豫地拉了一下，内有一人悄悄绕至身后，双手穿过她胸前，把拉力器猛地打开，芷苓还不知身后发生了什么，这人突然又松了手，刹间，整个拉力器大弹簧打在脸上，这一重击把她打得晕头转向，接着斜里飞来一脚，芷苓扑地便倒。她在剧痛之中醒转，脸上痛如针扎，爬起身来，对着窗玻璃"端详"，两片脸肿得像紫茄子。她没掉泪，恨恨地对"刑具"瞪了一眼，便双手捂着脸走回了自己的"测字摊"，她用来写罪状的那张桌子。

童芷苓实在被逼得无路可走，再次想到了绝路。她将决意一死的念头告知陈力，这位贤达丈夫始是不允，后经反复考虑，终于下了生为同林鸟死结连理枝的决心。唯一牵挂便是膝下的儿女，患难夫妻正悄声作着诀别的计议，寻思着如何托孤给王熙春大姐，把这一对苦命的儿女送去北京姥姥家。商议未定，房内假装睡熟的女儿听得一清二楚，猛地站起身来扑向母亲，大哭大叫，苦苦哀告："我哪儿也不去，要死就全家死在一起。"十二岁的孩子跪告哭求哀声连连，其景可惨，其状可怜，芷苓把她一把搂在怀里，以泪代语，肝肠寸断。陈吉一旁说出大人话："现在死还太早，等定性了，再死也不迟。"多懂事的孩子啊！逼近童芷苓的死神慑于孩子的壮举暂时收起了它的魔爪。

日有所思，夜有所梦，她曾梦见"无常鬼"上门拿人，难道上苍在告示什么。1969年的某日，门外响起了重重的脚步声，门一打开，涌进大批造反派，她已明白了一切。"童芷苓，收拾一下，跟我们走！"此时陈力飞快地拿出阳台的钥匙，"我们赶紧上去跳楼吧！"话虽一句，芷苓心中一下剧震，他是要同自己订阴府死盟呀！她深感夫君情深义重，要死死我一人，绝不能让陈力陪葬，芷苓在这紧要关头变得出奇的冷静，缓缓地说："现在来不及了。"打消了丈夫的死念，她便匆匆地迎着煞神般的造反派走去。

童芷苓被隔离审查了。不久，开始了又一次的逼供，"你是不是国民党励志社头头？""你要彻底坦白国民党妇女会的罪行！"简直莫名其妙，她照旧默不作声，审讯者又现狰狞："童芷苓，不要再吃皮肉苦了，快快招来！"芷苓无言可对，她已尝过死的滋味，一切都无所谓了。坐着的头头一挥手，几条汉子一起窜上前来把她推在墙角，高高举起皮带棍棒搂头盖顶地打下来，她没有躲，也躲不了，双手护着脑门，全身如同一尊石像屹立不动，直打得皮开肉绽，衣服如同破棉絮一般。

审讯者变换了题目："你是不是文化特务？"芷苓哪能承认："打死我，我也不是！"话音未落，两名汉子同时起脚，把她踢翻在地，众人一齐拥上，七手八脚把她全身按住，有人用袜子和抹布塞进了她的嘴，有人搬过两条削短了凳脚的长板凳，一条压住她的头部和颈部，另一条压在腿弯上，分别坐上两个人。她被压得动弹不得，腰腿上记不清击了多少棍，挨了多少踢，她无从挣扎，又坚不求饶，直被打得声息全无。体格健壮的童芷苓从此留下了永不消失的斑斑伤痕、累累伤病，这是"文化大革命"赐给她毕生难忘的印证。

她坚强地活了过来，"打不死的童芷苓"就此得名。

三、留得青山在

牵肠挂肚的事天天有。自她打入"牛棚"，家庭生计益发雪上加霜，一家四口只能在83元生活费内开支，房租26元不敢不缴，陈力按月又为她送去十几元生活费和十几包烟,孩子正在发育年龄,营养严重不足,使她终日难安。于是,她改抽八角钱一包的香烟,每天买五分钱青菜分吃两顿,连工宣队看了也觉不忍,送些剩菜给她"改善"。小小的陈工(女儿)在家当主妇,每天清晨提着篮子下菜场,结算开支,安排度用,做饭烧菜几乎一人包下。社会动乱、家道巨变催熟了本不懂事的孩子,芷苓得知,慨然长叹:"穷人的孩子早当家。"

祸不单行,陈力被揪。原来陈力一个同学瞎交代问题株连了他,据说还有一顶"特嫌"帽子扣在陈力头上,每天也是交代、劳动、批判不息。天寒地冻的季节,陈力天不亮四点钟必须起床,蹬着黄鱼车赶早市拉货,拉完货后就在冰凉的水中洗鱼,冻得两手红肿,还得去西藏路早点铺沿街卖豆浆,每天六七个小时折腾下来便是没完没了的检查认罪。陈力平心静气地接受了这种非人待遇,他虚与委蛇,态度老实,不顶不撞,倒是没有受过一次刑。"文革"的冲击练就了陈力能屈能伸的性格,隔离期间的统铺他照样入睡,猪狗之食他照样下咽,几个人合用一盆洗脚水他也受之不拒,这种深沉的涵养,应付运动的技巧,随遇而安的本领,远非芷苓能及。做了二十年夫妻,她还不知陈力有这么出色的一套"运动"造诣。当年春节陈力突然回家了,他心里惦记孩子,昼夜不安,因此来了一番假认罪,由于态度好而获释,可怜天下父母心呀!

为今之计,最重要的事莫过于保全自己。一位老剧作家为她点明了一条道理:"好汉不吃眼前亏,承认了又有何妨?我不信屈打成招的材料都可定性,青山不在,何来柴烧?"芷苓默默点头,心中痛楚万分,为了留得青山在,也只得天天说违心话了。明明全是虚假不实之词,今天非得承认下来,此心怎甘,此冤怎消?

家庭现状迫使童芷苓非想通不可,除了"三反分子"以外,她承认了所有罪名,态度之好让造反派大叫看不懂;多繁重的苦役她都抢在先,造反派见她很守规矩,便不再严加看管;一位笔杆子"难友"的指点,使她练成了一套写交代的技战术,量既多,"纲"又足,哪怕是老调重弹,造反派也心满意足,不再难为她了。

度日如年的芷苓反而天天盼夜幕早下,白天在"左派"眼皮底下随时都有是非:她张贴会场大字标语,因贴错了顺序而挨了不少拳脚;帮人家打扫现场,不慎用一张印着"宝像"的报纸一撕两半用去捧土,被罚天天跪在宝像前认罪,一跪几个钟头，一罚好多天。

造反派一次当面询问芷苓，"你对张（春桥）书记印象如何？"她不加思索地回答："他对江青最忠。"又问："你对江青同志印象如何？"又答："她忠于毛主席"。这种问法是"引蛇出洞"的惯用伎俩，错答一句就会招来大祸。她答得天衣无缝，在斗争中学会斗争，童芷苓再不犯低级错误。

渐而渐之，"牛棚"里个个盼着批斗，狠狠地批过几场就意味着刑满释放，跳出炼狱，李玉茹、马科等一一度过了黎明前的黑暗同芷苓分手了。她苦等批斗的到来，可狱外的阳光并不属于她，属于她的依然是漫漫长夜。

林彪死了，揭露林彪反党集体的广播，"牛鬼蛇神"都有幸一听为快，唯独芷苓待遇似与四类分子等同，属在禁之列。未几，工宣队下了通知，即日起关闭"牛棚"。形势变得好快，她大喜过望，急忙赶回家去，推门入室，屋内空空如也，女儿哭告母亲，原来一块劳莱克司金表和一帧《尤三姐》剧照加重了父亲的罪，他又被关隔离了。芷苓听罢捶胸顿足，这种不祥之物既然转移不出手，就早该把它销毁，事到如今，她只得心中祈祷，但愿陈力吉人自有天相，逢凶化吉，早日归来。

母子三人刚团聚，一道通知又下达，下一个去处便是奉贤五七干校。童芷苓实在难舍陈吉、陈工，儿子十七，女儿十五，兄妹两人苦度光阴，这种日子也不知怎样熬过来的。他们的家常菜离不开一碗酱油汤，孩子的坚毅、成熟着实使当母亲的她感到吃惊。这对未成年的兄妹经历过生离死别，对不幸的一切司空见惯，眼前的别离又算得了什么。有儿如此，也是童芷苓前世修来的。

她"忍"字当头，天命之年知天命。别人干活有休息，有说笑，童芷苓则是闷头一个劲儿耕地锄草、插秧割稻、挑粪担水，加上推车拉套、施肥挑土……日积月累之下，她腿上布满暴起的青筋，肩上居然能挑起百把斤的担子，成了干校典型的强劳力。三九寒天，她包办了办公室打开水的活，老见她双手拿着四个暖瓶在泥道的冰面上疾走。最难承受的是扛重活，造反派小将老爱搬家，死沉的铁家伙来回搬个没完，这哪是五十多岁妇女干的活？

干校服劳役，比起隔离毕竟大有改善，一个月放工四天，有如黄金般珍贵，回家团聚，月月都有一个盼头。一天打从干校回家，进门便见一个形同枯槁的老人，深陷的眼窝，高突的颧骨，干瘪的两腮，天哪！竟是陈力。长别离，一朝逢，伉俪情，言难尽，夫妻对视，互抹泪水，一时无语。丈夫木然的神志，妻子有割肤之痛，唯有深埋脸庞的一对眼睛还保留着陈力原有的性格色彩。大难不死，于愿已足，毕竟一家四口又团圆了。

1973年春节，盼来了落实政策的春风，眼见"牛棚"中人一个个有了出头之日，唯有自己迟迟得不到"恩典"，不斗不放的日子真要把人逼疯。复苏中的陈力思维重新清晰起来，他无比肯定地说："我不相信天永远不会亮，恶人自有恶报，只是时辰未到，这个日子我们看得到。"不是说希望在人间吗？那就等吧。她一等三年，等来了干校生涯画上了句号。

干校的苦役易地京剧院，劳动、劳动还是劳动，待遇仍属"敌我"性质，一如"四类"，只是每天等人下班即可回家，对她而言，已是无上的宽大。家里满目疮痍，用一张破棕棚搁在四个凳上凑成一张床，革委会发了慈悲答应买一副床架子，全家高兴得了不得，四个人一起上街，花了27元买回家来，这下算是正式有床了。全家庆贺团圆的吉祥物是一把两角钱的小扇子；又花三元多钱享用了一顿"丰盛"的团圆饭；好多年不曾沾口的西瓜又重温了原有的香甜，尽管是不起眼的一个小瓜。

知识青年到农村去的大潮席卷全国。按规定：只留独苗，余者一律上山下乡接受贫下中农再教育，兄妹两人留一走一已成定局。娇儿远飞在即，父母怎生割舍，留儿子？留女儿？一时委决不下。陈吉挺身而出："我是当哥哥的，我去。"陈工不干，两人争执不下，同胞手足情之深之切令人动容。陈吉决意只身跳苦海已义无反顾，父母只得应允。"牛棚"里芷苓曾由李玉茹教会针线活，块块黑布曾缝制过她的"囚服号衣"；苦役中，眼泪伴着针线走，一滴滴、一针针织了好几年儿女的棉衣；今天把儿子一送千里外，"慈母手中线，游子身上衣"，灯下缝衣，想起这一句，两眼顿成流泪泉。

年份牌翻到1974年，时临"十大"前夕，专政热度在减退，童芷苓未偿的心愿在重萌。她舞台旺盛之年埋于这漫漫长夜，一颗对京剧艺术赤诚之心被史无前例的浩劫所击碎，这种悲苦的心情不是亲历有谁能解其中味？但她东山再起的信念一天也不曾停息，她坚信终有大地重光的一天。她在丈夫身上学到了几分深沉，一切秘锁心中，偷偷地练着功，背人处哼着腔，她是在耕梦，一切都在"地下"进行。她任凭思维信马由缰，头脑里时常琢磨着身段动作，盘旋着唱词唱腔,还练成了"眼观六路,耳听八方"的功夫,时刻警惕着周围动静,逢人便歇,人走再续,一段一段地合成,一节一节地接轨,逐步化零为整合成全貌,一如盖叫天断足养伤时脑海里过电影的"意练"。盖老说过,"我腿折了,可艺术不能折"。芷苓敬而效学,"我失去自由,但艺术还是属于我的"。

"文化大革命"修成了她用"心"去思索、去化解、去推断一切的深沉心态,由此及彼,对"戏"的琢磨也进入了"心"的境界。她意练中开掘的是人物的心界,是用自己的心去相通,童芷苓面壁苦修,修的正是这一功。用"心"演心戏,所有表演技艺全融合在"心"字中,她艺术境界的飞跃竟然酝酿和孕育在无边的黑夜,堪称艺事奇观。

云层中乍见阳光一道,邓小平受命主持中央日常工作。这下可好了,容不得江青之流再肆无忌惮,漫漫长夜呀,是否到了尽头?

第九章　浴火重生

一、我 要 唱 戏

邓小平的干预，加快了落实政策的进度。每月二百多元的原工资到手了，这算不算解放？她去询问结论，院方回答，"恢复工资，这就是结论"。想不到翻来覆去把她折磨了一个年代，到头来结论和罪名一样，也是莫须有。

最使她受不了的是原单位的冷漠，恢复工作一事不见有人谈起，心里憋屈不已。在家无所事事，便想到了北京老家：曾几何时，汉侠先生和陈氏夫人已先后作古。1974年父亲去世前的一个月，身陷干校的芷苓在一天夜里朦胧中有过一梦，一种舞台职业感似在隐示老父在阴世托梦，自此心中总不踏实。不久，噩耗传到上海，老父日前果真驾鹤西游了。她奔丧未准，只能遥拜北天，死不能葬的亡父之憾绞着这位孝女的心。黯然神伤中，对着遗像端详，在老父面庞上寻找回忆，那令人难忘的创业史啊！女儿成名哪一步不是父亲奠的基呀！

又记得老母病入沉疴，她母子两人急赶北京，一路之上心中苦涩，唯有祈求。进得家门，母亲一下发觉眼前正是日思夜想的苦命女儿"小四"，老人家注视着女儿面容，在芷苓脸上长时间地搜索着，女儿昔日的横波目不见了，代之以深沉又带几分默然的眼神，这哪是我们家的小四呀！眨眼间假期已尽，芷苓不忍告别，她几乎哭着登上归途，不出所料，老人遂了最后心愿，不久溘然辞世。

10月中旬的一天，天光明亮红日映，芷苓听到不少人在窃窃私议，"江青被抓了"。她吃惊非小，有这等事？下班回家路上，街头巷尾不少人已在喜气洋洋公然称庆，此时她心中迷雾全解了，果然是真的。

一个晴朗的早晨，由陈力陪同走上大街，芷苓一对眼眸子开始发光，穿过奔走相告互致庆贺的拥挤人群，沿着人行道的墙基，驻足在一排醒目的大字标语前："打倒王洪文、张春桥、江青、姚文元。"她重复看着这13个大字，痴痴地凝望着，舍不得离开。她变得神采飞扬起来，脚下越走越快，恨不得全上海的标语一下子尽收眼底。陈力心中大悦："我们一定要好好庆贺一下。"芷苓答非所问："我要唱戏。"

陈工一听江青倒台，在地上翻了一个跟斗，逗得父母大笑。女儿提议喝一杯"解放酒"，一家人便上饭馆尽兴地大干其杯，美滋滋地用完了毕生难忘的一餐。

芷苓心焦，五十五岁的年龄，舞台生命再也经不起"挂"。她已形胖实肿，为把体格练回来，每天清晨必去中山公园跑步、打拳、练剑，一练两小时，还经常一天两练，十分负苦。最要命的是嗓子衰败，老音纵横，一对弦，腔也黄了，气也横了，稍唱几口，嗓力不济，甚至一字不出。她害怕"塌中"，太先生就因壮年塌中而艺事全废。嗓音练不回来，重返舞台不过是一句空话。她没命地四处求医，又频频向同行求助，平时念念有词，低声哼哼，站、坐、走、卧全在练嗓。有人劝她，这是何苦，生活好转了，还不颐养天年？亲友们的金玉良言没能打动她，童芷苓从心底里发出呼喊：我一定要登台，我一定要唱戏。

她跟着唱片唱样板戏，调门太高一唱就哑。她又请老旦名家李盛泉教唱《奇袭白虎团》崔妈妈唱段，总也不入调门。没奈何去医院诊治，结果大夫把她嗓子说得毫无希望，说她声带老了，全松了，还唱什么呀！这当头一棒几把她推上绝路。服命吧，那就不是童芷苓，她又想起了梅派名琴沈雁西，就同时向沈雁西和李盛泉两位谋求良方。李先生不止一次地劝她不要犯急，复嗓得慢慢来，就像一个大病初愈的人，马上让挑百把斤重的担子怎么受得了。他和沈先生坚决反对吊老旦嗓，劝她切莫改行，并以观众的期待相鼓励，硬是把芷苓拉回到她本行中来，不然，童芷苓从此休矣！

为了续写自己十年来被腰斩的艺路，她简直同自己的嗓子斗上了。据悉音乐学院有一位咽音专家林俊卿大夫，她似乎在黑暗中找到了一丝光亮，哪怕只有百分之一的希望，也值得去尝试、去求教。林大夫果然好身手，经过多次摸索，调整了她的发音部位，然后由吊嗓圣手沈雁西帮她用弦调顺气息。路子找准了，童芷苓心里明白，最后成败全看自己了，她天天试嗓练声，找准发音部位，每天练得家里人直呼吃不消，陈力父女天天处在她发出的高分贝的噪音场中，从早到晚没完没了。她每天的生活竟以练嗓为中心，一心只想着重登舞台，真是天可怜见。看到她无时无刻不在琢磨着发音部位、力度、气息，已然到了忘我的境地，丈夫望着妻子，女儿看着母亲，心都在发颤。

沈雁西受童芷苓精神所感，为她舞台再生下了不少工夫，先吊《杜鹃山》，再吊《沙家浜》，果然慢慢有了起色。在家练怕惊吵邻居，就用铜盆放水，嗵嗵直响，压住自己的练声；上班来回骑车，仗着一身高超的车技，边骑边练。她连睡梦中也在练，以致夜深朦胧中喊出了声……练声稍稍见效，她便应邀公开清唱，一次与李玉茹在文化广场的双人清唱上了电视，玉茹嗓音复苏已有七八成，芷苓则出音飘忽、底气不足、气息欠匀，偶尔还有声嘶力竭，台下慨然："童芷苓不复以往，'文革'又毁了一人。"听者焉知底细，她目前嗓音正在直线上扬呢！

芷苓受到热烈的回报，心头彩云泛起，可一去上班，感觉就有天壤之别，似乎总有层层无形的隔离墙把她挡在门外，她的处境好难。上海戏校校长周玑璋邀芷苓任教，兼任戏校艺术顾问，芷苓自思暂去戏校落脚也不失为一条出路，但今后演出条件就不堪设想了。眼前之计，先找一个栖身之地也罢。于是，应了周校长之请，来校执教。

走出京剧院，意味着舞台生活的萎缩，好友们劝她退隐收山，别再无谓地献身了。她是胸怀不灭之欲的人，任何人都休想改变她，"只要还有三分气，我誓上舞台！"这就是童芷苓掷地有声的誓言。

花开自有花落时，蓄芳待来年。当前正是大好的战略预备期，正是面壁磨戏的好时光。你说我不行，我偏偏要行给你看；你说我不能上台，我偏要上，偏让你看到我上台的那一天，她的倔强性格同样在回归。她懂得蓄势待时的道理，把全部身心集中到一点：磨戏、磨戏，还是磨戏。

十一届三中全会召开，邓小平复出，住房政策的落实开始启动。童芷苓好几处房产不可能物归原主，她本人也不愿空关楼房树大招风，结果，一个折中方案生了效。芷苓一家搬出蜗居十年的登云公寓小北屋，迁入现址中山公园近处的一套大公寓。她没有更高的物质愿望，一家四口有个宽敞住处，兼有一个磨戏环境，就于愿已足。她虽有过"文革长负十年愁"的感慨，但童芷苓从来不把自己看成悲情人物，凭什么总是要去寻找各种理由，像祥林嫂一样述说自己的不幸。她相信自己命运会改变，相信没有唤不回的春天。她特别喜欢一位戏迷送给她的一段话："你死里逃生、劫后余生、浴火重生，真是三生有幸，你大有后福，我们看好你的未来。"浴火重生，说得多好。

"四人帮"倒台三年了，冷板凳上仍然坐着童芷苓，行内人士和广大观众盼童之复出日炽一日，但她仍被一挂再挂，没有"说法"。1978年底，电影《傲蕾·一兰》准备开拍，电影局前来商借演员，指名要借调童芷苓出演影片中一兰的母亲，这下可捅了马蜂窝。文化局方面拒不同意，京剧院和戏校也不愿放人，而电影局那头态度坚决，据理不让，此事由叶楠而起。

叶楠是作家白桦的哥哥,著名编剧,《傲蕾·一兰》电影本就出自他手。叶先生的出面邀请,没想到阻力竟会如此之大,他显得十分恼火,直言责问:"童芷苓到底还有什么问题?"对方理屈,他便益发坚持,最后由电影局找到中央部里才把芷苓要出来。叶楠对芷苓的这番坚请,大大缩短了她复出的周期,为五十六岁的童芷苓赢得了黄金般的光阴。谁也不曾想到,叶楠邀请会是童芷苓东山再起的开始,叶的破围之恩,童芷苓没齿难忘:"没有叶先生,就没有童芷苓的今天。"

大东北的严冬,是她心中的三春。童芷苓告别了上海的亲人,朝着她认定的目标,登上北去的列车,开始谱写她今后风华绝代十七年的新篇章。

二、春风吹又生

从大都市纷嚣的尘世进入大自然清澄的世界,那里没有政治漩涡和人间陷阱,有的是一颗颗纯净的心,那里是受伤心灵理想的栖息之地。

外景地选在黑龙江达斡尔族部落,导演汤晓丹要求演员随达斡尔人在深山老林里出没以体验生活。在冰天雪地里跌扑的童芷苓忘了自己的年龄,她胸怀一盆火,竟不觉当地气温已在零下四十度。她穿上一身皮装,一接触油彩,一对上镜头,那种兴奋的劲儿已是多年所未有。

童芷苓戏份不多,闲来无事,便找空旷处喊嗓子,重温那十几年未动的唱词和唱腔。一天她赶个大早,带着一架简易录音机在人迹稀少的开阔地走走步子,做做身段,试唱一下《宇宙锋》和《金玉奴》。当地人没听过京戏,也不识录音机那玩意儿,见她形迹怪异,以为特务在发报,于是把她"告发"了,闹了一个不大不小的笑话。

闲时一多,头脑便加速运转起来,面壁好几年,状态复苏已有大半,该找个时机亮一亮相了。如今老戏纷纷开禁,自己在上海却坚冰难破,为今之计,何不择地而为?北京是个好所在,一旦京师有了出头日,不愁回师上海不凯旋。欲使墙内芬芳,先令墙外开花,她心中有了主意。

芷苓适逢闲暇,摄制组批准休假,她立即飞向北京,匆匆赶去荀家,师娘张伟君、师妹荀令莱喜出望外,接着便是一段伤心的沉默。走进荀师书房,抬头瞻仰遗像，一片凄楚，又勾起了她的不尽哀思……三人相对，无声之悲凝固了周围的一切，隔了许久才想起了寒暄，互问近况，说起了老先生惨死经过，那令人发指的一幕幕。

那是1966年8月23日震惊文艺界的孔庙事件，荀师受尽鞭笞，身上几无一块完肤，年近古稀之人从此揪斗受刑一概不免，后被押送京郊沙河农场，强迫老人天天干苦役，连续的摧残给他带来了严重的心脏病，从头到脚全身浮肿变了形，造反派还下了残忍的命令，一不准休息，二不准治病。12月下旬的一天，老人在服苦役的半途，倒卧在瑟瑟的寒风之中，看押人员不予理睬，任他躺在冰天雪地的旷野里足足四个小时。女儿令莱不知费了多少周折才把得了严重肺炎的老父送进医院，可已剩下没几口气了。

望着遗像，追念荀师，是多么凄怆的事。遗像前她恭恭敬敬鞠了三个躬，今年正是荀师十年祭辰呀！劫后余生，该庆幸才是，双方这才落座，带着企盼细细说着将来。师娘已然立下了宏誓大愿，不管有多艰难，一定要把荀派大旗竖起来。她见师娘双目垂泪，何尝不知这泪中深意。她答应师娘今后常来北京演出荀师代表作，为振兴荀派艺术不遗余力，两人心约誓成。

姐妹俩北京重逢，互诉遭际之苦，话题必然涉及葆苓亡夫、芷苓知友石挥。她两人有着共同的感慨：要是石挥那时能咬牙顶一顶，不也就挺过来了吗？同石挥形成强烈反差的是万春大哥，由内蒙重返京都已是望七之年的李万春依旧精神矍铄，从"反右"到"文革"，历经了多年的灾难，扮上戏还是这样帅，还是当年的火候和气派，使人觉察不到他身上的"运动"伤痕。对万春大哥"艺术不与政治同论"的处世原则，童芷苓是佩服得五体投地。

京都所闻扼腕事多不胜数，十年动乱，"四大名旦"、"四大老生"中除梅兰芳、程砚秋、杨宝森三位早逝外，其余五位竟然全数殒于"文革"。如今李少春走了，杨宝忠走了，叶盛章、叶盛兰走了，高百岁走了，南派大师周信芳、盖叫天都走了，筱翠花、徐碧云、芙蓉草先生全走了，还有言二姐……北京之行，目睹梨园一片凋零，她迷惘，她惆怅。一个艺术家，怕的是蹉跎，蹉跎是不幸的，甚至是灾难性的，但愿从此蹉跎不再来。斯人虽去，广陵不散，才是对亡灵的告慰。她不由又泛起了对荀师的思念："文革复出第一戏，不唱荀戏不登台。"

芷苓复出北京，是轰动剧坛的大新闻。北京京剧院院长亲自出马"谈公事"，对剧目商之再三，芷苓坚持上演荀师名剧《金玉奴》，并保证内容绝无问题，最终两边取得一致。北京京剧院当家小生姚玉成饰莫稽，李庆春受芷苓之请出演金松。琴师姜凤山、鼓师裴世长俱是梅师乐队配备，班子组合十分齐整。

圆恩寺影剧院两天《金玉奴》票板一开，竟是一票难求。周扬、周巍峙、曹禺、马彦祥等领导、名家、权威都赶来一会金玉奴，同行捧场的更多，李万春夫妇、赵荣琛夫妇等全来了，台下还坐着许多老朋友。荀师娘亲临把场，荀门弟子往观者还真不少。守得云开见月明，7月24日是黄道吉日，童芷苓东山再起的时刻到了。

刚一出台，果然一阵"轰天雷"，霎时台下赞叹声一片，扮相多么姣好，嗓子多么甜亮，滴溜溜的身段，甜滋滋的表情……角色和真人年龄相差四十岁，居然不露老态，这难道是历经苦难的童芷苓？真出奇迹了。

戏接着往下看，行家们议论开了，唱戏中断13年，只有隔世感，没有断裂感。明明台上是童芷苓，演的是小家碧玉金玉奴，怎么看来怎么像，又觉不全像？她演来和谐又流畅，身上已然脱尽火气。金玉奴三段身份——丐头女儿、县令夫人、巡按千金，人物心理和性格贯穿一线；花旦、闺门旦、青衣"三合一"交替中又有融合，演来得心应手，可谓浑身是戏。同行眼里，她无异有了飞跃，但谁也不明白，景阳钟不闻十二载，她的飞跃从何来？

京师无处不飞花，童芷苓一曲动九城，文化部代部长周巍峙在一次会上说："别的戏你们可以不看，童芷苓《金玉奴》不可不看。"曹禺高度评价她的"出神入化"；张君秋邀她畅谈艺术经验；师娘欣慰之下，特地在荀师遗像前告慰了亡灵。不少同行竞相宣传，宋德珠所到之处，对《金玉奴》是一连声的"好，好，好"，鼓师裴世长也直夸"太棒了"。各省竞相效演，后起旦角不少也按她的戏路排开了《金玉奴》。面壁之功，意志之光，一下打出了"一朝云雾散，彩霞红满天"的大好开局。

北京推出流派剧目会演专场，经李万春热诚相约，芷苓受邀加盟。万春为给远道而来的大妹子的东山再起壮色，自演压轴《武松打虎》，把大轴让给童氏姐妹的《樊江关》。夫人李砚秀说明了"大哥捧你"这层意思，芷苓急忙逊谢。李万春成大名后，除大义务戏外，一般都列大轴，调回北京京剧团任团长后名位极尊，不唱大轴是十分稀罕的事。

20世纪70年代末，童芷苓与童葆苓合演创新后的《樊江关》，童芷苓饰薛金莲，童葆苓饰樊梨花

二十二年后重开姐妹花，这出《樊江关》选得好，葆苓的樊梨花宗尚，芷苓的薛金莲宗荀，她首次南下时第一次演此戏，是芙蓉草的樊梨花，一出戏纪念三位前辈，含意深焉。

薛金莲出场挥鞭趟马技惊四座，童芷苓向首都父老展示了她失而复得的刀马功。观众正大为惊讶，骤然间又见她顺势来了一个大"卧鱼"，依然规范如初。"姑嫂斗剑"一场，老观众不禁怔住了，剑路与往常可大不一样呀，那种原先机械造型式的"四门斗"、"高矮相"，如今清晰地展现了樊与薛的心理脉络，不仅打出了性格、打出了剧情，崭新的剑套子也令人赏心悦目。全戏一气呵成，观者耳目一新，童芷苓的《樊江关》是献给北京观众的又一珍品。《樊江关》幕后戏值得一提，上海郭坤泉协助她修改了本子；曹和雯、夏正寿加工了新的"剑套子"；著名京剧艺术家、50年代四大武生之一王金璐为剑中出戏作了精心设计。"多助"应说"得道"，"得道"的白描就是人缘。

北京复出大功告成，高高兴兴返回外景地，不意中途患上感冒，便转道哈尔滨休息几天。一到哈市，见当地文化局局长等十几位领导和文艺界头面人物齐来"接驾"，这种阵势在当地十分鲜见，北京大红的消息传得何其快呀。情面难却，她只得抱病登台，两天戏码与日前首都舞台一般无二。东北老乡好热情，爆炸般的掌声几乎震晕了芷苓，《哈尔滨日报》用"傲干奇枝"为标题作了盛况报道，对芷苓一炮打响大东北推了波助了澜。

北京、哈尔滨两声响雷惊动上海，童芷苓借助上海戏校支持，拟与陆玉兰合演《樊江关》，交涉结果，定为内部演出，不作公开售票，似乎对她的全面解禁还有保留，实际上她已完成了击碎坚冰的第一锤。台上的芷苓驾轻就熟，信手拈来全是戏，状态之佳，招来一双双瞪得溜圆的眼珠，个个露出惊异的神色：她的功底怎么不见退？复出的旦角谁有这风采？北京的传闻不假，她还是百分之百的童芷苓。

言少朋先生也在戏校执教，经少朋提议，芷苓同意择日同台演出，可一身兼马、言两门高艺的言少朋却长年抱病，他能坚持多久，芷苓心里没底。少朋先生很想一试《苏武牧羊》，芷苓愿意奉陪。言宗马（连良）而童宗王（瑶卿），此戏前身《万里缘》本是王、马杰作，两人宗之有名。芷苓走王派旗装步，娉娉婷婷，风姿绰约，"台型"出色，身份摆得很足；河边洗衣一场，掺入生活化的细腻做派，别具风味；唱念中眉宇传情极具风采，一口爽脆的京白更属她的

与言少朋合作《苏武牧羊》，童芷苓饰胡阿云，言少朋饰苏武

181

拿手,尤其把与苏武相处的体贴之情、敬慕之情及与丈夫分手时的离别之情表演得入细入微。《苏武牧羊》平时几不贴演,今偶尔为之仍有一卖,也难怪她心情大好。

天网恢恢,疏而不漏。陈力说中了,"只要时辰一到,恶人自有恶报"。一道通知下来,请她赶赴北京参加江青审判会,十年谜案终于揭了底。公审起诉书上列举林彪、江青反革命集团四大罪状、48条罪行,其中第35条就是1966年10月江青勾结叶群、吴法宪指使江腾蛟组织四十多人,冒充红卫兵,搜查上海文艺界五人的家,童芷苓便是五家之一。

原来如此。

那晚其他四家情况如出一辙。当时这五家都住沪西淮海中路一带,除芷苓外,郑君里、赵丹等四家30年代皆与当年混迹上海滩的蓝苹有过从,蓝苹30年代在上海留下一桩桩不太光彩的丑闻,他四人比较清楚,这是她多年来一块心病。"文革"抄家风起,江青便请叶群帮忙,密嘱林彪亲信组织一些人进行秘密搜查,把所有文字东西一件不漏地搜来。江腾蛟接过命令,蛊惑了一批警卫排战士和干部子弟,夜袭了"阎王簿"上的这五家,把抄来的材料无分大小派专机直送北京,然后由江青亲自督阵把这些材料统统付之一炬。

如今水落石出真相大白,可童芷苓还是纳闷:30年代,赵丹他们四家同蓝苹有瓜葛,我同蓝苹根本不搭界;40年代我才来上海,她已早去延安,她不知有我这个小坤伶,我也不知蓝苹其人,凭什么抄家要把我捎上?郑君里夫人黄晨审判会上作证揭露,却没我什么事,记者上门采访,我根本说不出所以然。自己缘何受株连,完全是一个"莫须有"。

1980年8月上海戏剧家协会重开会员大会,推选童芷苓为副主席,获票甚至比俞振飞还多。春风吹又生,苦尽而甘来。当选之后,她经常想起众人贺诗中的关联词,宋日昌诗中写有"十年浩劫打不死,一生技艺待蝉联"二句;夏征农对联为"演唱融为一体,革新永葆青春"。一曰"蝉联",一曰"革新",两者似有别,又契合不可分,童芷苓的理解是这四个字不仅是自己的今天,也应是自己的明天。

十年浩劫后在上海戏校重相逢，左起陈洛宁、赵晓岚、童芷苓、贾丽妮、俞振飞、李丽华、张文涓、李蔷华

三、极品《金玉奴》

童芷苓十分喜欢金玉奴，她曾说过金玉奴身上几乎集中了东方女性全部美德。她当然不愿把师父的戏作若干简单处理就算是自己的，而是"能不动的尽量不动，有时觉得戏情发展需要，就跟着自己表演时的感觉走"。这是一种"从心所欲不逾矩"的火候，她把《金玉奴》当成又一出《尤三姐》，在荀师经典基础上依照自身的理解，立足本人的优长，加以变通，重新接上了中断多年跨越雷池的步伐。

来自《金玉奴》的兴奋从京师、关外一路带到上海，俞振飞、刘斌昆等老前辈都分享了她的喜悦。俞老七十有八，作为京昆大师已是鲁殿灵光；刘老小俞一岁，也是望八之年，自萧长华、马富禄故去，身份之尊，已位居丑行首席。经二老提议，三巨头联袂《金玉奴》言出约定。俞、刘各宗其师程继先和萧长华，又另出机杼，莫稽、金松两角堪称独步。芷苓此戏也尽得荀氏精髓，堪称一时无两，殊不料三人竟有今日之璧合，三老年龄加和竟有二百一十岁，这份珍贵就更没得说了。

《金玉奴》妙笔如花：第一场，出场念："青春整二八，生长在贫家，绿窗人寂静，空负貌如花。"一举一动全是小姑娘天真相，她不眉飞色舞，也不乱指台下，不过是在感叹年华如水已然成人而已，她不是在思春。招莫稽进院，见无感谢之词，反推说行走不便，一时来了气，"难道说我要抱着你不成吗？"话儿出口，自觉失言，不由害臊起来，她不是在调情。莫稽喝完豆汁，她原要挑一个"谢字不答"之过，见他语言和蔼，态度恭敬，不禁由怜生爱，于是想到了自己的婚姻，这才向老父道出心中情愫，说完面红耳赤，羞答答地扭过身去，下场时右手指着莫稽，"我给你热杂合菜去啦，你可别走啊！"背向老父笑下，这笑是少女柔情自然流露，不能过火，她不是在卖俏。

戏自"二报"起展开冲突。"一报"后金松已觉女婿变心，玉奴想安慰老父，又不知如何说起，这时她拉着父亲的手，两眼避开父亲的眼光，轻轻念道："爹，以后你也少说几句吧……反正什么事情您就看在女儿我的分上吧。"没等说完就用手捂脸，哽咽得话都说不上来，对丈夫的疑问萌生了。"二报"送到，莫稽有了功名实职，脸刹地全变了。玉奴带着宽慰的笑容凑到丈夫身边看报单，她惶然的眼神不明白丈夫为什么把报单紧往她脸上逼，抬头一看，只见莫稽冷冰冰的一对白眼，才意识到受了羞辱，这时玉奴连强装的笑容也没有了。这场心戏里，童芷苓是用复杂的眼神，借助于入微的表情来完成的。

《推江》是全戏高潮之一。金玉奴从未见过官船，她忘了刚才的不快，欢喜地直奔而上，没想被丈夫推了一个趔趄，差点掉下水去。莫稽瞪目斜视甩袖，鼻子里还哼了一声，昂然上了船。童芷苓这时右手搭在刘斌昆的金松肩上，左手下垂，用眼神告诉观众，这下金玉奴全明白了，丈夫对自己已生厌恶嫌弃之心了。悲愤交加的金玉奴扭头就要回家，被金松拉住，要她暂且忍耐，玉奴反茫然了。此时她慢慢地转过身子，怅怅地望着水面，要回不能，上船不甘，脸色凄然，心里却似江水翻腾，突然江面响起一阵浪声，使她顿生轻生之念。一阵叹息过后，狠狠一跺脚就直扑江边，金松慌忙拦住，刘斌昆那声嘶力竭的喊叫："不能啊，孩子，还有爸爸我呢！"这一声叫，对玉奴真有撕心裂肺之痛。她猛地抬起头，两眼急速搜寻老父脸上神色，见他老人家已是老泪纵横，面带哀求之色，玉奴肝肠寸断，高叫一声"爹！"一头扑在老父怀里，无声地抽泣着……童、刘两位硬是把这段过场戏演成了重头戏。

上船后，童芷苓把金玉奴此时对莫稽的恨，对终身错许的悔，对老父独栖船头的怜一并倾注在船上那一大段唱工中。在叫醒老人时有"苦命的爹爹啊！"一句，刚唱出一个"爹"字，突然收声，回头看船舱内没有动静，这才回头再看老父，然后以程派高音轻声的唱法吐出"爹爹呀"三个字来。她带着哭音慢慢唱出，不加伴奏，用的全然是程先生在《英台抗婚》中用过的〔清板〕。此时声音转为悲愤，音量渐而放大，到完成最后一个音

童芷苓和刘斌昆合作《金玉奴》，童芷苓饰金玉奴，刘斌昆饰金松

符，她双手扑向老人失声痛哭，行腔与哭声交织一处，已分不清什么是唱，什么是啼。〔清板〕用在了刀口上，真一大妙笔。

《被救》一场，玉奴在巡按官船上渐渐苏醒，骤然现出惊恐的眼神，四下搜寻父亲的身影，口中喃喃地喊着："我爹爹呢？爹，爹……"念到最后一个爹字，双手哆嗦，两脚直跺，然后小步圆场直奔台口，差点扑过船栏，多亏丫环们及时拉住。这场戏台上虽无金松，但让人始终觉得似有金松其人在。芷苓不去渲染攀上富贵亲的欣喜，而是继续强调她一心牵挂的苦命爹爹，所以当义父派人去找金松时，童一双眼睛一直盯住家人，直到家人下船靠岸才安下心来。及至入场，还回头看看岸上……她带戏上场，又带戏下场，太抓人了，这就是荀派戏的底蕴。

最后的《棒打》是全戏最高潮，芷苓一如荀师，也是在棒打上打戏做足。戏中原有的"三试探"对莫稽的揭露和鞭笞她总觉不解气，于是对念白作出新构思。她强压怒火，展开了一番抽筋剥皮式的逼问，逼莫硬着头皮承认"喔，也曾娶亲"。她立即追问："既然娶过妻室，又来招亲，难道叫我做你的二房吗？"这

一句原是小师妹令莱的创造，效果极佳。莫稽忙中出错露了口风，"上任途中，我将她……"，玉奴心里明白，但今天非让他招认不可，"你将她怎么着？"逼问之下莫稽狡猾应对，"我刚刚得中，她，她就失足落水而死了"。一个"冷锤"，重击玉奴心头，没想到莫稽卑鄙如此，此时的金玉奴胸中翻江倒海，胸脯起伏不止，面对仇人，悲愤过度，已然欲哭无泪，脸上的激怒反似有若无，只是"嘿，嘿……"大声冷笑，心想"莫稽、莫稽，你好狠毒，真世上少有的衣冠禽兽"，在不耻的冷笑中，想着自己命运遭际之惨，又由笑而哭了。这里芷苓成功地用上"笑变哭"的一连串表演，她笑出对莫稽的蔑视和仇恨，哭出了自己的悲哀与不幸，笑哭并发，郁结多时的心头块垒被冲决，满腹冤屈井喷而出，观众的泪闸打开了。

《洞房》里最后一段念白，是金玉奴的控诉和声讨，荀师当年念这一大段，字字珠玑，有催人泪下的神功。芷苓在扬长避短上做文章，改为长达三十多句的大段唱工。唱段之初，先用凄婉哀怨的行腔控制音量，以此诉说冤屈，唱到"今日里，洞房之中……"，她采用了淮剧垛板的板式，伴奏改弦乐为弹拨乐，唱得短捷有力、痛快酣畅。最后一句"冤仇血债算一个清"的"清"字，她运足丹田气，音量猛地放开，满腔仇恨喷洒而出，从而把全剧推向高潮。

童芷苓荀派生活化表演屡出新构：洞房中她头戴凤冠、身穿霞帔，但走的是花旦台步，全无贵妇人气派，给人物增添了真实感。她刻意表现金玉奴初穿盛装时种种别扭样，出场扯扯衣袖，拉拉长襟，反显生动。她的笑和哭常保持有一定的情感延续，处处有生活的依据和气息。戏中《二报》、《推江》两场，金玉奴悔忧交集曾不住地掉泪，此后扶桌睡去，脸上仍带悲痛，不因一合眼就悲意全收。后被林大人所救，先哭诉往事，待至被收为林府千金，方才悲意依稀犹在，还想着生死未卜的老父，只是脸部收了泪，但仍是一副悲痛相，念白始终低沉得很，这才是生活的真。

阳光总在风雨后，上海人民大舞台《金玉奴》连满三场，观众们用"世纪性"的评价给这次三老历史性荟萃作了最好的注脚。俞振飞对弟子们说："我演过多次，以这次最好。"刘斌昆对朋友说："三个人在台上心里一默契，什么戏全有了。"芷苓回忆这段往事时也曾说过："自从与俞老、刘老同过台，《金玉奴》的高峰就算过去了。"

《金玉奴》剧照,童芷苓饰金玉奴,俞振飞饰莫稽,刘斌昆饰金松

如果说童芷苓东山再起的破冰之旅是东北之行,东山再起的标志性演出是北京那场《金玉奴》,那么在上海宣告复出的象征性演出就是这出三老荟萃的极品《金玉奴》。

台上阳光明媚,台下阴雨连绵。母亲在挣扎,女儿也在挣扎。陈工六岁练功,学戏勤奋与其母一般无二,童也有意让她女承母业。陈工天赋之佳不让其母,身材、嗓子、扮相、灵性够上一个全材苗子。她练就上佳的幼工,小小年纪能来好几十个"小翻"。她进过戏校,"文革"中被逐出校门,下厂当了木工,为此,当母亲的一直为女儿抱屈。1976年"四人帮"倒台,芷苓让女儿进戏校之心复炽,为实现女儿唱戏愿望,还将女儿姓名改为"童小苓"。当时的小苓已学了《醉酒》、《穆柯寨》等好几出戏,基础已然相当不错。但从艺之路谈何容易,女儿考插班生,戏校又推说年龄太大,母女俩不因多次受挫而罢休,最后征得周校长同意,准许在戏校演一场《醉酒》,是日上海市委宣传部部长陈沂到场,并对《醉

187

酒》作出肯定，陈工这才插班进了戏校。谁知进校后的陈工冷遇照旧与她作伴，女儿心中苦涩，唯有对父母倾诉："我不唱戏，人缘很好，我一唱，人就躲我。"女儿已是二十三岁大姑娘了，自幼喜好读书，因成绩优异而跳过两级，她原想走外公、姥姥的书香之道，但被母亲阻了去路，这才弃学从艺。如今艺路已断，何去何从呢？陈工自知岁月逼人，就此当机立断，舍艺求学。她含泪丢下心爱的艺术事业，从此闭门复习，愤而攻读，日夜不辍，终于通过英语考试，出走大洋彼岸远去美国谋生。父母尊重女儿对前途作出的选择，他们实在无能为力了。

岁月无痕，现时的童芷苓，已然洗尽恩怨，她心中只有感恩和理解。经过十多年岁月的打磨，她懂得了正面看世界，天天都是"春风桃李花开日"，负面看人生，天天都是"秋风梧桐叶落时"。这又何苦？本来生活不会都是阳光、鲜花，一帆风顺是风景，逆水行舟也是风景。无论什么时候，都要以"青山依旧在，几度夕阳红"的心态去面对，天地间总有一杆公平秤，只要努力了，只要心诚了，上苍迟早会给机会。

第十章　昨夜星辰
　　　　更灿烂

一、海内存知已

女儿1981年赴旧金山求学,号称全球富强之冠的那片土地一下子进入了童芷苓的现实生活。1981年的一天,一则喜讯飞越太平洋,送来了纽约"林肯中心"的特邀,远隔万里的美国顿成咫尺天涯。请柬是定居美国的周信芳哲嗣、"文革""牛棚"里的患难之交周少麟发来的,特请童芷苓参加6月份纪念周信芳舞台生活六十五周年演出活动。

童芷苓欣然受邀,她终于有机会踏上美国国土了,去太平洋彼岸实现以艺会友的夙愿,实为平生一大快事,借此机会还能同女儿团聚一段日子,能不兴奋吗?曾听人说,纽约是美国艺术中心,要在美国打开局面必先纽约打响。若想不虚此行,上"林肯中心"只许成功。

这次组团,刘厚生、吴石坚为正副团长,一行才19人,显得势单力薄。演

童小苓赴美求学前母女合影

员阵容加上在美国的周少麟、顾忆萱不过八九人。台上就冷冷清清几个人以文戏应场,能受欢迎吗?她的伤病缠身也是大烦恼,"文革"留下的腰伤不时作祟,腰际一发力,痛得直咬牙。偏又祸不单行,日前整盆开水浇在身上造成了三度烫伤,虽出院有了一些日子,下肢活动依然不便,为此,兴奋之余一层忧虑挥之不去。

二十五年前出演欧洲五国,那时一折《秋江》一路走红的情景,说明外国人不仅看懂了,还领会了其中的妙处。那年同期,周信芳院长率团演于苏联,不是以麒派戏赢得了莫斯科、列宁格勒各地的热烈欢迎吗?关键还是戏呀,童芷苓不时给自己打气。至于伤病,好在不演《秋江》、《醉酒》之类的戏,咬咬牙也就过去了。

　　启程前,纽约《美洲华侨日报》记者王立文来访。当问起她今后的打算,童芷苓毫不掩饰自己决意在创新路上矢志搏击的心迹,"我们应该重视和继承传统的东西,但不能墨守成规,要用新眼光、高技术来整理加工……"新眼光、高技术,多么击中要害,可以预料,她即将在美国露演的《坐楼杀惜》、《四进士》和《宇宙锋》必有新构。

　　6月中旬,她如期登程,开始长达二十来个小时的空中飞行。机舱内静悄悄,童芷苓渐渐合上了眼皮,在座位上闭目养神。此时此刻,她思路逐渐归入了"意练"轨道,《坐楼杀惜》、《宇宙锋》两出戏在她脑际盘旋开了。《杀惜》的阎惜姣不应限于刁蛮要泼,一味在闹、赖、狠上做戏,阎氏另有渴求幸福处境堪怜的一面。如按旧规演,人物被荡冶风情所左右,形象必然出格。为了把准人物,还其本来面目,应予小处润色,以期细微处出神出新。此戏搁置多年,难免生疏,况又频频有修饰之笔,不知美国观众能否接受,华人票界有无微词。《宇宙锋》已研之有年,早在1956年已与名导演吕启樵先生研讨过装疯表演的改革新方,可惜1962年首次尝试台上竟出了故障,抱憾至今。时隔二十年,选中纽约作为重试刀圭之地,多少有履险意味,对梅派经典戏动起了手术刀,会不会招致非议呢?

　　少麟昆仲偕夫人赶来接站,少麟急步迎向芷苓,两人四手相握,四目相视,彼此在对方脸上寻觅记忆中的神貌,大难不死的庆幸,挚友重逢的感慨,都在这短短的静寂之中。芷苓眼里少麟豪气犹在,少麟眼里大姐容光宛然。

　　纪念演出无疑是对亡灵的告慰,她和少麟一样太渴望成功了,但心里总不踏实。"林肯中心"在全美具有权威性,票价又高达100美元,上座有把握吗?她希望剧场准备译意,或打上英文字幕,即使上演前把剧情介绍清楚也行,可都一一落了空,剧场只印了一份简单的说明书,怎不叫人担心。

　　日程排得异常紧凑,主人请她看了几次一流影剧,又陪她去舞场一走,酒会也十分频繁。8月10日,美国华侨总商会欢宴京剧团一行,芷苓母女、周先生家属均应邀出席。饭店宴开十席,刘厚生、周少麟和童芷苓先后即席发言,宾主频频举杯,言之甚欢。

　　美国有不少戏迷侨胞,单是纽约一处就有四家票房,而且生、旦、净、丑俱全。票房相邀,芷苓欣然前往,一起清唱联谊,气氛好不热烈。少麟献上一段《海瑞上疏》,连唱带做,麒味很浓。芷苓献上《红娘》一曲,票友们对她说:"你

童芷苓文革后复出演《红娘》

的《尤三姐》、《金玉奴》、《红娘》等我们都演过，很多都按你的戏路子。"天涯知己多，芷苓心头暖呼呼。

林肯中心首次试台排练，童芷苓眼前一亮，好豪华的地方。中心有好几个舞台，凡歌舞剧都在大台演出，音响灯光显示出美国高科技水平，演唱、念白只需轻声轻气，不必大喊大叫，声音效果有百分之百的保障。宣传声势搞得不小，记者招待会上一百多名记者的摄像机、照相机一时之间全聚焦在童芷苓身上，她成了最引人注目的一员。上门采访者不绝，各报都有新闻发布，广告做得很醒目、很精致。周英华先生送来《美洲华侨时报》的新闻海报，报纸正上方有引人注目的"京剧麒派"四个大字，且有周信芳父子剧照。见到周老遗像，又见麒派字样，童芷苓肃然志哀，心中默默有词："周院长泉下有知，保佑少麟、保佑芷苓，保佑我们打响麒派这一炮。"

8月13日晚，首场纪念演出在林肯中心的爱丽丝·杜利表演厅隆重举行，门票早在前几天售空，观众全着礼服而来，坐席上一片高雅，在芷苓看来确实别开生面。帷幕开处，台下掌声大作，为麒派演出送上一份西洋碰头彩，等到压台戏《宋江杀惜》上场，观众的神已然被完全拢住。此时此刻，正是童芷苓的闪光时分、轰动时段、亢奋一刻，台下反应与台上节拍形成良好的同步，达到极佳的互动效果。芷苓越演越兴奋，谁说老外不懂戏？应知"天涯存知己，异国有知音"。

大幕落下，雷鸣般的掌声结束了这场走钢丝般的试演，芷苓心头巨石落了地。忙于卸妆的她听到周围不少人绘声绘色地在大谈刚才的开幕式，方知今天台下名人众多。杨振宁夫妇、贝聿铭、李丽华以及全纽约的票界要人都到了场，各大报社记者到场的不少，还有美国著名画家、影星、作家，更有从美国各地和巴西赶来的华侨。被誉为"内心演技派"大师八十六高龄的斯特拉·艾德拉对芷苓十分欣赏，她兴冲冲来到后台说："有着五千年悠久文化历史的中国，她的抽象性京剧，今天依然扣人心弦，非常有力，非常美丽。"

童芷苓一唱倾城，人气飙升，旅美侨胞，尤其票界反应强烈，他们把这天当成了盛大节日。纽约舆论界也不甘寂寞，《纽约时报》竟用全版篇幅连续刊登演出广告、大幅剧照和署名文章。童芷苓不能忘怀幕落时全场观众起立长时间鼓掌的动人场面，也难忘当天下午纽约市长科克先生接见全团时的友好谈话和特殊礼遇。

演出连演连满，她天天沉浸在节日般的欢乐中，掌声、鲜花、贺词、佳评、宴请……几乎把她淹没了。外国朋友见童芷苓神采奕奕，两眸放光，益发显得年轻，真无法相信她的真实年龄。有些记者见她台上台下判若两人，惊奇得张大了嘴，直呼"好似见到了童话"。名画家安邮·沃霍尔异常兴奋，他把《杀惜》一戏连同其化妆过程一起拍成了电视片……

最后献演《宇宙锋》，此戏人物内心世界十分复杂，唱、做又极其繁重，童芷苓这一尝试无疑是大胆的。她并不奢求什么轰动效应，没料想受欢迎的程度竟胜于国内。老外领会了主人公的痛苦心情，对赵女装疯抗命频频以掌声寄予同情和赞美。票友同行都十分钦佩她的创新勇气，把梅先生不朽之作的微瑕补以白璧，当场扯发、抓容、脱帔一气呵成，技法圆熟，毫无破绽，使原先台上冷场不复再有，不但合理，而且还增添了不少优美身段，不愧神来之笔。她的多年苦心终获成效，修改后的《宇宙锋》打响美国似在意料之外，却在情理之中。

有些美国朋友，看了童芷苓《四进士》的万氏，又看了《宇宙锋》的赵女，说什么也不信两角竟由一人扮。说来难怪，万氏兼有老旦的装扮和做派，赵女则是典型青衣,是一位雍容华贵的相国之女,两者形象迥异,老外当然不明所以,直到后台见到芷苓原型这才信服。

远方朋友来相见,不亦乐乎。童芷苓以艺会友,旧遇新知络绎不绝,她完成了赴美的又一心愿。

李丽华,大陆旧时红得发紫的大影星,是芷苓干姐妹。她原籍上海,出身正宗梨园家庭,十六岁踏上影圈后凤仪一方,虽年过半百,依然面容姣好,身材匀称,体态轻盈,让人很难辨其真实年龄。两棵艺术常青树在纽约会面引起人们广泛兴趣,她为"小妹"的光彩照人感到高兴,也为自己台上台下的年龄落差广受此间人士惊羡感到欣慰。

童芷苓成了纽约市的大忙人,某日在一次纽约华人聚会上,认识了一位黄埔军校出身的京剧名票寒山楼主邹苇澄先生,他是诗、画、戏三擅的才子。邹文画并茂的戏评更是一绝,曾著有一书点评梨园历代名家,并附以戏曲画描其神貌,堪称精品。邹先生点评文字以人设置条目,如万春、少春合一段,盛章、盛兰也合一段,后起坤伶唯芷苓一人上书,且单列一段,当他提及此书立意,芷苓当面道谢。邹与童相见恨晚,因芷苓返程在即,故邹是夜滔滔不绝,急于想把胸中所见一倾而尽,芷苓感其盛意,也一再把话匣子打开,更引起了"寒山楼主"对京剧改革的联篇宏论,使芷苓大得启发。两位谈兴正浓,竟不知来宾们早已纷纷"起驾",待至夜间11点,芷苓起身找同行者,这才发现人全走了。

访问圆满结束,大使馆人员,东道主少麟、英华伉俪以及许多中外朋友都来机场送行。芷苓走上舷梯,回身挥手致意,她看着远处的少麟,心中默默自语:"来日方长,后会有期,我难忘天涯知己。"

二、誉满香江 (I)

50年代,香港有一位当红女星葛兰,现虽退出歌台舞榭多年,然而对艺术的关注则不遗余力。她会同一批志同道合的闺中友好,组织了"东方艺术学会"并自任董事,专邀京剧、芭蕾、大乐队来港演出,居中穿针引线,乐此不疲。同她一起"发烧"的富家太太也真不少,会长岑德美、郑杰西、江泓均此道中人。学会旨在弘扬京剧,推广高雅艺术,她们出钱出力,全然不计经济得失,殊极难能可贵。

近年大陆京剧渐渐活跃于香港,杨秋玲等的《杨门女将》,胡之风《李慧娘》疯了港、九。"东方"心有所动,岑德美年前京沪之行亲睹童芷苓和梅葆玖的舞台风采,欲解港人望梅、望荀之渴,非童、梅两位不可。岑会长开始了南北两路的斡旋努力,北边葆玖在册的北京京剧院一切进展顺利,南边上海京剧院一头全得由芷苓张罗,举步维艰,出于某些说不清楚的原因,总是处处卡壳。大概是好事多磨吧,也不知费了多少口舌,顶过多少次牛,在香港方面坚请之下,似乎慢慢松动了。两大京剧院联团一事直通到文化部,方大功告成。

梅葆玖、梅葆玥姐弟1982年1月底提前抵沪,每天日夜三班赶排。见北京人马已动,芷苓心里发急,等到上海方面演员阵容大致就绪,时间也仅剩二十多天了,仓促间投入抢排,每出戏也只能匆匆过上一遍而已。她气累交加,折腾得挂不上嗓,还自己出钱赶制行头,不过从大处去想,毕竟又一次取得了突破。此等事,唯心中有数渐渐化开可也,不足为外人道,这个道理,她心知肚明。

北路以梅派为主,葆玖担纲,剧目表上列有梅戏八出,全是葆玖近年来的擅长剧目;南路以荀派和童氏风格戏为主,童芷苓领衔,备有她的名戏七出。联合团兵强马壮,上海方面加盟的有詹萍萍、张南云、汪正华、孙正阳、黄正勤,还有一位童祥苓。乐队名手云集,有梅先生班中的裴世长、姜凤山和虞化龙,有"上京"的张轰海、高明亮和查长生。

赴港剧目预演在上海人民大舞台响锣,15场戏戏票果然抢手,每次预售前夜,必有大批观众在戏院门口排上长龙挑灯夜战。一人限购四张,大批向隅者吵吵闹闹不肯散去。等候退票的人群从九江路延伸到了西藏路南京路和汉口路,人流摩肩接踵,黄牛猖獗不堪,票价跟斗一翻再翻,一直翻到十倍之多。

童梅联袂重掀沪上京剧热,每晚谢幕至少五六次。最后一场大轴是芷苓的代战公主和葆玖的王宝钏同台《大登殿》,在最高潮中结束了为期半个月的赴港预演。童、梅在经久不息的掌声彩声的和鸣中谢幕多达11次,简直欲罢不能。市府领导当天光临剧场,第二天上海报纸又大加宣扬,人逢喜事精神爽,她一下年轻了二十岁。

白天赶排,晚上登台,记者访问难。采访中首先谈到的是创派话题,问她是否在闯一条自己的路,她谦逊地说自己的表演还谈不上一派,仅是一种风格而

童芷苓与黄正勤合演《铁弓缘》，童芷苓饰陈秀英，黄正勤饰匡忠

童芷苓与孙正阳合演《铁弓缘》，童芷苓饰陈秀英，孙正阳饰陈母

1981年童芷苓和梅葆玖合演《大登殿》，童芷苓饰代战公主，梅葆玖饰王宝钏

已，记者先生又问："博采众长勇闯新路，岂不将要闯出一个童派来吗？"童芷苓听罢笑了起来，显得谦逊而又有信心。

有人提醒，"香港票友多，有些老戏和你师父的戏还是不要改动为好"。芷苓道谢，却初衷不改，她把香港之行看成是创新实践的千载难逢的良机，有意经受一下港粤观众的考验，去年纽约公演的轰动无疑是对她创新努力的认可，她相信这次赴港献"新"绝不会"栽"。

关于香港15场戏码的排定，可非易事。芷苓身为师姐，但愿"小玖"香江扬威，犹同告慰梅师。于是，她让出首场打炮的大轴，以《铁弓缘》唱在压轴（倒第二）；又让出最后一天的王宝钏一角，在《大登殿》里以扮代战公主辅佐小师弟。香港海报广告上大书"童芷苓、梅葆玖领衔公演"，人皆以为芷苓必以头牌身份于戏码占优，及至戏目公布，见葆玖稍居上风，莫不赞芷苓戏德过人。以圈内人士度之，论资历、名望、技艺，戏码由童领先二八开已属情商，何况五五开中再有谦让。

3月17日中午，联合演出团一行64人浩浩荡荡地从广州出发，下午二时整列车进入香港车站，一眼望去，欢迎人群少说也有三四百人。岑、郑、江三位会长与葛兰迎上前去纷纷拥抱握手，童与梅又是旧地重游，老朋友、老戏迷乍相见分外亲切，全是欢言笑语。"相逢何必曾相识"，宾主三五成群的交谈,在车站足足停留了半个多钟头。

　　全体成员稍事休息,即出席当日下午香港联艺公司和东方艺术学会联合举行的记者招待会。芷苓虽然车马劳顿,依然精神饱满,她驻颜有术,秘诀何在?弟妇张南云一语道破其中奥秘:"姐姐至今坚持练功。"从车站到敦煌楼,她连起码的粉纸也没用过,完全是清水脸的本色,像往常一样戴了一副浅蓝色太阳镜。早年童府上宾程靖宇先生知四妹驾临香港,赶个大早迎于敦煌楼。蓦地一见,芷苓一阵惊喜,大叫一声:"哎呀,你在这儿!""芷苓呀,你你……你不老,还是那样儿!"两人匆匆作了亲切的握手礼,程先生这份欣喜非同小可,回想当年京津捧小四,"没一个日头儿心放闲,没有一个时辰儿不挂念,没一个夜儿不梦见"。俱往矣,今番故人相见恍同隔世,一时间反找不到一个合适的话题……

　　"联艺"负责人谢益之先生和联合团团长言行女士致完词,接着童芷苓被邀即席发言,她说到经过两年的筹备,今天总算"如愿以偿"了。梅葆玖也表达了相同的心声"达成了愿望",对戏迷而言,自然也是"如愿以偿达成愿望"。

　　3月18日,抵港第二天的下午,联合团为香港各界演出招待场,童、梅在香港舞台现身露面这是第一回。招待场以《白水滩》开戏,《霸王别姬》压轴,童芷苓《红娘》位列大轴。当天新光大戏院门口车水马龙犹如过节,香港各界人士出席者逾千人,演艺圈中著名人士罗文、汪明荃、米雪、任剑辉、白雪仙、罗品超、林宗声、郑少秋、沈殿霞等皆躬逢其盛,霍英东先生也兴致勃勃到场助兴。

　　梅葆玖的碰头彩提前响起,及至戎装束甲的虞姬登场,台下一片活跃,好庄重大方的梅家风范。《别姬》,人们并不陌生,一看小梅,便知小梅戏路乃是"全梅",穿的是梅家服,舞的是梅家剑,琴鼓声起全是梅公当年音乐氛围,小梅的"场面"主力是清一色的梅公班子,一切都是一个"梅"字。葆玖徐徐演来,温婉而典雅,极具身份感。[二六]板起,虞姬起舞,剑走太极,足踩梅花,舞来利落、挥洒而凄怆。闭目细听,全然是杨小楼和梅兰芳当年唱片中的遗韵,梅先生的圆润脆亮、镂月云开,不意出现于今日香港北角舞台。今天小梅之所以撩得一群老先生和太太们心醉,争相扑飞,无非是因小梅眉目、神态、音韵、做派几乎是多年来活在神话中的老梅先生的翻版。

　　童芷苓的红娘快步出台,全场彩声冒烟。她莺声啼转,老观众觉其嗓音不亚30年前,有人赞之为"媚圆有如水晶球"。座客兴趣所在,是看六旬高龄的童芷苓如何演那俏皮、慧黠、冰雪聪明、动如脱兔的小红娘。她咬字清楚、爽脆挂味加上唱腔的优美和动人的做派，由始至终控制全场，几乎一句一采，无疑时光倒流30年。香港报纸褒词连篇，《红娘芳龄刚十六》一文说起"童芷苓的柳腰比过去更柳多了"，又说"童芷苓是一个台上方十六，台下望之三十六，而八字庚贴上写着六十一的小红娘"。

招待会当晚，应邀出席"东方"假座美心皇宫酒楼的宴会。全团六十余人盛装出席，女团员略施粉黛，穿上大陆绝响多年的旗袍，在频繁来港的内地演出团体中，服装以这次最为靓丽、最为典雅。宴会上名流荟萃，与会者足有三百多人。岑会长致词中向全体来宾介绍了现已呈现的热况，不仅历来与京剧少有瓜葛的广东老乡蜂拥而来，还把不少英、美、日、德、加拿大、菲律宾、巴西、台北的朋友远涉重洋吸引来港。宴会上场面热烈，童芷苓身陷闪光灯重重包围，根本数不清自己被摄入镜头有多少次，她几乎醉了。

在一批戏迷行家心目中，童芷苓温厚中有精灵，潇洒中有严谨，在淡淡的化妆下，肤色和身段都可看出以往的风华，但神情和语言不免有少许沧桑痕迹。她对好友们娓娓说往事，说她平生的得意、失意和遗憾，说她的理想、希望和寄托，平淡自然中不时见真情。谈起"文革"她不胜感慨，这场大浩劫构成了她有生以来最黯淡的岁月。她不显悲绪，潇洒谈"文革"，举座生敬。对方唯恐触及她的"文革"伤痕，忙转话题，大加赞扬日间满台生辉的"小红娘"。她清朗的眼神掠过一丝欣慰，"老啰，虽然有些老朋友说比过去好，但体力总觉不如从前了。现在我只能在感情和韵味这方面取胜，嗓子当然不如年轻时啦！"她不自美，也不自贬，老朋友们听其言观其人，童芷苓性格一点也没变。

三、誉满香江（Ⅱ）

3月19日，新光大戏院童、梅头天打炮，最高票价原为80元港币，黑方竟抄到上千。戏院在一幢18层高楼的底层，巨型海报广告牌悬挂大楼前，高达六层楼，醒目无比。戏院门口挂着大红灯，上有四个绒绣大字："全场爆满"。场内大厅里花篮无数，邻近几条大街车辆密集，更别提大门口车马簇拥之状了。大建筑师贝聿铭、诺贝尔奖获得者杨振宁、美国卢燕女士（梅兰芳义女）同她的太夫人李桂芬（葆玥蒙师）特地由美飞港，台北的委员、教授、会长也银燕穿梭躬逢其盛，不惜租用320元一夜的住房，就为了一睹童芷苓的风采……大有"戏不迷人人自迷"的疯劲。

打炮剧目是童的《铁弓缘》、梅的《玉堂春》。童芷苓的春秋年华成了当地不少观众急于解开的谜，《铁弓缘》里陈秀英这个开茶馆的小姐儿，再次引发台下一片议论，"童芷苓到底几岁？"童之宗荀形神兼备，魅力四射，间有小动作、小扭腰、小撇嘴、小碎步都憨态可掬酷似乃师，观众席上不时发出会意的笑声。她扮怀春少女陈秀英，野气、江湖气、闺门气全有，至于少女的娇憨则到了淋漓尽致的地步。"娇憨"本是荀派一大特色，天真烂漫，外带一点儿傻乎乎的率直。母女斗嘴，独自嘀咕，边指手顿足边自言自语，又活画出这位少女的任性和刁蛮，而她那表现害羞、腼腆的捻衣襟的细节做派尤其传神。著名净票李和声先生说："看来半点不肉麻，这真是精湛的艺术。"

首场演毕，港地加大宣传力度，《阵容鼎盛》、《戏目精彩》、《童芷苓身兼四派之长》、《童氏一门五杰》等文章联翩出现，一个劲儿地在升温，面临这种态势，童芷苓喜不自胜，童家班也扬眉吐气。

童芷苓红楼戏出台了，王熙凤是曹雪芹笔下最为栩栩如生的人物，性格极有特点，也极其复杂，但人们却不知有此一出以凤姐为主的戏。因此，《王熙凤大闹宁国府》一贴票即告罄。

《王》剧在上海预演时重又改排，观众出奇的欢迎。这出戏有很好的群体效应，祥苓、南云、多芬、詹萍萍、孙正阳等红花绿叶正相宜，是一本有声有色的群戏，一唱成功，自然不在话下。香港有人不爱看新戏，陆天台先生及时在报上作了"亡羊宜将补牢"的呼吁，指《王》剧加演一场机不可失。好心的陆先生不免杞忧，童芷苓在新光既以《王》剧试新，就有胆量有把握翻头再演。她深信此戏的生命力，即使有人裹足不前，也自会另有击节叫好者，何况首场《王熙凤大闹宁国府》座间老人比比皆是。

久违了，尤三姐。"文革"前《尤三姐》已然蜚声全国，当时演出本是为后续的电影本开道的，为电影《尤三姐》造足了势。"文革"风起，影片未及放映就被撤下，仅供内部批判之用。"文革"结束，《尤三姐》重见天日，包括港、台在内的全国观众如久旱逢甘露，《尤》剧一下红遍中华大地。电影一经上映，港、澳、台一片红火,人人学唱,票房琴师无人不拉《尤三姐》,如若不会,肯定就没人邀请。此时不过70年代末80年代初,港、台和东南亚一带因《尤三姐》旋风所及,响起一片"童派"声。

经陈西汀先生再度加工,1982年初的《尤三姐》光彩明显胜过大受追捧的电影《尤三姐》。现今尤三姐整整老了二十春,由童芷苓演来,却是益发朝气蓬勃了。人们大惑不解,童芷苓在变什么戏法?怎么短短一两年间《尤三姐》又上了一个层次?此番亲睹其人其戏,更有"此戏只应天上有"的感慨。不妨摘引《香港特稿报导》——"童芷苓唱活尤三姐"的一段文字:"《夜饮》一场芷苓的尤三姐凛然不惧,嬉笑怒骂,忽愤而放浪形骸,脱去外衣,露出一身红色短装,跃身上桌,戟指怒骂,淋漓酣畅,使贾氏兄弟狼狈而'遁'。但在与老母、二姐述说内心委屈时哀声泣唱,令人心酸。念及情郎柳湘莲,唱[西皮摇板]与[西皮流水],却又是情有独钟,面带娇羞,柔情似水……"

另有一文写道:"童芷苓是当代忘年表演艺术家之一,她掌握角色能收能放,细腻处如工笔细描,强烈时像泼墨劈柴,二者浑然一体,化作人物性格和形象之美。"

3月20日起,童、梅两头牌轮流登台,接连推出拿手戏。她推出两年前赖以重整山河的撒手锏《金玉奴》,只是莫稽和金松难求,《金玉奴》已无复三星荟萃的光华。话虽如此,有北京院姚玉成和李庆春为配的三驾马车,还是给港粤观众带来了很大的满足。

童芷苓有三出极受欢迎的"一赶二"的好戏,一是《红楼二尤》,现已改演《尤三姐》;一是《双姣奇缘》,现只演孙玉姣一角;另一出就是此番带来香港的前演俞素秋后演韩玉姐的《勘玉钏》,同属一戏中青衣和花旦两行兼演。俞素秋是大家闺秀,[四平调]极尽抒情之能事,自刃前唱大段[反二黄]凄惶悲凉。韩玉姐是小家碧玉,是个性格爽朗、不知世故的姑娘,活泼真实惹人喜爱,公堂上满不在乎,随便答话,走东走西,几把公堂当茶馆,错把御史比街坊,而且一根肠子通到底,口无遮拦,快人快语,竟成"妹证兄奸"的旁证,终使一桩冤案无意中水落石出。后御史主婚,张少莲先是不允,玉姐失望而去,少莲乃回心转意,追上前去跪地赔礼,此时童芷苓突然间施一大手笔,猛地跪下,与张少莲激情相拥,把台下吓一大跳。热情大胆、胸无点尘的玉姐这一喜一跪一抱不但顺乎其理,人物性格形象也立时活了。她即兴创造"胆大妄为",却不离人物半分,人们戏称这一招是当天大轴中的大轴。

唱罢《王熙凤》,又上《武则天》。有文称芷苓"非但是中国顶尖的表演艺术家,简直是戏剧艺术的瑰宝"。观赏她的戏,明快而深沉,浓妆淡抹总相宜。她把王熙凤、武则天两个厉害角色演得截然不同。武则天雍容凝重的王者气派、指挥若定的政治家魄力气度,梅、程、荀、尚哪一派也不是。武则天听上官读《讨武曌檄》时解说一段感叹一段,以及末场金殿上对群臣挥挥洒洒的那段道白,都非有千锤百炼的大功力不可。《武》剧风格上的京、话合一在港地引起争议,持异议者说是话剧化、电影化过了头,京剧味淡了;但不少人则赞同这一大胆尝试,认为看新戏尤其是童芷苓的新戏,有探险寻胜之乐,一口咬定新不如旧似无必要。

葆玖以"梅"字打天下,威风八面。《凤还巢》、《生死恨》之唱,观者众口一词,均认梅派原汁原味非他莫属。港人慕梅,每每在小梅身上寻觅梅风、梅骨、梅音、梅韵。葆玖身处新老梅迷的目光焦点,台上小心翼翼不敢越轨半分。由思梅之心而生全梅之求虽不难理解,但对葆玖有失公允,葆玖也曾把话说得明白:"我和父亲不能比。"他已有今日水准,崇梅者不心满亦当意足矣。

褒评如潮,令人目不暇接,童芷苓抽不出功夫一一细读,便嘱咐来港参与盛会的女儿小苓(陈工)悉数收藏,装订成册。稿评不惜文墨,对她所有赴港剧目的角色形象全有点评:睿智英明的武则天,口蜜腹剑的王熙凤,敢爱敢恨的金玉奴,刚烈执著的尤三姐,活泼洒脱的陈秀英,温存含蓄的俞素秋,憨直爽朗的韩玉姐,聪明热情的小红娘。最有说服力的是香港《文汇报》3月25日登载的题为《童芷苓京剧艺术造诣》的醒目文章,之所以具有权威性,缘因京昆大师俞振飞亲笔。其上篇为"兼收并蓄、光彩照人",下篇为"从心所欲不逾矩",字里行间,已透出童派雏形的论点。

童、梅13天中轮番领衔,及至4月1日告别演出,推出合作戏《大登殿》。童的代战公主最后登场,一身旗装,款款而出,艳光照人。芷苓久违代战,今日唱来依然美感十足,细节中处处见俏头。童、梅双双上金殿,一个旗头旗蟒,一个凤冠女蟒,册封之时相映生辉,场面之热闹,为此行演出之仅见。童芷苓《大登殿》佳构连连,处处皆入戏,处处可入画。她的代战荀派气息浓烈,一段"他国穿的绫罗缎,我国穿的羊毛毡……"宛如行云流水,唱出番邦公主初进中原一切都觉好奇的心理。她与马达、江海金殿对话念得清脆明快,真是好一口荀师留传的巧夺天工的京白,音乐感、节奏感极其鲜明、极其浓烈,听来有珠走玉盘之妙。申江盛况易地香江重现,有过之而无不及,谢幕时观众齐拥台口,梅葆玖心感童大姐让戏之德,也随观众一起,谦逊地向芷苓鼓掌致意。是夜谢幕八次,与上海不相上下。

京沪联合演出团是内地历年来港文艺团体中最为轰动的一次,两周时间毕竟太短了,经一再挽留,演出团答应加演三天以表答谢。在港历时前后不过三周,评论文章却多达四百余篇,令人咋舌。她踌躇满志,来港志在必得的心理百分之百地得到满足。她此行初衷不外乎出演香港填补空白,广结知己以艺会友,重振声威回归自我,革新创造冀盼认可,如今她一项不漏门门有彩,大可高奏凯歌还了。

"四人帮"倒台五年半,风风雨雨中,童芷苓心情总是阴雨参半,唯有誉满香江一行,方是她多云转晴的日子。

第十一章　艺高人胆大

一、独家《王熙凤》

童芷苓打从"文革"复出，以人意想不到的速度很快进入状态，登台伊始，状态扶摇直上，抢尽风头。此所谓人勤春来早，绝非偶然。

自1979年《金玉奴》、《樊江关》在北京打响，不久再以新本重排尤三姐，继又精心整理一批传统戏和流派戏，不仅奏响上海、蜚声美国，而且誉满香港，短短两三年硕果累累，其中就包括新排《王熙凤》这一出童芷苓代表作。

在此期间，上海剧协主席何慢和几位剧协高人吕君樵、郑拾风、陈西汀、许思言都看好浴火重生、志存高远且状态奇佳的童芷苓，他们以童为中心形成了一个无名有实的创作团队，不但向她提供了使她大有用武之地的好剧本，如陈西汀的《尤三姐》和《王熙凤大闹宁国府》，还为她群策群力、集思广益、献计献策，当时编导队伍中朱楚善等少壮派也厥功至伟。至于演出团队的实力则极其可观，不仅有童祥苓、张南云夫妇和李多芬等童家成员，更有黄正勤、孙正阳、艾世菊、王梦云、詹萍萍、吕爱莲等人的陆续加盟，昔日老搭档高明亮、查长生、马锦良等著名乐师又为她撑起了一个几近豪华的场面班子，创作团队的形成正是她艺术魅力和人格魅力所致，也是童芷苓"文革"后得以腾飞升华的关键因素之一。

《王熙凤》疯魔香江，童芷苓的活凤姐誉誉人口，在其背后，有着鲜为人知的一段艰辛的创作过程，说《王》剧是童芷苓呕心沥血之作，毫不为过。

"文革"前一次偶然机会，她在陈西汀处见到《王熙凤》新本，喜出望外。她深信与自己戏路吻合，成功可期，故与陈西汀一拍即合。

60年代现代戏骤然升温，她当时提出排演《王熙凤大闹宁国府》显得不合时宜，因此一搁十五年。直到1980年，始终未能忘情于王熙凤的童芷苓这才重把排练提上日程。有好心人劝她何苦费力去扮反面人物，不如多演些驾轻就熟的戏为好。童老师一心想尝新，至于周围微词，她不会往心里去。

上海儿艺导演姜自强，受芷苓之请出任义务导演，自姜开始，一批支持芷苓的同行逐渐组成了一支"志愿军"。名丑艾世菊扮来旺，盛燮昌扮贾琏，大弟子詹萍萍演秋桐。这戏的排练偏安于条件简陋的"二团"处，又因占地时间有限制,故排练一味求快,短短几天,就仓促上阵了。

《王》剧没有注目的海派广告,只是在人民大舞台门口竖一块牌子,碰巧路过的观众索购戏票,售票处则铁门紧闭,观众不禁恼怒起来,却不见有人答理,观众怎知票早被内部一抢而空,哪来"堂票"?

此戏连演三场,何慢等剧协人士无不大声叫好,名导演吕君樵赞扬《王》剧说"人家看了反映都很好,说王熙凤头上脚下全是戏"。芷苓一直心头不快,当时行头全是临时凑合,尽拿老戏行头垫用;舞台布景还要自己花钱张罗,演戏这样难,她能痛快吗?观众向隅者众,要求续演,众人也不住劝"驾",可她说什么也不唱了,"角儿"脾气一冒,没法再商量。直到事后听说三场《王》剧影响很大,才不由后悔起来。

《王熙凤》突击上台,失之粗糙。女儿小苓平时最爱看母亲的戏,敬母亲为舞台天人,这次连二十多岁的女儿都批评起妈妈来了:"妈妈,你老声老气了。"一句普通的话给了她重重一击,她心里突地一沉:自己唱戏几十年,竟然也会有如此大闪失。不错,手段阴毒之人不见得一定是上了年岁的,王熙凤不就是一个二十不到的妙龄丽人吗?她重又看了好几遍演出录像,有些地方确也太嫌过火了。原以为演"凤辣子",大胆放开,即使过点火也无伤大局,谁知结果演成地道的泼辣旦而不成为王熙凤了。王熙凤毕竟大家闺秀,有着豪门贵族的教养,绝非一般的"泼"与"辣"。童芷苓渐渐找到人物感觉了,王熙凤是在谈笑风生中露杀机,属于"无毒不丈夫"一类。对于这一特殊角色,不能只重毒辣凶狠的一面,更需在她"粉面含春威不露,丹唇未启笑先闻"的形象方面下工夫。

剧本给了大天地,二度创作靠自己。她把《红楼梦》一书翻到64至69章精心研读一遍又一遍,渐而渐之,她拿准了人物的年岁、身份和性格,于是去研思、去开掘、去解读人物的内心密码,从而确定了人物塑造的基本原则:明是一把火,暗是一把刀;嘴甜心苦,唯利是图;上面奉承,下面欺人;绝顶聪明,八面玲珑;蛇蝎其心,明丽可人。

《诳尤》一折,童芷苓表演有如一幅凤姐形象的工笔画,写尽了她性格的伪善多变。这里有对尤二姐的奉承,有苦衷的倾诉,有乞求谅解的恳词,有消除疑虑的解释,有澄清流言的剖白,有埋怨自己的检讨,有晓之以理动之以情的劝说,有不分尊卑的许诺,还有甘愿侍候的谦恭……一切说的比唱的还好听,明明是彻头彻尾的伪善，然而又显得那么合情合理。演至此处，足以使人深信台上的童芷苓就是《红楼梦》书中的王熙凤。

王熙凤有其内心痛苦的一面，她也是女人，岂容她人夺走丈夫，她有好几处刻画内心痛苦的细节表演，她的杀心是一步步萌生的：一是得知丈夫与二姐已暗中定亲，且二姐已珠胎暗结，顿时由惊而痛，一旦生子，母以子贵，意味着大势去也，她精心钻营的权倾宁、荣二府的"基业"必将毁于一旦，内心之苦，不由戚然于面庞之上。二是煞费心机好不易打下二姐腹中胎儿，去了心患，忽又听说老爷赏给丈夫一个俏丫头，她只能眼角含泪，默默咬牙。三是贾琏回家得知二姐堕胎，一把推开凤姐，抢步奔向二姐房中，她骤觉一阵心冷，孤独和被弃的痛苦一起袭来，因此由痛生恨，由妒而恨，由恨而生杀意。童芷苓把又悲又酸又妒又恨的层次交待得极度分明，只见她两眼发直下唇紧咬，立时"怒从心头起，恶向胆边生"，一副杀气跃然眼前。

《王》剧中，童芷苓充分运用眼神描出王熙凤的复杂心态。一上场她带三分怒气、狠狠地瞪了来旺一眼，见奴才不肯坦白实情，她就用眼神瞟着他轻吐一句，"你给我走近来说话"。来旺知主人要发作，发抖不止，凤姐又讥又损地说："怎么你两条腿有点不大方便吧！"来旺不知所措，凤姐怒目圆睁："还不给我跪下！"两道寒光直透脊背。接又审问兴儿，凤姐拍案大骂，逼兴儿道出了秘密，凤姐顿时两眼发愣，陷入愁思。当知晓贾珍夫妇做的媒，目光渐从兴儿身上移开，慢慢抬头斜视宁国府方向，心想：好啊，原来是你们同我作对。贾氏兄弟已把生米做成熟饭，她觉事态严重，贾母一旦知道二姐怀有身孕也会承认这个二房，她心里翻江倒海，这段极为复杂的心理活动，全在童芷苓眼神变化中得到诠释：

凤姐独自呆坐，她真的束手无策了。她先是两眼发呆恨意十分，不行，得找他们算账去！继一想，切莫因小失大……焦虑之中芷苓眉紧锁，目紧闭，显极其痛苦状。无意中被杯中茶烫了手，一怒之下把杯打翻在地，此时她"呀"的一声似有所悟，如果是自家东西不就可以任意处置了吗？与其把二姐挡在家门外，不如迎进贾府来，也好慢慢"凌迟"她。心里有了底，顿时目中射出两道自信得意又使人不寒而栗的光，眼神固然明亮，却是冰凉的。她吩咐完平儿收拾屋子，眼神又由笑转怒，喃喃自语："好一个新二奶奶！"接着唱了一大段，有嫉妒，有冷笑，更有痛恨，大有等着瞧，让你尝尝我厉害的味道。

尤二姐被诬入贾府，王熙凤设下喜宴，她唱到"不杀死你这小贱人，我算什么王熙凤"时，忽听身后二姐叫了声姐姐，她立即收起圆睁的怒目，在搂着二姐下场时，见来旺拿着状纸上前请示，她又背过脸来换了一副眼神，暗示来旺快去府衙递状，这瞬间多变的面孔和眼神，活现了王熙凤的真面目。

当贾琏不由凤姐诉说，一手把她推倒在椅子上，径自直奔堕了胎的二姐房中，此时此刻童芷苓运用一对发愣的大眼，使之由大慢慢缩小，用牙紧咬下唇，微微地吸着气，带着满腔妒恨唱出了"二爷待我冰雪样，哭贱人好似丧了亲娘……斩草除根定主张"。王熙凤这时下定了最后的决心。

一出《王熙凤大闹宁国府》，堪称雅俗共赏。港报有载，说《王》剧把小本戏演成群戏理当称道。过去四大名旦私房小本戏，十九作一柱擎天状，其他配角为大小不等的龙套，尤以荀、程局限更大。现《王》剧虽突出主角，但群星灿烂花团锦簇，"在编剧意念上是一种进步，可说是对传统的一种回归"。有的行家称道童芷苓依靠深厚的京剧表演功底，兼运电影、话剧强调生活化和情感化的精粹，凤辣子的心谱随意而出，堪称神品。香港《大成》杂志上，一位署名"好好先生"的作者写她"不同的面孔妙到毫巅"。更有人评说她："表演层次分明，让观众洞悉她内心的活动而共同去进行谋杀一样，这就是喜欢她戏剧的人，像吃吗啡上瘾一样的有一种痛快感。"

《王》剧唱工甚多，新腔比比皆是；做派大开大合，收放自如；眉如青山黛，眼似"秋波横"，眼神的活用几臻极致；戏中多念白，话白底色念出京白韵味，此人所不能，乃童个人独有。此戏视觉、听觉皆美，令人过目不忘、入耳铭心。

20世纪80年代演出根据《红楼梦》改编的《王熙凤大闹宁国府》，童芷苓饰王熙凤，童祥苓饰贾琏，张南云饰尤二姐

童芷苓的《王熙凤》，能惹得观众个个癫狂不已，场内时而寂无声息，人人屏息凝神；时而撼天裂地，全场犹如一口沸腾的大锅，她就有这种"造魔"的本事。

持异议者也不在个别，皆道《王》剧话剧味略重，前几场若非童芷苓的"人保戏"，必定让人瘟得坐不住。服装与头饰瑕疵也多，内地、香港均有此议，京剧行头向以顾绣为主，尤显矜贵美雅，另具大家气派，但不知人物造型何人设计，不是用上硬质衣料就给披上了满是亮珠的披肩，还有一种外罩的纱衣似有不伦不类之嫌。贴片子也有必要商榷，童芷苓左面鬓边插上一排长长的绒花，不仅有碍美观，还添几分俗气，配色也有杂乱感，这或许与大陆封闭多年的眼光品位有关。

《王熙凤》瑕不掩瑜，港报曾对童芷苓赴港剧目作一"金像奖"的假设性提名，《王》剧名列前茅。即使在她本人所有创新的剧目中作评估，《王》剧同样占有突出位置，因为《王熙凤大闹宁国府》是她艺术创作才华集中体现的名篇，何况又是海内独家《王熙凤》。

二、单 刀 赴 会

香港载誉归来，一份邀请到手，中国剧协请她只身赴京献艺，而且是内部观摩，面子委实不小。

她打点行装，心里却琢磨开了：自己尽在老戏新演上做文章，不守"规矩"处太多，这等"示"能有几人认作"范"？管它呢！眼下正扯顺风帆，备不住这次又是好兆头，于是她鞍马劳顿甲未卸，风尘仆仆上京师。

中国剧协盛情相邀的"童芷苓艺术交流演出"由北京《戏剧报》报社及中国戏校联合主办，两天剧目定为《坐宫》、《樊江关》与《杀惜》、《宇宙锋》。此回单邀童芷苓一人，配角鼓师琴师全由东道主派定，私房绿叶一个不带。家人们深以为忧，她虽口说不妨，实也外宽内紧。那一年自己在首都东山再起，仗着阔别十五载的新鲜和望六之年返老还童的奇迹，掀起了"文革"后当时罕见的轰动。如今这两大出奇制胜的法宝已失去了新奇感，况且内行观摩，全是摸底细的同行。剧协点的又是传统骨子戏，最能展示自己风格、风采的新戏人家偏又不点，点的就是不重场面情节、台上就这么两三个人的折子戏，掂的就是自己的斤两。临行前陈力说得好:"这次单刀赴会,千万不要心存侥幸,该怎么演就怎么演,以我为主。"她自己心里也有过一番掂量:打从复出以来,无论剧目、状态还是创新,昔日旦行名家已难望其项背,这大大长了自己底气。她从不怯场,这次当然也没有任何"怯"的理由,她有的是一股舍我其谁的气势。

第一天,童芷苓《坐宫》、《樊江关》双出,前青衣后刀马花衫。《四郎探母》曾是她叫座戏,复出后曾与张文涓演过,今以《坐宫》与北京同行相见,若念不得真经,她怎敢来闯"佛门"。童旗装戏是有名的,她娉娉婷婷、袅袅娜娜地走出台来,台风已然先声夺人。如今童芷苓唱戏,与众不同的是她内在张力尤为充足,让人感到她刚一亮相气势已高昂入云,立时就把台上台下的神全"领"住了,她在台上展现出来的"高调"是很少见的。童芷苓一口京韵白极尽轻重疾徐、抑扬顿挫的变幻之妙。她猜驸马心事并不一味傻唱,一对十五载恩爱夫妻猜疑解难怎可脸上无动于衷,要知公主当时心情极好,童抓的正是公主心态的自然表露,借助眉宇传情和情感交流把戏一步步演绎开去,这种细腻做派不时引起台下同行会意的认可。

舞台上的襁褓婴儿,京班称"喜神",虽是木刻,台上可得当真孩子。芷苓居然在道具上也出戏,最妙的一手是公主惊闻丈夫埋名隐姓了一十五载,又气恼又怨恨,只能耐心地听丈夫细说原委,一时发作不出,便在喜神(戏中儿子阿哥)腿上一拧,孩子哭了,她又使性子打了孩子几下屁股,这一打是她的专利,打出了公主心里的戏,太妙了。王金璐先生观后直竖大拇指夸个不止:"这个时候,没有比这一打更合适的了,这一打,怎么琢磨怎么有戏。"

《樊江关》姑嫂比剑比出了人物性格,再次在北京舞台成为热点。《比剑》一折,经芷苓一改面目一新:姑嫂争持不下,对拳小打过后,原本樊梨花和薛金莲两人同时下场,现改为双掏翎子亮相。樊逐渐冷静下来不愿再打,故看了金莲一眼扭头便走。金莲气盛,高叫一声"往哪里走?"急追下场,两人一走一追,显现了姑嫂性格形象之大不同。再次出场,樊被迫回身再战,一番较量后,过去套路是两人打背躬,同翘大拇指互夸对方武艺了得,现改为:薛向台下示意樊武艺高强,我得留点神;樊却向观众示意薛武艺还不到火候。薛明打不过改以暗袭取胜,乘樊不备偷袭一剑,被樊用剑挡开,然后用手指薛,讥她没出息。当薛向樊头盔刺来时,樊迅即一挡,才知这位任性小姑动了真格,直等金莲连刺三剑，樊终于要给小姑来点教训了。她把金莲打翻在地，用剑指着要害以示警告，谁知薛恼羞成怒，刁蛮骄横越发不可理喻，她再次持剑逞强，右手剑力压嫂子手中剑，用了一个"探海"动作，左手掴翎洋洋得意。樊猛一抽剑，薛踉跄倒地，樊怕太难堪小姑了，上前用手搀扶，哪知薛这下激怒到了极点，猛地甩开樊的手，拔剑就刺，被樊一把抓住，用剑架在薛的颈脖子上，薛点头称服，樊这才收剑。不料薛还不甘心，一跺脚一拔剑，要作最后一拼，被樊使上几招后，薛只觉剑光寒风直逼脑门，这下真的吓坏了，右手拿剑、左手抱头逃至下场门亮相后，对嫂子直嚷："好，你真杀呀！"姑嫂比剑具备了语言和性格内涵，《樊江关》自然大增光华。

首场演罢，赞扬声接踵而来，童芷苓十分清醒，因为第二天的戏才是关键。《杀惜》在美国演过十几场，心里有底，至于《宇宙锋》情况大不同。这戏的创新只有为北京行内接受，方能立于不败之地，为慎重起见，她将戏中变通改革之处又默练了几遍，1962年的事故再不能重现了。

《杀惜》中童芷苓出台，大步流星，纯是荀慧生那脍炙人口的快步，在轰然一声碰头好后，她渐渐用荀派手法剥茧抽丝似地把阎惜姣内心世界展现于台下同行的睽睽众目之前。台下一名老者发出一句由衷的赞叹："荀门坤伶知多少，一支独优数芷苓。"是夜在座旦角甚众，他们发现阎氏形象被大大修整了，泼辣、刁蛮、狠毒，却又天真、单纯、直露，有害人的强烈动机，又有对幸福的执着追求，整出戏中不时有张文远那潜在的影子，这正是童芷苓的成功之处。全戏健康清新，脉络畅通。

《宇宙锋》开场了，同行们怀着浓厚兴趣注视着她对梅派经典如何发挥其革新才能。帷幕开处，台下议论纷纷，一桌两椅由台中央移到下场门，摆成斜场椅，是不是为了腾出舞台空间便于歌舞？小锣声起，童芷苓扮的赵艳蓉款步登场，令人诧异不止的是，梅派沿用多年的紫色团帔不见了，代之以夺目的白色，真好一个童大胆。灯光下的白帔确实漂亮，大大增添了容光之美。她走至"九龙口"，两句引子"杜鹃枝头泣，血泪暗悲啼"念来凄怆哀绝，赵女思念丈夫，戴孝在身，改紫为白，在道理上也说得过去。她一动水袖人们又议论开了，怎么赵女水袖比通常要长出一截呢？

扮相华姿纷呈，且看她怎作疯态，童芷苓的神来之笔恰恰是在赵女装疯之时。梅先生"疯"前必先下场，经后台一番改妆，然后手托水发，花容见红，单臂卸披系于腰际，换上一副精神错乱的形象再次出场。就在那下场时节，台上晾着赵高和哑女没事干，场面又僵又凉，戏实际上处于中断，多年来《宇宙锋》最大欠缺就在于此。戏到紧要处，只见芷苓随手在头上拔出长簪一支，顺势扔进台侧，一绺水发立时挂鬓而下；她乘背对台下转身之时，以指轻点唇部膏红，继往脸上一抹，显出抓破花容的血痕；更妙的是卸披一招，借助转身的后一半舞式，接过帔的一角熟练地挂在腋下的搭扣上，不露痕迹地完成了卸帔的整套动作，一切全在合情合理之中。"艺而有术，才叫艺术。"童芷苓这一改足资楷式，非有通灵的慧根不行。

童芷苓唱起大段［反二黄］，歌舞并重一如梅师。她当年曾得包幼蝶先生指点要津，尽得《宇宙锋》唱法窍要。舞，她则又有加工，台下似有所察，果然斜场椅的调度旨在扩大表演区，加长水袖意在增强舞感，童芷苓真的有心胸。装疯表演也显得更加丰满了，赵女下不了决心去调笑父亲，犹豫间被哑奴一把推在赵高身上，赵高一愣，两眼直瞪，这才无奈之下不得不叫起"我的夫呀"，过程极是细腻。童芷苓在［反二黄］长过门中不僵不滞，依然人在戏中，她的赵女此时此刻是通过眼神、手势和舞蹈动作的运用，用思想过程丰富了这一时空。

行家们一眼看出童芷苓做表虽然复杂，却处处注意到大青衣身份，不但丝毫没有花旦味，她攻微代渐处处生神，那惊中的疑，那泪中的笑，那笑中的骂，那愤中的憎，那羞、怨、恨中深隐的痛苦……放而有胆，变而有理，时时闪现悲剧的美，新人说"昨夜星辰又闪烁"，老人说，"见童芷苓功力，《宇宙锋》一戏足矣"。

演出结束，中国戏剧家协会召开童芷苓表演艺术座谈会，出席的剧界名流有赵寻、马少波、吴祖光、朱文相、李万春、袁世海、王金璐、童葆苓、刘长瑜等，童芷苓本人也应邀与会。她韶华虽逝，仍为人艳羡，再度大红于京师，不知者啧啧称奇，倾听几句座谈会上行家高评，或能找出答案。

马少波先生说得好："童芷苓80年代所演老戏均有新意新貌，全是改造过的，都闪现了童芷苓的风格，老戏要出新意，要演出自己风格，才是本事。"

会内会外佳评不绝："童芷苓够性格演员，她一专多能，多项技艺丰富了她的本工"；"芷苓是天才"；"她的创作思想值得继承，应多请芷苓讲课，多教给青年一代方法，即此时此地的表演是怎样构思的"；"她能做到心中有镜，镜中有人，别人很多是人演戏，她却是完完全全的戏中人"；"童芷苓能独创新声，不屑依人为步"；"芷苓已六十，台上应有尽有"；"童芷苓真有本事，继承流派，拿来我用，有选择地加以变通，这种变通见功夫"。

未几，北京人民戏剧社专程来沪举办名家汇集的座谈会，题为《童芷苓是怎样在艺术上取得成功的》。编辑霍大寿有一段发言说："童芷苓十几岁开始红，现在年已花甲，她还在红。这几年不论在国内或者在国外，她的演出，都能获得众多的观众，受到热烈的欢迎。因此我们感到，研究总结像童芷苓这样的艺术家所走过的艺术道路，对于我们今天革新和发展京剧艺术，引导青年演员走上一条正确的成功的艺术道路，是有现实意义的……"

戏曲理论家刘梦德赞童芷苓"在台上最能抓人物性格，抓戏核儿，抓角色之间情感交流，热戏经她一演是锦上添花，冷戏她也能演得热气腾腾"。他又赞扬她"把过去所演过的戏都进行了一番细致的加工，注入了新的血液，使这些戏更具时代精神"，他还下了自己的结论："人们誉为童派，当之无愧。"

著名作家陈西汀把童芷苓艺术风格归结于"既明快，又深沉"，说她"绝不是靠着聪颖的天分，东抓一点，西抓一点搞出来的……她每演一出戏，塑造一个人物，都付出相当艰苦的劳动，经过反复推敲、精心揣摩，才拿出来与观众见面。这种对待艺术创造的严肃认真态度，是一个好演员优良素质具体表现"。

"文革"后苦尽甘来的童芷苓与童派老戏迷合影

面对潮水一般的赞词，童芷苓不倨不傲，她不能忘怀于师尊的恩造、前辈的扶掖和同行的辅弼，不敢妄言"童派"二字。谈到自己，仅是承认从小肯吃苦，热爱演戏而已。"饱览古今多少事，成由谦逊败由奢。"座谈会的高谊隆情,也与童芷苓谦逊自守、得道多助有关。

三、我又回家啦

日历翻到1983年春,时值农历腊月,天津人民广播电台和天津电视台举办荀派艺术专场,童芷苓欣然应邀。

思绪将时间倒回二十年,那是令人难忘的1962年秋,她在天津第一工人文化宫献演《武则天》和《尤三姐》。记得当时,《武则天》唱一路红一路,居然惊动了四大老生之首马连良先生,他还特地托人订票赶来天津亲睹武则天的风采。祥苓业师、天津戏校校长杨宝忠先生观后赞不绝口,直说"还得说你们童家班名不虚传"。杨是余叔岩大弟子,名满天下的琴圣,杨(宝森)派艺术奠基人之一,是一位数得上的梨园至尊人物,他对童家班的高评绝不会无的放矢。同以童家班为基本阵容的《尤三姐》也是烈焰升腾红极津门,度当时情势,重振童家班声威期在不远,若不是种种说不清楚的政治原因……童芷苓想到1962年,至今犹然抱憾。

她刚踏上津门这片大地,情不自禁扬臂高呼:"我又回来啦!"她身在迎客的车中,可一直把目光投向窗外,故乡大变,满眼新鲜,不少旧景旧观不复再有,只剩下了回忆片断。光阴荏苒,毕竟过了二十个春秋。使她倍感亲切的是大街之上来去匆匆的人们,她已多年没有置身于津语卫声之中了。突然间她瞥见建筑物大楼上"文革"残迹,耳际立即响起她身处"阴阳界"的日子里,来沪串联的一对天津乡亲的叮咛,"千万要顶住,不能自杀"。那时枯焦绝望的心田注入的那股生命之泉,对于"死路一条"的她,其精神作用是不可估量的。两位亲人今在何方?她默默地在思念,不管有哪一位仁人君子,若能告知两位乡亲的住址,我童芷苓当千金重谢。她的心思,此时唯有自知。

各路人马汇集津城,童芷苓与同门师姐妹一一会面,欢悦与感慨同在,自有一番忆旧。她建议游览天津新街,藉以排除哀思恩师而起的伤感。行至童家故居,轮廓犹在,只是往日一片住房已成一排店铺门帘,四周人车拥挤,显得更热闹了。她又来到东西走向的通衢大道,这是横贯全市的天津"长安街",旧市中心的墙子河踪迹全无,原来这里便是地震废墟上重建的家园,天津人引以为豪的改天换地之作。

专场演出请来了艺术顾问荀师娘张伟君和师哥荀令香。见师娘年逾花甲无一丝龙钟老态，心甚欣慰。师娘见芷苓依然黑发如漆、眼神明亮，心中直为荀派庆幸。在座记者望着两位老人对荀派艺术的弘扬执著如斯，心生敬意，不由喟叹："真是两位不老松，不知年华能许以多少时日，一旦二位老去，荀派掌门人何以为继？"

童芷苓见师娘手里有荀师遗照，便要了一张，默默地在一边端详，她又勾起了对荀师悲惨身世和归宿的联想，嘴唇一翕一张地发出微微地啜泣："先生，芷苓看你来了……"两行清泪泫然而下。师娘没防芷苓竟放悲声，眼泪也随之夺眶而出。芷苓一看师娘的创伤被自己刺痛，带着歉意反倒劝慰起来。师娘收了泪，告诉芷苓一件值得庆幸的事，荀师1925年至1966年的八十多本艺事日记失而复得了，师娘近期正夜以继日地进行整理，以期这部极其珍贵的艺术资料早日问世。师娘也一再建议芷苓尽早当个有心人，把自己五十年的艺术道路落成文字，也好有个交待。芷苓点头称是，但似觉为时尚早，实因她胸中尚有蓝图。

戏码排定，芷苓戏份最重，她将先后参加五场演出。首场《红娘》，师姐妹五人分演，荀令莱打头阵，从"扑蝶"到"灵堂"；赵慧秋只演"一封书"这很短的一折；尚明珠演的是"听琴"；王紫苓是"梳妆"；童芷苓最后出场，演"佳期"、"拷红"两折。台下观众急切等待着芷苓的靓丽登场，不料后台险些酿成事故。前一位红娘一时疏忽，没等接上轨便提前下场卸妆去了，台上正演着红娘上西厢送药方，台上书僮一面给病中的张生捶背，一面焦急地直向后台使眼色，此时场面紧催，后台急如火焚，眼看"倒好"不免。童芷苓化妆已毕，正在一旁候场，耳听小锣紧敲，红娘却无踪影，情知有人误场，"救场如救火"，那是刻不容缓的事。她二话没说，拿起"药方"，拨开众人，大步流星的跑向上场门，随着锣鼓声，轻盈地走出台口。

童芷苓提前登场，台下大喜过望，碰头彩响彻"一宫"，他们哪知台上"红娘"心中正七上八下，在琢磨着戏究竟演到哪一个节骨眼上了。凭着多年经验，她仔细地辨别着台上的锣鼓点子和胡琴起弦的板式，准确无误地唱出了"看小姐瘦腰肢宽了围带，叫红娘也只好自卖痴呆"，补得天衣无缝，台下被她的"障眼术"一掩而过，救场救得如此机巧，非高手不能为。

救场说时容易做时难，师娘受此一惊，遍体冷汗，若不是芷苓妙手回春，好不易才盼来的荀派专场今天全砸了。台上排除险情，光"文革"后童芷苓就有过好几回。一次她在美国洛杉矶同一位名票合作《杀惜》，因检场人是临时客串，忘了把写休书用的状纸放在桌上，阎惜姣和宋江都已上场了，看来无法补救，后台急得直跺脚。芷苓瞥见桌上少了状纸，不动声色，对宋江说了声："你等着，我去拿"，就不慌不忙下了场。她回到后台拿起一盒卷纸，撕了一张又从从容容地上场了，不熟悉此戏的人决计看不出其中破绽。

"天皇巨星"的加盟，使天津荀派专场大涨身份，那几天"一宫"好戏连台，《红娘》原班人马第二天演出《金玉奴》，最后的"洞房棒打"由芷苓担纲。接着三天是《红楼二尤》、《勘玉钏》和《樊江关》，《红楼二尤》中芷苓演的是尤三姐；《勘玉钏》由荀令莱演温存含蓄的俞素秋，童芷苓扮憨直爽朗的韩玉姐；《樊江关》仍是姐妹演姑嫂，新式姑嫂比剑在天津轰动一如北京，荀令香师兄直问："你怎么把《樊江关》又改了？"且一口评定"改得不错"。

20世纪80年代童芷苓在《勘玉钏》中饰韩玉姐

215

童芷苓出神入化的表演技艺在津人面前再次证实了她在荀派传人中的翘楚地位。同门姐妹心折，荀家师娘欣慰，因为她履行了弘扬荀派艺术誓报师恩的诺言，实现了三年前在北京山西街荀家大院与师娘含泪结下的心盟。

津门拥童者成千上万，她又是故乡父老的女儿，当然也是天津卫的骄傲。当乡亲们在为她忘情地欢呼喝彩之际，总会留下忧虑的问号：童芷苓的光辉还能维持多久？人们见她愈是炉火纯青，留下的遗憾就愈是深长，只因至今尚不知"童芷苓第二"在何方。

第十二章　风景这边独好

一、风景这边独好

老而弥坚的童芷苓，兢兢业业，跨着稳健的艺步直趋巅峰，又不厉不激，带着一股顺乎自然的清新气息，她不再急于求成、强己所难，而是暗自磨砺，静待良机，坚信"只要是真佛，必有进香人"。

1983年冬，时近田汉先生诞辰八十五周年和逝世十五周年，市文化局、市文联、剧协上海分会为举行纪念演出，邀来童芷苓参加座谈。会上她与田汉昔日一段过从成了引子，田汉生前曾寄望于芷苓演出他的力作《谢瑶环》的往事今朝成了依据，以此为契机，上海京剧院建议芷苓以《谢》剧谢田老。她向往《谢瑶环》足有十八年，如今终于遂了愿。

田对童欣赏已久，早前曾许诺芷苓写一适合她艺术个性的剧本，从此一老一少书信往来不断，田汉多次称她是位出色的性格演员，并对《尤三姐》屡有好评。60年代初，田汉《谢》剧问世，杜近芳演过一阵子，但田汉属意芷苓，特地写信鼓励她出演，理由是戏路相合。芷苓接到本子钻研多遍，很快喜欢上了谢瑶环。但她心中矛盾，一来田汉深寄厚望，理当尊重他的原作；二来又觉田本某些地方戏味不浓，最好由田老再改动一下，两难之下一搁多年。

《谢瑶环》旧话重提，她自然当仁不让。她请创作团队中的许思言执笔改写了好多处，愈是磨得深愈觉《谢》剧确实是好戏。该戏尖锐地指出，曾与豪门权贵作过生死搏斗而登上大宝的武则天，万没想到她武门内亲也成了无法无天鱼肉百姓的新贵，田汉笔下歌颂的刚正不阿的女巡按，正是与新兴贵族作殊死斗争的谢瑶环。结局则按田汉生前想法，演成谢瑶环虽最后见上则天皇帝，冤情大白，但仍然因伤重而逝，田汉说过，"这样处理，教育意义较为深刻"。

童芷苓请来马锦良作曲，朱楚善执导，黄正勤、孙正阳、王梦云、王玉田加固"梁柱"，二旦则用她戏校学生李秋萍，众人皆尽义务，全看童芷苓金面。

排戏又生难题，只能龟缩在戏校"螺蛳壳里做道场"，12月的天气，寒流一到，她天天顶着刺骨寒风骑车往返于中山公园与文化广场之间，排练场上大汗淋漓，路上朔风一吹全身就索索发抖，她终于感冒发烧了。即便如此，她还是咬牙支撑，回到家趴在床上再也动弹不得，连吃饭都不知是什么滋味。王梦云感慨地说："我们京剧院几个月也别想排成一出戏，看人家只用二十多天就排好了。"童芷苓辛劳可想而知。到了正式上台的日子，看上去她好似刚远道跋涉归来，一脸的疲惫，连骨头架子也全散了。主办单位和后台人员都很揪心，生怕童芷苓嗓子顶不下来，《谢》剧唱工又多得出奇，怎能叫人放心。大嫂李多芬却十分坦然，"不用担心，坚持这三场戏绝不会出问题，凭芷苓功力，大家尽可放心"。童家人能不了解童芷苓吗？

人民大舞台贴出海报，纪念演出三天《谢瑶环》，筋疲力尽的芷苓受感冒之累嗓音大失，她建议剧场出一块广告牌立在大门口，写明"嗓音失润，请观众见谅"。剧场坚决不允，唯恐影响上座，因此芷苓支撑了三场，不再续演，情况与《王熙凤》如出一辙。

首场演出，市委、市府方面都来人观看，俞振飞先生也来捧场，全场座无虚席。童氏《谢瑶环》创意生猛，不同于中国京剧院，其间有着不少自己的创新设计，最大的突破之处是最后谢瑶环恢复了她的女儿身。临终前面谏武则天的大段唱工，成了全剧的"豹尾"，谢瑶环为朝廷兴利除弊、革故鼎新的大业作了血泪陈词，并把为民请命作为谢瑶环一生中的最后一呼，感人至深，大大升华了主题，这出戏无疑是体现当时80年代初、中期创作理念与时俱进的精品。戏中武则天由老旦王梦云担纲，这又是大具新意的一笔；孙正阳以丑扮武三思，铜锤王玉田扮酷吏来俊臣都很有创意。

童芷苓对谢瑶环形象塑造处处见功力，童为女官时，就是巡按，不带脂粉气，器宇轩昂，英气逼人；在花园那场与袁行健不期而遇时，在其绕指柔的唱腔中用上了两处极其细腻的表演神态，传神到了极致，直令满场叫好。铮铮铁骨、似水柔情的主人公一时刚正，一时温婉，对比悬殊，真是形象和性格特写的妙笔。

《谢瑶环》一戏唱工之多令人意外，散戏后俞振飞连呼："你唱工怎么这样多？"的确，童全戏唱工新腔迭出不拘一格，演到谢瑶环心情醋畅处多用梅腔；抒发"青门红墙锁此身"的

1984年，童芷苓出演《谢瑶环》

身世之感时,蕴含哀怨缠绵的荀派风味;身受酷刑,想到贤明圣上远在京都不胜悲怆时唱的一句"望洛阳不由我泪落如线,陛下呀!"则用上如泣如诉的程腔,妙就妙在她都"化"到了好处。荀慧生唱工,常有"神龙见首不见尾"之说,赞的是荀腔变化莫测。而童芷苓的新腔不常以荀腔收尾,却时有"大豹尾"的出现。她常会看准时机,在节骨眼上突出气势和力度,既要奏效,还要把"效果"要足要够,难怪童芷苓唱到紧要处经常会使全场沸腾。

花甲老人仍在创演新剧,且受行内外一致称道,这在"文革"后诸大牌旦角中,已成"风景这边独好"之局。

记者上门采访,她畅谈由《谢》剧而发的种种感想。依她之见,演他人演过的戏既要借鉴,又不必受其框束,她列举往日曾演过的与中国京剧院相同的剧目,如《柳荫记》、《佘赛花》、《猎虎记》,皆同中有异。"人东我东,人西我西,不利艺术繁荣","整理老戏,编演新戏不能忘记要适应时代和观众,不然艺术再好,观众不买账,也是白费"。话说得十分直白,谁听了都明白。有人当面捧场:"名戏令名伶向往,名伶使名戏生辉。"芷苓避开正面,"我总算实现田老遗愿了,只是遗憾田老没能亲眼得见"。

盛夏,童芷苓接受香港市政局《中国戏曲汇演》之邀二度南下,献艺香江。人们颇多不解,何不见好就收,她毕竟春已去也。童却不以为然,"只要春心常在,没有唤不回的春天"。

1984年7月,与童芷苓相偕来港的有华文漪、汪正华、孙正阳、李长春等人,引人注目的是童小苓也在被邀之列。谁都记得两年前刮来香江的那阵童芷苓旋风,平心地说,近年赴港的多位老名家,其精湛的演艺技巧虽获不少好评,不过赞誉之余,总令人心生一种惜其年华老去的感慨,唯独童芷苓不然,台上台下似乎青春常在,港人哪能不思重睹她的夺目风采,还是她风景这边独好呀!

8月21日,童芷苓母女首场演出《樊江关》,妈妈捧女儿,自饰樊梨花。小苓台风先声夺人,高挑颀长的身材,旋风似的圆场,那一组组趟马身段,迅捷、灵动、率而脆,"卧鱼"起得高而飘,好扎实的工夫!看她那张笑靥如花的脸庞纯是母亲的翻版,一对秀目透着亮澈晶莹的粼粼清波,一下便把台下慑住。一张口,恰似一串串银铃作响,嗓音较其母有过之而无不及,真是一块唱戏好材料。"完全是她妈妈模子里刻出来的",台下议论纷纷开了闸。

小苓和母亲一样涉猎广泛，从小便弹得一手好钢琴，三年前定居美国后还经常在练功习戏，海外靠唱京戏谋生是吃不饱饭的，因此改学了时装设计。然而她不会因此放弃自幼喜爱的京戏，在美国仍不断对照妈妈寄来的音像资料练之又练，今乘着有三个月的暑假，正好陪母亲来港一走。

　　香港梅派影响大，港人容不得对梅公典范动分毫，更何况梅的金玉之作《宇宙锋》。童芷苓还是笑骂由你，我自为之，上次在港，那几出荀戏经典全被变通改动了，不照样捧者如云吗？她也不信在当今京剧处于改革的年代老观众会都是榆木脑袋。上海人有句俗话："灵不灵当场试验"，果然她又成功了。内行人发现她的梅唱发声，提气部位均自丹田而起，行腔吐字，沉而不滞，灵而不飘，刚柔相济，是典型的梅派唱法，《宇宙锋》唱功显示了她的梅派功底，香港人对此是始料不及的。

1984年在香港演出《宇宙锋》。童芷苓扮哑奴，李庆春扮赵高

童芷苓演出《十八扯》剧照

第三天戏最为吃重，童贴双出：先与杨派老生汪正华合作《坐宫》，再与孙正阳合作《十八扯》。《十八扯》在内地受人非议，演出不易，在港公演尚属60年代以来绝无仅有的一次。该戏百味杂陈，戏中兄妹两人扯来扯去，南腔北调随意发挥，是一出典型娱乐戏，实也是《纺棉花》的一个变种。《十八扯》上古妆，《纺棉花》则以时装翻行头，《十八扯》虽说复活，可真胜任的却凤毛麟角。芷苓上了年纪，难以时装取胜，今以《十八扯》相号召，仍可收异曲同工之妙。

童出台以姜妙香《宗保巡营》的〔娃娃调〕开唱，接着是《丁甲山》李逵的"过了一山又一山"，然后便是老生戏《定军山》。等孙正阳唱完反串的《断桥》白素贞，她又来上一段《大登殿》，继而与正阳再唱起越剧《借红灯》，芷苓学啥像啥，两人一搭一挡，笑煞台下香港人。两位肚里花样多，变着戏法唱应有尽有，一段《滑稽空城计》是当初她和刘斌昆的绝活，孙正阳唱"江北诸葛亮"照样有声有色，加以芷苓的"绍兴司马懿"，把台下逗得捧腹不止。唱完一段又一段，言派《让徐州》，李多奎《钓金龟》……真不知她肚里装的什锦杂活有多少。

她学四大名旦享名多年，《十八扯》中再露一手，过去大抵重唱，这次连"四大"的身段动作全带上，虽有夸张之处，可真的是像透了。她把"四大"运腔特征和神韵之美展示无遗，台下无数老戏迷当年都曾聆赏过梅程荀尚，看她学来如此酷肖，亢奋之下，喝彩喊破了嗓子，捧场拍肿了手掌。更有妙者，她把刚从杨振言处学会的一曲评弹开篇《莺莺操琴》搬将出来，京戏坤旦中学苏州话唱弹词的简直太少见了。香港"阿拉"同乡多，评弹有市场，听了《操琴》，怎能不服童的模仿天才。40年代群坤逐鹿，唱娱乐戏属家常便饭，个中好手吴素秋、言慧珠与芷苓争锋尚且略逊三分，80年代的今天，芷苓一枝独秀更成铁板钉钉，环顾当今剧坛，《十八扯》舍童芷苓已无第二人，怪不得港地不少慕名人扑飞玩了命。

时至80年代中期，旦角中不少名家大多年华老去，或是状态低迷，上台不复再有昔时光彩，贤如张君秋、吴素秋、李玉茹、赵燕侠等已经很少登场，唯独童芷苓状态之佳出乎其类拔乎其萃。文革复出短短六七年，论舞台风采之出众、论上演剧目之丰富、论表演境界之提升、论流派风格之开拓与完善，童芷苓已愈来愈成为更多人心目中的当今"旦行首席"。举凡全国性（包括香港）盛大会演，绝多场合必有童芷苓的登场，少了童芷苓，那种遗憾就太显而易见了。近几年，无论是梅派荀派大会演，还是其他纪念演出的大场合，只要童在，大轴非她莫属，这在行内外已成共识。

文化部、中国剧协举办荀慧生先生八十五诞辰纪念演出，引凤凰来仪，百鸟和鸣。荀派会演场合，非芷苓领衔不可，她受邀再赴京师，同门荟萃一堂，阵势超过前天津专场，吴素秋、陈永玲、童葆苓、毕谷云、宋长荣、孙毓敏等积聚一堂，堪称极盛。完事后芷苓、葆苓姐妹应观众挽留加演了一场《樊江关》。接着在参加一次北京梅派会演中，她又亮出拳头戏，一是《宇宙锋》，另一出还是无

童芷苓与俞振飞先生同台演出《十三妹》，童芷苓饰何玉凤，俞振飞饰安骥，李蔷华饰张金凤，王玉敏饰张妈妈，王宝山饰张乐施

处不响的《樊江关》。

天津再次举办荀派会演，她除了参与《红娘》、《红楼二尤》外，与葆苓的《樊江关》当然是必备剧目。陈永玲也演这一出，并唱在了芷苓之前，他把《穆柯寨》中穆桂英的翎子、卧鱼、圆场、趟马全用上了。陈先声夺人，芷苓姐妹后上就犯了难，台上台下众目睽睽，都怀着极大兴趣看芷苓如何后发制人。是日芷苓的薛金莲趟马出场，照样圆场、翎子、卧鱼一样不少，同样也是好几分钟的技艺展示，简直成了对台戏。待等姑嫂比上剑，戏的光彩平地升华，芷苓以戏为先，戏技两擅，更显棋高一着。台上芷苓兀自揪着心神，永玲毕竟非等闲，他可是一位名扬南北的大牌人物呀！童直到全戏演毕，才长长地吁了一口气，"总算没有输给永玲"。荀师娘赶紧道乏："先是捏上一把汗，永玲太火爆了，等你唱完，我心上石头算是落地。"按芷苓本人自评："演了多次《樊江关》，以这次为最好。"又说，"若非陈永玲强敌当前，我决演不到今天这个份上"。

人不思老，老不将至。韶华虽逝的童芷苓凭着她的不灭之欲，仍驰骋在峰顶之端，她似乎还有大步提升的空间，她的艺路似乎还远远没有走到头。俞振飞先生一次北京之旅，下榻于荀令莱府中，在一天家宴上，来自上海的一位荀家好友问起俞老："上海有人说，童芷苓是当今旦行首席，您老认为呢？"俞先生没作任何保留："现在芷苓声势旦行中无人能及，她艺术上的飞跃同样也是无人能比肩的，她已不是以前的童芷苓了。"荀令莱一旁插话："芷苓姐到了顶峰没有？"俞老笑答："芷苓眼里永远没有顶峰，不然她到不了'风景这边独好'的今天。"

说得多好呀！"风景这边独好。"

二、世界文化名人

"亚洲最杰出艺人奖"，是美国纽约美华中心颁发的荣誉性奖项。自该奖设立以来，大陆演员至今无人问津，童芷苓万没想到她会成为大陆获此殊荣的第一人。

1984年12月的一天，她接到大洋彼岸打来的电话，通知她已被选为本年度"亚洲最杰出艺人奖"的获得者，并盛情邀她来纽约受奖，真太令人鼓舞了。

她有一种荣誉感，那可是平生仅有的一个国际奖，何况又实现了大陆零的突破；她心生感激，那可是国际同行的莫大肯定，海外友人的无上褒奖。奇怪的是，来电中并无邀演一说，猜度之下，这是纯属领奖，天下竟有这等便宜事，空着手去摘桃，她不由笑了起来。

美华艺术中心周龙章主任亲临机场接"驾"，在去下榻处的路上，周先生的话题离不开授奖仪式，除童芷苓外，1982年度获奖的还有声乐家斯义桂和香港新晋导演杨凡。两位皆因各自有事脱身不得，亲临受奖的就只有童芷苓一人。换言之，林肯中心爱丽丝托莉大厅上千位来宾的目光届时将在她一人身上聚焦，这份荣耀，别提有多羡人啦。

周先生说起台湾中华民间艺术团也应邀到了美国，将为大会献上精彩的杂技表演，听说吴兆南先生此番也将露面，为小苓的《醉酒》配演高力士，她不由大为高兴，因为吴先生堪称台湾名票，素以丑行胜场。想到与台湾同行会面在即，不由心生新的憧憬，但愿有朝一日去宝岛一走。

抵达纽约的第二天适逢圣诞，晚上乘车上街看节日盛景，满眼都是火树银花，璀璨耀目，纽约市最大的圣诞树也见识到了，还有在人流中维持秩序的骑着高头大马的警察……这些热闹场面在芷苓看来无不透着新鲜，整个晚上，她几乎都在贪婪地猎奇。小苓家也洋溢着浓浓的节日气氛，一番室内的圣诞装潢把大家忙个手脚不停。纽约不少票友循址来访，互送礼物致贺，以西方圣诞礼仪代替了大陆春节的东方拜年习俗，倒也别开生面。

不出所料，芷苓母女果然成了招待会上采访的焦点。童谈笑风生，畅抒心怀："时代一直在变，京剧是一定要改革的。"她表示将继续走《尤三姐》、《王熙凤》和《武则天》的创作道路，力争新老观众的认可，只要加强念白的生活气息和音乐性，丰富唱腔的感情色彩，注意表演和人物的和谐统一，不愁京剧不受欢迎，"我将一如既往地走下去"。

1985年1月2日7时30分，授奖仪式在纽约林肯中心"中国城万岁"的晚会上隆重举行。晚会由华策会及美华艺术协会联合主持，吸引了三千多名中外观众，爱丽丝托莉大厅被挤得满满腾腾。来宾如此踊跃，使主办者大感意外，许多人都以一睹童芷苓风采为快，那还得归结到她超人的艺术魅力。

颁奖仪式开始，周主任宣布获奖人名字，顿时掌声响彻整个大厅。童芷苓

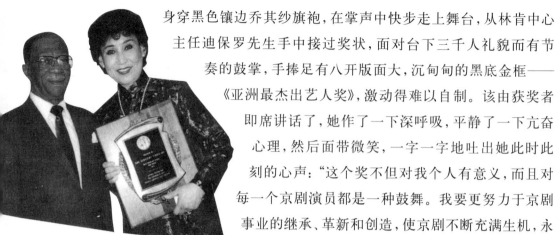

身穿黑色镶边乔其纱旗袍，在掌声中快步走上舞台，从林肯中心主任迪保罗先生手中接过奖状，面对台下三千人礼貌而有节奏的鼓掌，手捧足有八开版面大，沉甸甸的黑底金框——《亚洲最杰出艺人奖》，激动得难以自制。该由获奖者即席讲话了，她作了一下深呼吸，平静了一下亢奋心理，然后面带微笑，一字一字地吐出她此时此刻的心声："这个奖不但对我个人有意义，而且对每一个京剧演员都是一种鼓舞。我要更努力于京剧事业的继承、革新和创造，使京剧不断充满生机，永远得到观众的欢迎。"

1985年1月，童芷苓在美国荣获联合国颁发的"亚洲杰出艺人奖"，左上为授奖嘉宾林肯中心主任迪保罗

《亚洲最杰出艺人奖》是专门授予那些在艺术上取得过卓越成就，并在国际上享有一定声誉的艺术家。不少纽约票界朋友候在后台纷纷向她祝贺，芷苓两颊通红，频频称谢，谦逊地一再声称自己未够资格。一旁名票邹荸澄先生说得好，"芷苓是世界文化名人，墙内开花结果，墙外无处不生香"。

颁奖结束，小苓代母演出的《醉酒》在悠悠的丝弦声中开场，此戏经芷苓再次浓缩加工，戏幅已压缩到半个钟头。美国版《醉酒》与中国原版大异其趣，《百花亭》一折确另有一番风味。小苓扮相、身材、嗓子三佳，又有名票吴兆南和一批美国票友才俊的辅佐，这戏演来还蛮有光彩，邹荸澄先生欣喜芷苓有后，道贺之余，兴犹未尽，口占一绝，以赠小苓："雏凤声清韵幽娴，凤飘仙袂舞斑灿，华堂四座千影动，争看小苓杨玉环。"

当晚母女回至家中，芷苓捧出奖状，不时用手轻轻抚摸着黑色奖牌上自己的英文名字，小苓则把牌上醒目的字样一一译给妈妈听。见母亲两眼直盯奖牌足有一分多钟，小苓情知她已出了神，此时母亲什么心思，只有女儿心里最清楚。"亚洲最杰出艺人奖"对妈妈是一种苦尽甘来的象征，是坎坷走到尽头的一种"封赠"，难怪妈妈会如此动情。

此番美国之行一喜过后又添一喜。受奖不几天，周龙章带来了联合国对她的邀请，请她为联合国一百几十个国家和地区数百名外交使节主讲中国京剧艺术。她听了先是一惊，天下竟有这等事，京戏走进联合国，真成天方夜谭了。能

作为中国京剧的代表"出席"联合国,无疑又是一项特等荣耀。

联合国发布了海报性新闻,海报中央写着十分显眼的一行大字:"特请京剧大师童芷苓女士主讲中国京剧艺术",下行注明:"示范演出《秋江》"。1月30日下午,几百名外交官和哥伦比亚大学教授把联合国图书馆礼堂挤个爆满。她心里明白:今天成败有关京剧艺术的海外声誉,童芷苓已把自己当成大陆京剧使者,只许成功,不能失败,上午10时就早早来到联合国大厦,稍事休息,即准备12点半的正式亮相。

童芷苓在周龙章陪同下走上舞台,她穿着一身洁白合身的对襟练功服,两腕套上一双水袖,装束朴素,透着古典意味的雅逸清健。她先概括地追溯一下京剧源流,继而开讲各种艺术行当和手眼身法步的基本功概要,在"五法"外她强调说明应当加一"法",即"心法"。从而阐述了一项重要见解:一个演员在手势、身段、台步、眼神方面都要从角色内心出发来表现。讲到"唱做念打"这"四功",她连唱带做道明要点,为把四功五法说清楚,还用昆曲唱了一段《牡丹亭》。

最后是芷苓和周龙章的《秋江》,一声"浪来了!"童周两人在无形的船上浪里来浪里去腾挪跌宕、摇曳多姿的画面霎时把几百位来宾激发了,全场掌声连连不断,老外不仅听懂了,而且也看懂了,同时还能领会到其中妙处,这就是京剧的普世魅力。

《秋江》一折,把包括美国驻联合国大使柯派翠儿在内的老外人士激动得如醉如痴,似癫似狂,平日里正襟危坐的外交官这时很少有人再靠着椅背优哉优哉了。他们大多数人俯身向前,下意识地缩短与台上童芷苓的距离。不少人满脸惊诧使劲鼓掌,一改以往外交礼仪场合执礼有素的绅士风度。哥伦比亚大学、纽约大学的教授先生们也无不为童芷苓的舞扇、策马、撬船、行舟、水上舞蹈以及一系列艺术化了的生活动作所深深吸引。

童芷苓的演绎和示范结束后,谢幕一次又一次,还是平息不了各国外交官经久不止的掌声,她当天接到好几个国家的邀请,希望她能去他们的国家一展风采。同时她还接到好几所大学的聘请,作为客座教授去美国名牌大学讲解中国国粹。

她走出联合国大厦,一名美国记者抢上前去:"童女士真了不起,一天之间名扬全世界。"一名欧洲记者不甘示弱,称道童芷苓"揭示了一个奇妙的艺术世界，今天下午让全世界看到了一位东方艺术巨人"。第二天，美国报纸用显著的篇幅报道了她登台联合国的奇迹："中国传统京剧首登联合国大堂。"新闻媒介的推波助澜，一下使她成了世界文化名人。

纽约票界、旅美华人中的戏迷们大出意料，童芷苓居然还有如此上乘的演讲口才，特别是她功夫独到的素身表演。老艺人一般不擅作长篇大论的发言式大报告，梅、程两位大师也曾说过："宁愿唱一出，也不讲回课。"而芷苓却显示了她那出众的语言才能。临上台去，她的新遇旧知们都为她担忧不已，谁知这位"童大胆"如此镇定从容，侃侃而谈，有说有表，神态自在，确是不凡。有人问她，哪来这套能耐？她一时说不上来，大概是"胸有成竹气自华"吧！

母女难得团聚，本打算在美国逗留三四个月，谁知国内发来通知：周信芳先生九十诞辰纪念演出将在北京隆重举行，请她速返。于是她毫不犹豫地谢辞了在美的讲学，匆匆登上了回程的飞机。

三、折了擎天柱

1985年陈力、芷苓夫妇赴美探亲，与子女团聚在纽约。

女儿小苓四年前踏上加州，攻读时装专业，来美不久即与一位纽约开设房地产公司的先生相识，婚后迁往纽约在一家著名的时装学校取得学位，成为一名正宗的时装设计师。兄长陈吉也越洋而来，在美国一家公司供职。子女在新大陆，父母在东半球，家庭格局成中西合璧。思儿心切的陈力念念不忘他那全家团圆在美国的目标，只是芷苓始终闲不下来，他也无可奈何。

童芷苓本性好动又好交，正因如此，她自然难却方方面面的盛情，于是乎，《宇宙锋》在美国二度梅开；《梅龙镇》推陈出新；华盛顿往返多次，为弟

1987年童芷苓出席女儿小苓纽约时装学院毕业典礼

子陈孝丽点拨《断桥》……一阵忙碌过后，陈力把构建新家的规划提了出来，依他之见，妻子花甲早过，与其今后从顶峰跌落，不如今朝急流勇退；自己七十有二，垂垂老矣，子女总算在美安家立业了，父母天职已尽，下一步该老夫妻自找归宿了。儿女们认定在母亲精力尚有可为之年令其隐居海外，肯定会憋出一身病来，故建议母亲暂且上海、纽约轮番为家，因为京剧热土在大陆。芷苓太了解老少三人的心思了，但她必须尊重丈夫的意愿。

岁月的风霜把仪表堂堂的陈力过早推入了老年，高高的身躯似乎矮去了一截，老年纹爬满了他四角方正的脸庞，暮气中已是萧瑟秋风。为了这个家，他苦苦操持了三十年，从1955年妻子加入上海京剧院起，他开始协助她的业务，操持她的后勤，料理她的生活，温慰她的心灵，分担她的祸福，鞍前马后，形影相随。"文革"后的1978年陈力老牛拉车，料理着妻子的里里外外，事业不见终点，陈力的义务也没有尽头。见丈夫终年过度操劳，一副衰微相，芷苓心中不忍，欲待艺坛撒手，又觉心有不甘，为此，她心头常被绞紧。

陈力需要休息，他想养老，他想团圆，这要求太合情合理了。夫妻商定，乘着她这几年宝刀未老，尚可攻城掠地，或许苍天见怜，赐予建树童派的最后时机，现如刹车，定将功败垂成。为此，陈力最终还是尊重了妻子意愿，暂以上海、纽约两地为家。芷苓也顾全夫君意愿，只等高峰一过，定居美国。

弹指间半年转瞬而过，上海来电，邀她参加南北京剧名家汇演，听说袁世海、赵荣琛、杨荣环、李鸣盛、李蔷华等将云集上海，她不由又兴奋起来。同时武汉方面也发来邀请电，坚请她重游武汉三镇，她却不过对方盛情，结果还是应承。讷言敏行的陈力见妻子身在纽约心在华，知其归心似箭，便默默地打点起行李来。她心里过意不去，陈力知她两难，自我解嘲地说："纽约、上海两地不到一天路程，同上海—北京陆上路程也差不多，来纽约机会今后有的是……"说得有多潇洒。

伉俪提前飞归，但不知何故，南北汇演却是一拖再拖，武汉方面原定十月金秋是芷苓民众乐园登台之期，无奈何只能随势顺延。一直拖到十月份，上海难产的南北会串才开场，因名家荟萃，好戏连台，沪上京剧界前一阵的沉寂局面一扫而空。汇演戏码中大群戏《龙凤呈祥》是必备的剧目，孙尚香一角，拟由四大名旦传人承演，赵荣琛不巧嗓音失润，有心而无力了。芷苓心想，《洞房》一折孙尚香以杨荣环最合适，大段慢板由他唱来，梅尚皆可。她看中《别宫》一折，还请陈西汀专门设计了一段 [西皮二六]，《别宫》中尚香有戏可做，她早构思成熟，只等到了台上，让台下老观众尝一尝新。谁知杨荣环临时改了主意，想唱《别宫》了。芷苓不好意思争而不让，情急之中只得自己钻锅唱 [慢板]，这戏搁置多年了，唱，倒是不难，要唱出新意可就不易了，这大段 [西皮慢板] 全是正宗路子经典唱法，要对它大动筋骨观众定然不饶，倒不如将梅尚二派来一下复合，以尚为主，化用梅腔，或许会有几分新意。她上弦一试，果然新颖，三十年来未试尚声，此番《洞房》大腔竟一句一彩。一些老观众一听她唱上了尚派，大觉新鲜，交头接耳，一片议论，又说起了她当年"四大名旦一脚踢"的风光年月。

寒流两次来侵，已是初冬季节，11月下旬南北汇演终于停锣，紧接着便是拖了两个多月的汉口之行。陈力身受风寒，额头有些发热，芷苓怕他受不住旅途艰辛，劝他不必随行。陈力知妻子这回武汉之行有三位徒弟侍奉左右，但还是放心不下，陈力不信芷苓身边可以缺少他这个"罗盘指针"。见芷苓艺路即将走到尽头，有心把她最后几年的戏录成带子留作艺事资料，或作纪念，或可传世，倒是一桩值得一做的要紧事。芷苓见陈力热度退了几分，感冒似已痊愈，就不再坚持。于是，陈力陪同妻子登上了他最后的一段人生路程。

武汉历来是京剧重镇，原来班子很强，但近来上座不佳。武汉邀芷苓，多少有几分借鸡

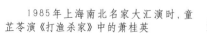

1985年上海南北名家大汇演时，童芷苓演《打渔杀家》中的萧桂英

生蛋的意味。11月29日，童芷苓在汉口江夏戏院登台，连续贴出荀派名剧《尤三姐》、《金玉奴》、《红娘》、《勘玉钏》……她在武汉盛名依旧，戏报刊出，风雪天票房大排长龙，戏园子重现盛时光景。武汉连日大雪纷飞，地冻道滑，观众前拥后挤踏雪而来，场面动人，最冷的一天居然有一位八十多岁老太挂了拐杖颤颤巍巍走进"江夏"来看戏……剧终谢幕，一而再，再而三，就是下不了台。是夜开唱一句一彩，起舞一动一"好"，戏驾着彩，彩托着戏，戏和彩把台上台下连成一片。童芷苓在武汉的人气一跃而再跃。

12月18日起，芷苓一行被邀至武钢，同武汉市京剧团再次合作，受到异乎寻常的欢迎。她先与黄正勤、孙正阳合演《尤三姐》，又把她拿手戏《四郎探母》、《红鬃烈马》、《勘玉钏》等一一亮了相，武汉戏迷异口同声："只要是童芷苓登台，武汉三镇不管哪家戏院，都会百分之百狂满。""'文革'后的武汉还真没见过有这等声势的。"

她这头"乐极"，怎料陈力那头"生悲"。半个多月的折腾把陈力累得脱了力，体质本已虚弱，又经寒冬一摧，就此再度倒下。他原为芷苓摄像而来，台前台后，常能见到这位咳嗽不止的老先生手举摄像机忙东忙西摄这摄那，整出戏始终不离岗位，直到手脚冻得麻木。刚来的十几天他情况尚可，半个月一过，就胃口渐倒，精神日差了。芷苓只道他水土不服，买来蜂皇浆、鸡蛋、水果，一个劲儿地给他补充营养。陈力见妻子在武汉如日中天，不便催归煞她风景，病情因此而被耽搁。

武汉"童芷苓热"一浪高过一浪，15天演期一晃而过，武汉团情商加演，戏园子和江夏戏迷更是一再挽留。她却不过东道主的盛意，恭敬不如从命，如此一天一天地把演期往下续，一直续过了元旦，加演期居然超过了原演期，她演了五十年戏，这等稀罕事还是第一回。

她实在太疏忽了，只注意了身前的舞台，而忽视了身后的陈力。武汉行内好友面子不好推辞，又见民众乐园潮水一般的戏迷排成一圈一圈的长蛇阵竞相购票，她还是心动了。

陈力病情渐渐加剧，夫妻两人都信了庸医误诊，只道是气管炎而已。芷苓劝丈夫先归，陈力就是不肯，他怕自己先离汉口芷苓会心悬两地。临近元旦，病情急剧变化，她这才惊慌起来，匆匆唱完《探母》、《戏凤》、《拾玉镯》一赶三，便星夜登程赶回上海,急送海军医院,这已是翌年1月6日的事了。住院前几天,陈力精神状态还算可以,病房生活尚能自理。十天后摔了一跤,病情马上急转直下,医院发出病危通知,关照家人陪夜。她在丈夫床边搭了一张单人床日夜陪伴,心中好生苦楚,南北汇演误了汉口行期,汉口续演误了陈力归期,上海再次误诊,说是感冒发烧,治疗的一误再误,这不是在陈力头上下刀子吗?等到转入肿瘤医院,为时已经太迟了。

陈力确诊为肺癌,她听到这可怕的"癌"字,如雷轰顶,百脉俱凝。她心口相商,要镇静,要镇静,千万不要慌!她恳求过不少名医,只要能留住丈夫生命,她将不惜任何代价。她几近哀告,陈力可是家里"金梁擎天柱一根",她不能一天没有陈力呀!

在病房守候的日子里,她盼来了速飞上海的一双儿女,此时陈力尚能进食,由陈吉和小苓兄妹俩轮流喂食,病房里虽是一片洁白,窗明几净,然而一家子天天都笼罩在一片阴霾之中。妻子所思所想,陈力心中亮如明镜,他不愿芷苓去做无谓之举。在白色一片的"阴阳界",芷苓扶起丈夫,让他床头靠枕而坐,她事先想好的安慰话此时不知遗忘何处了,只是两眼直瞪瞪地看着丈夫,乘着夫君清醒,哪怕再多看上一眼也是好的。陈力用冰凉的双手轻轻捧起她泪痕渍渍的双颊,四目相触,竟是两首断肠诗。陈力咽泪装欢令人心碎,他缓慢无力地吐出了一句又一句,不必做无谓的牺牲了,当代医学虽然发达,但毕竟不是万能的呀!

某夜她一旁假眠打盹,梦不招自来,陈力昂首阔步出了院……梦醒方知幻觉,常言梦与实反,莫非丈夫大限真的到了?四口之家团聚纽约的梦再难圆,少年夫妻老来伴的希冀不复圆,从此劳燕仙凡两分飞,未亡人今后的日子怎安排?童芷苓陷入了痛苦的深渊。

陈力不时昏迷,他苏醒后也曾有过摆脱死神的幻想,可是急剧恶化的病情使他陷入日甚一日的肉体绞痛和精神煎熬之中。芷苓虽已被持久的陪伴折腾得筋疲力尽,但对丈夫深沉的爱,盼望夫君身上出奇迹的念头始终不曾泯灭……该花的钱都花了,能用的药都用了,无力回天呀!芷苓绝望得快窒息了。

又一次昏死后醒来,陈力自知时日无多,乘着头脑清醒,临危托事,一一关照床边肝肠寸断的妻子。这位与童芷苓相濡以沫生死与共的"心理按摩师"心细如发，他把家中大小用品、音像带、剧本文稿之类的放置处向妻子说得清清楚楚；把亲朋往来的一切未就之事全数交待明白；又拿起一架放在床头由家里带来的小闹钟，教会她如何拨动发条、时针，如何定时定点……事事都关照得有条不紊，一清二楚。陈力十分担心妻子今后艰难重重的独身生活，一再规劝她务必早日赴美与子女团圆。四口之家将成三口，合，比以往任何时候都紧迫，亡羊补牢吧！丈夫已遗言谆谆，芷苓含泪点头。

室内，惨白的光，死一般的寂静，瑟瑟然、森森然。陈力面容平静，没有呻吟，只有那微弱的呼唤，他的灵魂还未飘离人世。气若游丝的陈力已在弥留之间。

临终托付已毕，陈力心中释然，从容待时，偶尔微睁双目，向结发妻子投以诀别的一瞥，他多想再安慰芷苓几句，但已无能为力了，一丝微笑挂在他的眼角，再也无力睁开了，任凭亲人捶胸顿足、哭号呼喊，他再也无力回答了。1月26日21点，这位竭毕生之力辅佐妻子成就大业的陈力先生，带着眷恋，带着歉意，带着遗憾，带着无限的牵挂告别了人间。

葬礼时，她一句话不说，如同一尊雕塑，毫无表情地接受前来悼念的人们伸出来的一双双慰问的手。哀乐阵阵，她全没听见，在她耳际，泛起的是"一路平安"的音乐声，这是她心间冥冥之中的祝福。

小苓先回纽约，留下陈吉天天紧随母亲不离左右，芷苓怕儿子离美久了会生麻烦，当时儿子还不是绿印客。但儿子根本就不去考虑这一层，他流着泪说"爸爸生我一场……"他陪母亲好几个月，实在太冒险，日后回去是否还有饭碗，母亲劝也徒劳。陈吉打定主意：母亲节哀未了，决不离去。好一个孝顺的儿子。

夫妻琴瑟谐鸣三十余年，夫君如今撒手西归，怎能不勾起芷苓的层层反思。她心里久久唱着"大不该"：不该寒冬腊月去汉口；不该听信庸医把病误；不该事无巨细都由丈夫一肩挑；不该一心扑在事业上忽略了对丈夫的关怀……她后悔最多的是不该平时只图自己一时痛快，冲着丈夫使性子，这或许也是她离不开陈力的重要原因，陈力是她最好的倾诉对象，自然也是她最好的发泄对象，谁让内向的陈力脾气如此之好，如此宽容，如此能理解人呢？

这不该那不该，丈夫百分之百的奉献，相比之下，自己亏欠太多，这是最大的不该。扪心自问，实在心有愧疚。陈力病根由"文革"所起，由芷苓"文革"中"东窗事发"而起，由多年来出于对妻子儿女的深沉的爱所积下的"劳"而起,他是被"气"和"劳"把命催走的啊!不然哪会铸成今天的终生大恨,从此此恨绵绵无尽期,每想到此,再开朗的童芷苓也过不了这道悔恨关。

千千万万的有志女性当中,芷苓是幸运儿,因她有一位甘愿为她付出一生代价的好丈夫。一个成功男人固然身后会有一个甘作牺牲的女人;一个成功女人背后也可能会有一个宽容、理解、爱心博大的男人,后者,在我们这个传统意识异常浓重的国度里,更其不易。

四、一定要把失去的时间夺回来

陈力噩耗由电波媒介传向四面八方,唁电、慰问电连续不断飞来上海,岁暮天寒,除夕将近,童芷苓心情降到冰点以下。

好友们建议她换房以免触景伤情,她不愿离开愚园路这套房子,那是劫难过后与陈力朝夕相处的地方。在这里,她时时都能感到丈夫的存在,这种幻觉她不愿抹去,她也根本抹不去啊!丈夫遗愿再也清楚不过,大洋彼岸儿女的呼喊,如今她再也不能不顾。从丈夫一走,她不敢对镜端详,人一下子苍老了许多,长此以往,身体与事业两毁,这绝非陈力所愿,每想至此,她就想大哭一场。

她整天心里空荡荡的,不能再这样了,为了心中的事业和目标,看来还得继续来回飞行的日子。童芷苓之所以人已暮年雄心未已,只因在她心中仍然有着不灭之欲,她的励志语就是"一定要把失去的时间夺回来"。自涉艺海以来,一晃半个世纪过去了,世事沧桑啊!时不我待,今天童芷苓所思所想,就是要扼住命运的咽喉。

爆竹一声除旧,童芷苓迎来了新的一年。农历初一,刚过了丈夫的"三七",便去魏莲芳家请教《探母》萧太后和《活捉》阎惜娇。回到家里,给分散在各地的弟子写去一封封热切的回信,字里行间,重复着一句叮咛:"请如期来沪,教戏照常进行……"她谋求解脱的方式是无奈的,总是把自己的脑子用戏塞得满满的,不让哀思在心坎里有立足之地,但每当夜深人静时又该如何呢?心里天平全凭自己把握,她不会对人直诉隐痛,她只知道怎样化悲痛为力量,去面对事业、面对未来。

香港仁济医院举办京剧义演,此时邀请芷苓,多少有些不合时宜。沪上亲友均劝她切莫自禁在家，忙着总比闲着好，芷苓这才应允了对方的邀请。演出经办人别出心裁，在戏码上改头换面做文章，芷苓两天演三出，一是《四郎探母》中饰演难得一见的童氏萧太后；一是香港已多年不见的《游龙戏凤》；还有一出则是老戏新演的《活捉三郎》。

首场芷苓双出，先是与程正泰的《戏凤》，再是与孙正阳的《活捉》。《活捉》较为冷门，演宋江杀惜后，阎惜姣鬼魂夜赴情郎张文远住处，冀续前缘，张惧而却之，被阎活捉共赴阴曹。这是出鬼戏，表演风格路子与一般旦角戏大异，按昔日筱翠花演法尤重特技，"魂步"更是一绝。芷苓盛年尚不敢为此，今花甲已过，却霸王硬上弓唱起了《活捉》以飨港地戏迷，致使不少童派戏迷困惑不已。此戏明明与童芷苓戏路不合，为什么她偏要走这步险棋呢？童感东道主之诚，不便峻词面拒，只得自己勉为其难了。此时的她正需刺激，何况个性好强，就是不信这出不擅长的《活捉》会把自己怎么样。戏报一出，港人又惊又喜，蜂拥而来，但童芷苓拿什么以飨知音呢？

她不照搬筱老板戏路，用大手笔改弦更张，她淡化特技，深化情性，整折戏全在"情"字上贯穿一气，把多少有几分殉情意味的阎惜姣魂归阴府仍不忘情，怀着痴情和怨情追寻情郎聚首叙情，在真情遇上假情的情感转折起伏方面演出戏来，且把拘张三之魂，魂与情同归的欲望交待得条理分明，十分清楚。她的出场和行走仍多少袭有鬼魂"旋风步"技法，只是限于年高点到而已，但魂步飘忽、流动、悠荡、轻如落叶的感觉还是走出来了。她意由心生，舞随情动，手中红绸网子变化极多，舞姿不少新创，表达喜怒爱恨，出色又到位。她急促的步子加上眼神、表情活描出阎氏急于会三郎的急切心理，但又不知三郎此情犹在否？为急于找出答案，怀着希望疾飞在阴阳道上，舞蹈语汇内涵清晰，极富美感，欣赏价值很高。

演罢谢幕，全场观众报以长时间的鼓掌。台上的童芷苓笑容微露满面春，双目秋水、双手合掌致答谢礼。台下有人说六十多岁老太美如花，也有人道阎惜姣找张三是一心阴配来的，当然得有春色有妖媚，童芷苓的扮相和演技已无可挑剔。如今童芷苓的戏，不张扬，不惊艳，有一种天然去雕饰的美丽，戏如其人，不见火气，淡淡幽香，袅袅升起，若有若无，浑然无迹，远非匠气中人可比。

《活捉》演毕，有人议论她的不是，丈夫尸骨未寒，未亡人就粉墨登场大唱其戏，未免……她别无良策呀，实在顾不上许多了，上了台，演上戏，精神处于亢奋，心头抑郁和隐痛方能缓解几分。夜间，《活捉》的兴奋渐淡，长夜又变得难熬起来，明夜还有一场大戏，萧太后又是初试，她硬着头皮吞下了大把的安眠药。

《四郎探母》阵容不错，香港大名票李尤婉云担纲铁镜公主，坤角老生张文涓和杨派老生程正泰分饰前后四郎，王玉敏的佘太君，孙正阳的国舅，其中最引人注目当推串演萧太后的童芷苓。她于"盗令"一场帘内起唱〔西皮倒板〕，出场后几句〔西皮慢板〕大腔句句满堂彩。她手执绢帕一块，捻有佛珠一串，脚下迈开龙凤步，堂堂番邦之主，一派君临天下的仪态，招来台下一阵轰动，不由使人想起了芙蓉草和尚小云的太后风采。童芷苓演太后得益于芙蓉草和魏莲芳两位，对于这两位太后举止神貌，她本已熟悉，偶一描攀几可乱真，何况来港前又特地上门当面请教过魏先生。一旦有了名家实授，走到台上，自有不同凡响之处，连她本人也不曾料想到，一出太后戏居然大红。

香港归来不久，得悉师娘猝然去世，她呆了半晌言语不得，心中苦涩，师娘才六十七呀！她急急忙忙飞往北京，直奔校场口荀家，与令莱泪眼相对少顷，即入灵堂吊唁。在遗像前恭恭敬敬鞠了三躬，然后站在一侧眼睁睁地瞧着师娘生前面容。她，肩负着沉重的遗憾蹒跚地走了，不过她是跟着荀师的脚步走的，一面荀派的大旗，在迸射出最后一闪的余晖后过早地偃下了。及至抬头看见梅家送来的挽联"壮志未酬"，心头一阵震颤，想起七年前就在这荀家大院，她曾与师娘结下弘扬荀派的心盟，如今人已逝盟犹在，她重又走到遗像前，

20世纪80年代童芷苓多次出演《四郎探母》，南北梅派全演

向师娘再鞠上深深一躬，心里暗暗许下心愿：余生之年，当与众家师姐妹一起撑起荀派艺术的一片星空，尤其是在旦行名家相对寂寥的今天。

荀门弟子从全国各地来京奔丧，加上原在北京的李玉茹、吴素秋、赵燕侠等众多荀派中人，先后来荀家灵堂吊唁的各方人士足有百余人。荀令莱盛情款待各位来京奔丧的同门，吊唁期间，每天在家摆开桌席招待客人，并开起临时招待所安排住宿，原来冷冷清清的荀家大院一下子变得人丁兴旺宾客满堂。芷苓不在荀府下榻，但每天必来一聚，她同这位小师妹有着特殊的情谊，在芷苓姐心中令莱悟性极高，对荀派的继承纯度很高，一分也不带走样的，连这位大师姐也常向小师妹切磋讨教。在芷苓看来，令莱还是一位教戏高手，只是少了伯乐，至今这块瑰宝没人发现，实在为她抱憾不止。

一天，芷苓发现西边房里住着一位身材高大的残疾人，白皙皮肤，文质彬彬，戴着一副深度眼镜，一看便知是一位知识界人士。又见令莱把这位陌生男士视同家人，更是纳闷。令莱看出芷苓姐脸上的诧异，便把她请到自己房里，提醒于她："这位汪老师我以前曾对你提起过，怎么忘啦？"接着背靠背地作了一番详尽的介绍。原来此人是上海一位大学德语教师汪沛炘，打从六岁起看戏至今已成精。他涉猎极广，尤对旦行研究很深，评起戏来尤为精到，为行内不少名家名宿所称道。但他并非票友，而是一位自研自乐的戏迷隐士。令莱更对芷苓姐介绍了汪的为人："他是我妈的贵客，也是我们家真正的好朋友。"芷苓又生不解，"'真正的'是什么意思呀？"小师妹愈说愈来劲，"汪老师是那种肯把自己的心百分之百交给朋友的人，也是百分之百肯帮朋友的人"，"我妈说他肚里宽绰，是位地道的行家"。令莱太想把这位"隐士"引见给芷苓姐了，"汪先生行走不便，很少外出，却能做到'秀才不出门，能知天下事'。吴小如、王金璐、俞振飞、钮骠、梅葆玖等都是与他有深交的朋友……"师妹在说故事，师姐可上了心，"能帮我引见一下吗？"令莱一口答应，"他还是芷苓姐你的捧客呢！"

汪老师本是荀师娘请来北京作客的，谁知抵京前夜，荀师娘竟意外亡故了，拜望成了拜祭，让这位大男人哭了好几个晚上。师娘后事头绪多，家里人手少，汪乃自告奋勇为令莱协理后事，因此成了荀府上下的大忙人。令莱特为他们两人安排了一处安静所在，汪先生先是行鞠躬礼："面见童老师，是我平生所愿"，芷苓连忙称谢。两位大谈梅、荀、程，又谈"文革"前后京剧巨变，更有对荀戏的研讨和对改革的观见……话题生话题，话资何其多，两个小时一闪而过，意犹未尽，便约定次日继续。次日，童芷苓从各个方面"提问"汪先生，竟没有一条能难倒他。接着又请汪先生给自己的戏提提看法，汪直言作答，语多精到，芷苓心中十分欣喜，真遇到知音了，不知能否当自己帮手？汪先生残疾之身，毕竟精力有限呀！

当童芷苓知悉汪观童戏历时已四十多年，几到耳熟能详的地步，吃惊非小，有心问计，有意结交，就怕失之唐突。汪也不敢说得过于直露，且看童老师反应如何，就这样，便有了荀家大院的第三次会面。

童芷苓终于敞开了心扉："今年陈力走了，师娘又走了，对我打击很大，陈力是我家擎天柱，师娘是我的同盟人，我已六十四了，还有几年能让我折腾呀！陈力离我而去，那是在催我隐退；师娘去世，那是在提醒我'壮志未酬'的命运很可能会同样落到我的头上。我想做的事情还很多，但能帮上我的人太少了。"童老师如此直白，汪心生感动，"您自己有何打算？"童坚定地说出："我一定要把'文革'中失去的时间夺回来！"汪肃然起敬，"您有具体目标吗？"这样一问，童便把心里话像竹筒倒豆子一样一泻无遗了："'文革'前我的路走得很顺，那时我的风格差不多已成气候了，到现在我这岁数，童派也应该差不多了。"接着她又说："我整整十三年与舞台隔绝，1979年复出到今天不过八年，尽管我在不断突破，有些人已在为我的童派摇旗呐喊，但我心里明白，目前离我自己的目标距离还不小，时间不多了，顶多还有八年十年时间让我折腾，我该怎么做，真需要好好策划一下了。"汪先生没料想童老师会如此看重自己，反倒踌躇了，沉默许久，这才开口："此事重大，容我想想。"聪明透顶的童芷苓马上意识到了什么，"你是否背后有高参？"汪笑答："高参谈不上，是我一位挚友，也是看了五十年戏的资深戏迷，我们学校的教务处长，他对您的戏比我精透多了，到了上海，不妨见个面。"童不由大喜，"没想到上海大学里藏龙卧虎"。

汪君既会童老师，心中感念不已，童老师所谈皆知音知遇之言，她是在用生命的秋天拥抱艺术的春天。她每长一岁，就每在肩上多加一份重任，年年都有新计划，不让岁岁似水流。以她六十四岁高龄，确可退隐山川快慰平生了，童老师却另有一番意境：梨园不景，繁华不再，只需自己不放弃，总还有些许精彩可期，莫当怨妇呀！汪心目中的童老师称得上是君子谋道不谋食，她已把自己一切都奉献给了京剧事业。"哪怕我汪某人才疏学浅微不足道，亦当尽全部心力而助之。"汪君此意此语，深深打动了他的"同道"朱继彭。

十天后，汪先生从戏迷角度提出建议："……很有必要多积累自己风格化剧目，排新戏如无可能，就在老戏里树风格，多多益善。"童点头称是。汪又谈道"目前表演方面你的创新和突破成果累累，但自制的新腔虽比'文革'前大见丰富，但终究还是相对单薄了一些"，童深表同意。说到接班人话题，汪直言不讳，指出童派后人亮色不足，"这是天时不具，是历史的责任"。并建议童老师：由于大洋两岸往来不断，教戏时间实在有限，眼下必须要突出重点对象才好。

最后分手时，汪沛炘还不忘提醒童老师，不要在她精力尚可之年错过了写艺传的最佳时期，建议她及时开辟"第二战场"，以唱戏为主线，写传为副线，等若干年后唱戏精力衰微之时主副更替，这样日积月累之下，再大的传记也不怕完成不了，这才是真正的在"夺回时间"。汪先生的"直谏"，她还是听进去了。童心目中已然完全接受了这位口碑极佳的汪先生，她十分满意地对小师妹说："汪先生正派人士，确有大学问，我最有好感的是他有一颗水晶般的心。这种好人现在很难找了。"

八宝山千人追悼会上，哀声动地的殡仪人来人往，童芷苓置身人群外低头独步，她在寻思，师娘榜样在前，直搏击到生命的最后一刻，我呢？是不是也该一搏到底，对自己终生追求的目标有一个满意的交待？

五、饮水思源

荀师娘追悼会后，童、汪各自回到上海，从那时起，开始了两位经常性的电话煲戏。某日她邀汪沛炘来愚园路童府作客，主动挑起了出书的话题，提起师娘去年就曾催她赶紧把写书计划提上日程。她觉得很为难："我也想早点出书呀，很多人都愿帮我写，但我决心难下。"她道出了出书的初衷，原来她要求比较苛刻，不但要写她本人和她的戏，还要把她如何在继承前辈的基础上才走到今天的源头写清楚，"童芷苓风格不是从石头里蹦出来的，人得饮水思源"。她要求忠于历史事实，童芷苓以前是什么样就是什么样，是好是差讲个客观，"传记中要恢复我庐山真面目，这谁能写？要得罪人的"。她还着重提出"文革"十年，她无法忘情这段非常时期，"这是我人生大转折，哪位作者敢写政治？"听到这里，汪先生明白了童芷苓今天说事是有过充分准备的，他不便打断，静心地听着下文。童芷苓壮怀激烈说"文革"："我是'文革'幸存者，大劫大难使我大彻大悟，我有'文革'后的今天，离不开'文革'，谁又能理解？"看汪先生一直在洗耳恭听，最后她直捣黄龙了："至于作者，我担心行里人很难写得公正客观，成见多了，忌讳多了，限制多了，还能写好童芷苓吗？"汪先生恍然大悟，童芷苓原来在为作者犯难，童越说越直接，"喜欢我戏的人不少，但特别熟悉我戏而且了如指掌的人就很少了，我希望作者的观点和风格既要传统又要现代，如果是知识界人士尤其是大学教师那就更好了"。既然话已说明白了，汪先生便不失时机地进言："您说的这种人很难得，但不是没有。"

反应敏锐的童芷苓似乎听到了弦外之音，她等的就是这句话："能入你汪老师法眼的，一定错不了，您真能请到人，写成我这本书，我感激不尽。"她一下把球踢还给了汪沛炘，这就开了来日《童芷苓》一书的引子。

说童芷苓忙，一点不假，她刚去大西南巡回演出了一趟，回来又接到了中国戏剧家协会的邀请。11月28日，上海各报刊出大幅海报——"庆贺著名戏剧家黄佐临从事影剧导演五十周年纪念演出"。演员阵容之强属"文革"后上海话剧舞台之仅见，有张伐、乔奇、陈奇、严丽秋、程之、江俊、庄则敬、魏启明等，童芷苓大名登在排首第一位。演出剧目是清一色佐临导演过的话剧片断，如《夜店》、《布谷鸟又叫了》、《第二个春天》、《激流勇进》、《陈毅市长》、《家》等，童芷苓在满堂话剧俊彦中成了头牌明星。

佐临先生在中国戏剧舞台上导演的戏不下百部，为话剧事业建树了不可磨灭的伟业，这次纪念活动将研讨他的戏剧理论，并演出几段他执导过的作品片断，几乎全是当年原班人马出演。最令人瞩目的是《夜店》主演童芷苓、张伐和程之。黄先生向来看好童芷苓，认为赛观音一角非童不可。受邀之时，童情不自禁地说："说实在的，我过去演过电影、文明戏，而一本正经演话剧还是头一遭，我为黄老的信任感到荣幸。"

众人在黄老家排练，昔日石挥的闻太师一角改由程之饰演，当年拍电影

《夜店》，芷苓、张伐、程之三人全不过二十多岁，如今三人年龄相加有二百来岁，几位老搭档不由怀起旧来。一场梦幻人生中，石挥捐海，周璇自遣，真有不堪回首话当年的唏嘘感了。为了扮好角色，张伐要染发，芷苓要做面部牵引，只有程之扮老头，本相与戏相一致。他一旁打趣："当年你们像，我不像，要在脸上画皱纹，现在我不用画了，你们反倒不像了。"说得大家哈哈大笑。

纪念演出在上海艺术剧场举行，这一专场由中国剧协、剧协上海分会、上海戏剧学院和上海人艺联合主办，来头不小。演出相当成功，黄老流下了兴奋的热泪，童芷苓也被湮没在一片赞誉声中，在这激动人心的场面上，芷苓眼圈红了，一件件往事重又浮现：

还在她步入影界逐渐走红之时，也正是她"劈纺"戏红得离谱之日，佐临先生和石挥对此都抱有不小的遗憾。佐临曾书小诗一首赠芷苓，全诗是一片言简意赅的大白话："你不必'劈'，你更不必'纺'——你活力泛泛，你尽可好好成长——你有模仿力，你有应变力，你有吸引力，你有——对了，也许你的想象力稍差，但是如果你今后少劈纺多修养，你的想象力自然也会生长。"

童芷苓接诗，原以为是黄先生捧场文字，一读之下浑身不自在。诗中有深意，亟须人解读，石挥自然是她的不二之选。原来黄先生写诗初衷曾事先同石挥说起，石大表赞同，他见黄先生似有顾虑，便拍了胸脯，即使把她惹恼了气哭了，全由石挥他收场，原来石挥也想狠狠训导她一番。

石挥说话直冲要害，"你模仿四大名旦确是出色，人家捧你'大王'、'皇座'，你把它当真啦？台下喝彩是在夸你的模仿力，也在夸你台上抓来就有的应变力，当然还有你的吸引力。模仿再好，不过是一只聪明的鹦鹉，不管你在台上多能抓戏，顶多说你聪明活络，哪怕你上座再好，多半是仗着年轻，这全是你的本钱，可是如果没有想象力，别看眼下红得出奇，我看你的前程也就差不多了。"

石挥言犹未尽："你懂什么是想象力吗？那就是创造力。从现在起你该多修养多思考，让戏往高处走，往深里演。没有自己的创造算不上真正的成功，不创造，再光鲜也是赝品，你不是想红一辈子吗？决定你前程的就是创造力和想象力……"石挥刀刀切中命脉，那次忠言芷苓将感念一生，如非邃智忠直之士，焉能如此料事这般待人，石挥用心良苦呀！

　　一首小诗一席话，童芷苓有如醍醐灌顶，石挥点金式的解惑从此坚定了她的信念，渐由不自觉逐步走上了自觉演心戏的路。20世纪80年代初童派风格确立，一定程度上是从这首小诗和这篇解读起步的。童芷苓居然把"黄诗"和"石语"当成座右铭身体力行数十年，这是黄先生和石挥所始料未及的。

　　童芷苓无论如何也忘不了当年电影《夜店》拍成之后，石挥冲她发的那通火。那时黄先生借《夜店》东风又下了一次大手笔，把他另一名作《大马戏团》也搬上银幕，女一号还是童芷苓，谁知竟被她婉拒了，因为她已接受了天蟾老板的重金相邀，石挥心里这火憋大了。不久又得知芷苓拒绝文华影片公司《群魔》的片邀，因为她狮子大开口的要价吓退了上海滩戏院业大亨吴性裁。石挥再也按捺不住，居然在电话里骂芷苓"聪明面孔笨肚肠"。接着他不请自来，在她家发作开了："你成钱袋啦？我一直以为你很上品，难道是我看错眼了？"石挥还告诉她，黄先生被她婉拒后，一个劲儿地说"可惜呀可惜，芷苓迟早会后悔的"。她这次可是真的后悔了。

　　芷苓低头不语，石挥一口气喝干了杯中水，站起身来，接着用他肺腑之言打破了难堪的沉默："人各有志嘛！选择京戏还是电影是你自己的事，如果你老是拜金主义，那是在自贬身价，我为你可惜。"童哑然无语，全是石挥一人在说话，他懂得趁热打铁："你红遍南北，挣钱机会有的是，电影机会可不多呀，何况错过的还是黄先生的名戏。"见童懊悔不已，石挥征求她意见，是否还要继续往下说，芷苓点点头。石挥又恢复了他的自拉自唱："聪明人只能失算一次，不能有第二次，你要好好权衡。"童芷苓抬头看他，还在等着石挥的结论，石挥这才把话点透："要让戏上档次，你要走的路还很长。多在银幕上走走会慢慢找到演内心戏的钥匙，这一旦被你化到了京戏里，你就脱胎换骨了，我今天把话说到了，信不信由你。"言词切切，其意耿耿，四十年前的这席话，振聋发聩，童芷苓至今记忆犹新。

　　童芷苓被惊醒了，她果然改弦易辙，再不让银幕机会从自己手中溜走。她适时调整了影剧双栖的精力和时间分配，随着她银幕形象的日新月异，很快成了生活片中的宠儿。新中国成立初她不惜舍弃了多期演戏机会，也不计蒙受经济上多大损失，终于取得了长足的进步。她的戏出现了重技向重戏的过渡，在化用电影、话剧技法于舞台人物形象塑造也渐有心得,自然化的风格、性格化的手法和生活化的表演同京剧传统表演程式的相融合,童芷苓的演艺水平由此一再地出现提升,直到1986年达到她艺术生涯中的一个新的高度。石挥的预言实现了,只是可惜他没能看到四十年后童氏风格乃至童派风光。在童芷苓的今天,回忆当年那段旧事,怀念、铭感、凄伤兼而有之,乃至双目垂泪唏嘘难言。

话剧《夜店》风光八面,不少人道她京影双栖变成京影话三栖了,著名电影艺术家张瑞芳直夸她:"您还真能演话剧,我们话剧演员还真演不了您的角色。"她少时在奎德社时期演《雷雨》、《日出》、《啼笑姻缘》等都是带唱的文明戏,《万世流芳》则是话剧化的京剧,演货真价实的话剧还是平生第一次。想到黄老已宣布封刀,自己退隐也为时不远,这次登上话剧舞台既是第一次,或许也是最后一次了,为此她心中不免怅然。

11月3日的《夜店》,对芷苓别具意义,如陈力能亲眼看到这一幕该有多好。她在掌声、鲜花、赞美声的迷醉之中不曾忘却丈夫遗愿,愈在那辉煌的时刻愈是念念不忘那位早逝的贤丈夫。

《夜店》为童芷苓凄苦的1986年划上一个句号,也正在这一年,童芷苓办妥了定居美国的手续。

纪念黄佐临先生舞台生涯六十年纪念演出,又特约童芷苓与张伐、程之等演出话剧《夜店》一折

243

六、童派国剧研究社

童芷苓已是第四次踏上美洲大陆,如今的她,已是这一片异乡客土上的移民。她有一种置身喧嚣尘世外的超脱,也有一股寂寞和惆怅老是挥之不去,难道自己毕生心血浇灌的事业就此戛然而止? 她本可在美享尽人间极乐,颐养天年,谁知竟是一肚子的烦恼。

渐而渐之,一个心念萌动了。为在艺术中求得永生,只有继续往返于大洋两岸,去重新占领自己原有的那一半;同时,为能在人世间潇洒走一回,何不借美国票友之力去占领海外的另一半? 对,就是这个主意。

住儿子家的这些日子,她天天忙于家务,琐碎无间断,要闲反倒闲不住。她怎肯让家务长期困住手脚,要忙,得采取另一种忙法,她开始了频频访友。陈吉也知母亲不会甘心息影,专以含饴弄孙为乐,要求她离群索居避尽酬酢是绝对办不到的,便通情达理地尊重了母亲的意愿。

她把会友日程排得满上加满,白玉薇、李丽华、李桂芬、卢燕、邹韦澄、周龙章、蒋光超、吴兆南……新老朋友之多足可编出一本洋洋大观的花名册。她不曾想到,在美国竟会重新成为一个受人注目的大忙人。

40年代的舞台姐妹白玉薇,昔时北平中华戏校“四块玉”之一的名坤伶在台湾颇负盛名,经她调教,不少门生均雄踞台湾剧坛。白心结多年的凤愿就是回北京探亲,无奈家务缠身久久难以成行,又不幸从三楼摔下,造成脊椎骨碎裂,经历了九九八十一难的白玉薇终于能重新走路了。她虽创了奇迹,但瘸了一条腿,回家探亲的梦难圆了,芷苓见状,也为之黯然神伤。白玉薇时刻不忘报效祖国,她不愿手中几十出老戏的本子流失海外,决意捐赠大陆,童芷苓见她身在美国心系中华,不忘光大国粹,又不觉肃然起敬。

得悉芷苓移民来美,李丽华欣喜不已,忆起当初风光旖旎之时,童芷苓、李丽华与“上海小姐”谢家骅曾在上海滩义结金兰,至今时光已过四十年,虽说感情依旧,毕竟已是花甲姐妹了。李丽华近年看过芷苓姐几出戏,深为折服,并称“我以后唱戏也要按这个路子演”。两人此番再聚亲热未见稍减,姐妹俩忽而叽叽喳喳,忽而嘻嘻哈哈,全然忘了自己岁数。李丽华知芷苓舞台尘缘未尽,不失时机地作了鼓动,力劝芷苓在美国登台,既然当了美国人,不妨在美国也挑班挂头牌,此言正中芷苓下怀。

童芷苓旅居美国消息到处传开,一传十,十传百,很快传遍了东西两岸。美国票界对她的来到,掀起了一股少有的"童热",不用投票,不用情商,一致把童芷苓推为当地国剧的最高代表,岂止是代表,简直成了一种象征。票界朋友说得好:"童芷苓无论名望还是艺术,在美国京剧圈里都是至高无上的,她的到来,大大提高了美国京剧的地位。"

这些日子,童芷苓置身友谊的海洋,是那样的如鱼得水。她逢人便说"我住在美国一点也不感到寂寞,真没想到会有这么多的京剧知音"。京剧票房在美国很有市场,光纽约一地就有四五家,成员多为华人,他们会唱会拉会演,从旦行到他行,从昆曲到皮黄,从文戏到武戏不拘一格,常常在一起凑兴,一唱便是几个小时,京韵把炎黄子孙的民族情感融合在了一起。只要电台偶尔播放出悠扬的京剧弦乐声,海外游子们就会摒除一切事务,坐下静听,心一下子飞到了红墙黄瓦、绿树白塔的北京,一曲京腔牵动的是浓浓的乡情,童芷苓由此又受到了强烈的感染。显然,华裔侨民眼中的童芷苓是一位弘扬国粹的文化使者,她也渐而感到自己肩上的一份使命。

在难得有京剧演出的美国,童芷苓称得上演出频频,有周龙章当经纪人,何愁没戏唱。她于是一门心思又放在舞台上,这里的沪、粤籍人士把她说成"老来烧"。劝说她的人也不少,"不要常演掉价","衣食不愁,子女立业,何须乐此不疲,十年九牧何时休?"跳出三界外,仍在五行中的童芷苓修口不修心,虽具慧性,惜无净根,她实在割舍不下舞台。孔老夫子有言,"知之者不如好之者,好之者不如乐之者"。童不思颐养,对事业不惜以老命相扑,"乐之者"尚不足概括,说其"疯之者"也不为过。

应美华艺术中心之请,童芷苓7月底在美华登台,由美东四家票房——华府中华剧社、纽约中国戏剧协会、纽约中兴国剧社、纽约梅派研究社共同襄助通力合作。先由芷苓上《宇宙锋》,已成她弟子的周龙章扮秦二世,童在美收的另一位男弟子何恕饰哑奴,师徒三人同台,别有一番意义。第二出是《断桥》,由在美女弟子陈筱丽饰白娘子,李少春哲嗣李宝春子承父规,串演大嗓许仙。大轴是芷苓与宝春的《戏凤》,演法与六年前同言少明合作时已大不相同,当夜剧场欢声融融，彩声盈堂，市政府和文化官员都到场助兴，场面煞是热闹。从观众席上望去，童芷苓台上台下相差足有四十岁，单是这一奇观就足见票房价值了。

各自为政的美国票房1987年采取了一项重大举措，美东地区各票社合力组建了"童派国剧研究社"。童本人怎么也想不到，墙内开花墙外香，竟然到了这等地步。"童社"成立之日，按例必有演出，既为童派立社，当显童派风采，芷苓推敲良久，决定推出《金玉奴》为建社的首场剧目。薄情郎莫稽正愁无人，天幸老搭档黄正勤飞美，解了燃眉之急。正勤出道甚早，后又拜俞振飞为师，曾与诸多名家同台，技艺堪称老到，《金玉奴》有黄襄助，此戏成矣！

南加州（美西）国剧艺术社慕童之名，盛邀童家母女去洛杉矶演出《宋十回》。童在美东气候已成，自然也属意于美西半壁江山。同年8月底，童芷苓母女飞抵洛城，说起小苓，当母亲的不免叹息："要不是'文革'，小苓现在唱得会更好。"小苓大有来自母亲遗传的达观，整天乐哈哈，一副乐天派。她深情地说："母亲是指点我戏曲的严师，又处处像大姐姐般照顾我，母亲为我排了不少戏，包括《李慧娘》、《穆桂英大破洪州》，我现在唱戏比上海戏校的当年同学要多不少，我还有什么不满意的呢？"

洛杉矶不知有多少人企盼一睹童芷苓的风采，人未至，名先扬，真吊足了胃口。好不容易在依思尔大戏院一露真容，给人第一个印象竟是台上的她年轻得让人认不出来。可不是吗？这位阎惜姣妩媚而又刁蛮，兼有一双传神的眸子……拾到书信时，一对大眼珠子滴溜溜左右转个不停，真是独门功夫。身段俏丽更令人叫绝，勒令宋江写休书时一连三遍满场飞，还轻巧地跳坐椅上，风韵和轻灵胜过二十岁妙龄女。

童芷苓又被迎回美东，她把戏码定为《红娘》，纽约"童芷苓国剧研究社"特为《红娘》召开记者招待会。童芷苓表示《红娘》歇演有年，难免生疏，此番非演好不可，不然愧对大家。演出那天，柏松高中大礼堂出现近年来少见的满座，该日大雨也未使观众减兴。说来也怪，此间凡好戏的华人，几乎都知道童芷苓的一出《红娘》红天下，如今她已六十有五，老芷苓是否还能演活小红娘，众所瞩目。这场《红娘》，盛况超过先前《凤还巢》，令海外人士对荀派艺术的渴望得到极大的补偿。从观众热烈的程度看，童芷苓的《红娘》至今夕阳仍是无限好，怪不得坐席中有人翘起大拇指大声喊道："服了！彻底服了！"

《阎惜姣》一曲震洛城，美西人们期待着她再献高艺，于是童芷苓演罢旧金山，再抵洛杉矶，参加"洛杉矶童派国剧研究社"的建社庆典。美国票房，东西割据，从来各自为政，创建"童社"，照样各谋其政。芷苓始是不解，为何东西一统这样难，后渐渐转为理解，既然各有难处，又何必去干涉人家内政，只要彼此对弘扬国剧不改初衷就行，她宁愿东西两边跑，只要在美国留得京剧一脉在，何言"辛苦"二字。在"洛杉矶童派国剧研究社"成立大会上，全社公推她为会长，并聘白玉薇为顾问，会上童芷苓揭明了这个既不以票房为名，也不以剧团相称的"国剧研究社"成立宗旨："我眼见海外老一辈演员日渐凋零，希望凭借国剧研究社唤起侨胞对京剧的喜爱，尤其让那些接触京剧艺术机会较少的年轻一代认识国粹艺术。"兴奋之际童芷苓当场表示愿排一场热闹戏《王熙凤大闹宁国府》。在座来宾中不少人慨然允诺将全力把戏办好，把童派国剧研究社办得愈来愈兴旺。

"童社"煽起了芷苓的演艺热，美国演戏仅能偶尔为之，久而必不上座，唯她例外。凡她上台，戏院大排一字长蛇阵，甚是壮观。某华人商会开义务戏，芷苓出演《武家坡·大登殿》，票价高达100美元，内部兜售一空，号召力惊人。因五六十年代黄金搭档鼓师高明亮和琴师查长生加盟洛城票社，芷苓在美如虎添翼，但她在美的舞台重镇自然还是纽约。

童芷苓以艺会友，足迹所至，无不雁过留声。如今她的心愿尚缺一角，那就是她心中萦怀难忘的宝岛——台湾。

七、《杀》、《戏》双绝

打开童芷苓戏单，新中国成立后似无《杀惜》和《戏凤》两戏，如追溯到四十多年前，也仅与李盛藻和白家麟有过几回《杀惜》的证录，而《戏凤》则踪迹难寻。《杀》与《戏》是她"文革"后加工的精品，这两出骨子老戏的演出场次在她剧目中也名列前茅，人既称"双绝"，必有她过人之处。

《杀惜》是荀慧生、筱翠花、芙蓉草的拿手戏，《戏凤》是梅兰芳、荀慧生的胜场戏，芷苓都见识过、偷学过。她以荀为骨，又集筱芙之长化成独具一格的《杀

惜》，又以梅荀合璧，梅唱荀演的新路加工成风采过人的《戏凤》。《杀》、《戏》驰
骋中外始于80年代上半期。

过去不少人把《杀惜》演成一部打情骂俏、奸淫凶杀的热闹戏。宋江被歪
曲为有钱的嫖客，阎惜姣则是"私门头"的淫妇，两人各为私欲以致各起杀心。
戏中轻佻举止和淫秽语言处处可见，全戏格调有失健康。周信芳曾下过大力气
把宋江塑造成淳厚、朴实、刚正的形象，把宋阎之争处理为正义和邪恶的冲突，
而阎惜姣成了追求享乐毫无正义感的狠毒女性。

童芷苓认为：阎惜姣正当妙龄就被人纳为妾，靠人养活的篱下生活再泼辣
也泼辣不到哪儿去；她爱张三过于痴，被人玩弄浑然不知，说明阅历太浅极不
老练；阎地位低下，哪能口不离"老娘"，这等离谱之词一概不能用；阎对宋江名
分、感情全无，除衣食饱暖外，谈不上任何人间情趣，她对张三是真爱，对宋江
也不敷衍应对，而是一口提出了断。她想法天真，手段狠辣却直露不秘，毕竟年
轻无城府。童芷苓既不把她处理为一般淫妇在放荡上落笔，也不把她演得规矩
正道博人同情。她去了色情风骚，对张三则爱而不色，对宋的凶泼煞气也有所
收敛，形象塑造自然焕然一新。

童芷苓身着一套乳黄色袄裤在《闹院》锣声起处款款登场，丰裁秀美，仪态
幽娴，身姿如风摆杨柳，台步出奇的好。她把台上一切表演都植根于"时刻不
忘后面藏着的张文远"。宋江进门眼光正好落在试图凑身上去挡住他视线的阎
惜姣的身上，阎一惊之下，下意识摸了摸头整了整衣襟，台上双方没说一句话，
全靠眼神、表情和一些目的性很强的动作传达心理活动，虽是无声，却胜有声。
接下来是两人口角，宋江"泡"，是要看个究竟，阎氏"撺"，只因心中有张三。芷
苓不片面突出阎的泼辣，而着意表现她对宋江的厌恶。紧接着是猜心事，她那
细节表演给人产生一种台上"第三者"无时不在的感觉，戏虽写意，质感很强，
细腻之极。

戏入《杀惜》一场，二更时分阎本想用剪子把宋江一杀了之，又怕累及老母
和张三，虽暂告罢手，可害宋江的决心已下。时过五更，阎捡起宋江遗忘的招文
袋，如同见了宋江一样的厌恶，顺手撺了出去，后发现袋中有黄金，不由转怒为
喜，袋中再一找，又见书信一封，读到"晁盖"二字，猛地一惊，马上觉得要挟宋
江的机会来了，精神为之一振，顿时愁闷全消。想到宋江必来索还，不免又生焦

急，但转念一想，把柄在手不愁宋江不就范，便又露出得意笑容，她变得胸有成竹，备下了笔墨纸砚专等宋江入套。要表现人物如此复杂的心理活动，童眼神、表情和肢体语言三管齐下，用缜密的针线缝合了无痕迹，使之思绪顺流而下，从而把阎氏心态昭然于众，称得其细腻无匹。

宋江二次上楼，两人针尖对麦芒各不相让，芷苓的阎氏说话咬牙切齿，神态飞扬跋扈，把人欺到了家。她眼神于柔美之中微露凶光，一旦生恨，面飞六月之霜。她一字一字从牙缝中挤出，脸上还带着阴险的媚笑，让人看来，会从头发根里渗进寒气。到了催逼宋江写休书，阎先后四次用"下楼睡觉去"威胁宋江，为免致雷同，芷苓处理成有语涵差异的不同语气：第一次语气坚决干脆，迫使宋江答应；第二次含着冷笑，语气傲慢凌人，力压宋江屈从低头；第三次凶狠蛮横，硬使宋江打上手印；最后一次语气有恃无恐，边说边想溜，完全撕破了脸，这才激反了宋江，导致了"杀惜"。芷苓几层不同处理，把阎的性格、心理一层一层剥示无遗，她随的是"大路"，却在紧要处"点睛"。宋持休书念到"休妻"二字，芷苓无可奈何地撇嘴甩眼扭头，很是传神。宋江打完手印，芷苓从阎氏此时急不可待的心理出发，扑过身子伸手去抢。她没能得手，又马上堆下笑来："宋大爷，你怎么这么小心眼儿？你给了我休书，难道我还逃得出您的手心儿吗？"这角色有多厉害。再如演到阎气焰嚣张时，芷苓加了一个跳椅动作，直指宋江大叫大嚷："你给我写！你给我写！"两腿盘起，竖眉瞪眼，一副女煞相。童之演阎，步步逼宫，玩宋江于股掌之上，刁、蛮、狠、毒、赖五字俱全，直逼宋公明死里求生，活脱之极，真灼然耀目的戏中神品。"文革"前，奚啸伯与吴素秋有过《坐楼杀惜》（全本《闹江州》），马连良与赵燕侠也演过一回，南方周信芳和赵晓岚更是一对固定搭配……然而，不知何故此戏愈演愈少。直至"文革"后，芷苓旅美与周少麟合作过《坐楼杀惜》，又在大陆麒派纪念演出和南北名家荟萃的大场面上先后奏响，《杀惜》这才大地回春，周信芳与童芷苓都有本事让观众紧张得透不过气来，只是可惜，两位《杀惜》从未有过一会。

20世纪80年代中后期的童芷苓生存在巅峰，她常年在高位运行，可毫无"如临深渊"之感。按理，童环顾四周，皆是仰望的眼神，高山仰止的"霸主"是寂寞的，可她又哪有一丝寂寞。她绝不会为保自己的金字招牌退而守业，裹足不前，不少人怕这怕那，无非是怕自己声誉和品牌不保，童芷苓则不然，她胸中的蓝图永远没有终点，经年累月表现出来的是一种大无畏精神，不怕砸牌子，不怕掉身价，也不怕遭人骂，而是一往无前的去跨越一个又一个的障碍，去夺取一个又一个的创新高地，连续不断地去攀登、去突破，哪怕面临的是雷池、是险峰，这在顶尖名家中是少有的。

人们虽已看到童芷苓大旗斜阳的景象而心生惆怅，可她自己相信"人不思老，老不将至"，坚认"心若在，梦还在"，不然六十多岁的人怎能一而再、再而三地出新出彩，即使同一出戏也不知打磨多少遍，这才会每演一次，必上一个台阶，必多一分精彩，《杀惜》如此，《戏凤》也是如此。

《戏凤》，又名《游龙戏凤》、《梅龙镇》，演大明正德皇帝微服出游，在山村小肆见店主之妹李凤姐貌美戏而纳之的故事，这也是一出生旦并重的百年老戏。童1980年曾与言少朋在"大世界"偶演一场，因上台仓促未及润色，为此总耿

童芷苓与言（菊朋）门三代有璧合之作，此照是与少朋先生合演的《戏凤》

耿于怀。及至1985年出访美国，与李宝春合演，始遂了她那增益之愿。为使该戏别开生面，芷苓对凤姐一角研之又研，不仅展现未嫁少女羞涩心态，更把山村小姐的奔放洒脱演示得入木三分。《戏凤》历来是龙占主动凤居被动，童将凤姐演成先是局促中应付周旋，因见来客气宇轩昂，风度不凡，又转为主动示情表露爱意，这一伤筋

动骨的大手笔使老观众大感新鲜，新版《戏凤》在美首演，美国知音一片称道，说戏情合理人物生动，戏味比老路浓烈多了。周龙章先生在香港杂志撰文称："我组织过多次演出，以童老师这出《戏凤》最具分量。"

翌年夏日，童受邀香港仁济医院义演，以一出《戏凤》供港人尝新。她的凤姐情窦初开，不堪戏弄，而又惊又喜、欲拒还迎的少女情怀，极其酣畅淋漓。她又别出心裁地加入许多恰到好处的细节描绘，令人心中不禁荡漾起丝丝涟漪，如旦角很少有单耸一肩的做派，而她在回眸时来这一招，表示愚弄正德的胜利，

真可谓浑身是戏。

1986年冬，在祝贺首都梅兰芳纪念馆落成的梅派会演上，北京人士第一次见识到这出大胆出奇的《戏凤》。纪念演出共计三场戏，童芷苓参演两场，一天是《四郎探母》，铁镜公主由丁至云、梅葆玖分饰，芷苓则担纲萧太后，反应强烈；另一天是杜近芳《断桥》压轴，童芷苓压台大轴就是这出《戏凤》，演正德帝的是言门新人言兴明。童提携兴明自有絮果艺因，想当初，言菊朋和言少朋父子的"绝唱"皆由芷苓陪演，亡故的言二姐又是她多年的好姐妹，感念言门旧谊，芷苓深意可知。

梅派会演后，应北京京剧院之约，芷苓又在长安戏院登台，其中一场竟是《杀惜》、《戏凤》双出。《戏凤》在京一露面，引得议论四起，相比之下，捧场者占了压倒优势。北京《戏凤》梅开二度，长安戏院观者如潮，著名电影导演谢晋称其为"独一份《戏凤》"，很多人说："要走您路子"，"老的太瘟了"，"戏被您演活了"……一位上海教授当面夸奖："好戏不怕百回改，您的戏愈改愈精彩，您的'应手'是从'得心'而来。"艺术创造如同艺术欣赏，从来是仁者见仁，智者见智，但不高明的艺术家永远戴的是别人的眼镜，恋恋于老调子的，终不能与时俱进。那八面威风的《杀》与《戏》皆出于她用心感悟，以真情创造。罗曼·罗艺有言："创造，创造才是唯一的救星。"更何况是在今天京剧的衰微时世。

《戏凤》在首都出台仅仅是开始，天津梅派会演童芷苓如法炮制，一演李凤姐，一演萧太后。北京李维康、耿其昌夫妇当时正排《骊珠梦》（全本《游龙戏凤》），他们带着中国京剧院二团的主要演员和编导特地赶来天津观摩，戏若不精彩，谁有这等虔诚？天津演毕，老市长李瑞环请大家吃宵夜，他说："现在不少人唱戏嗓门很大，不讲阴阳四声，像童芷苓的唱不太使劲，观众不是挺喜欢吗？大家应该学童芷苓。"其实，这里有功力和火候问题，一下子又怎能学到手。

1987年元月3日，童芷苓在上海共舞台为沪上观众首次演出《戏凤》。戏院门庭若市，一票难求，黑市票价翻到十倍之多，更有人从远郊赶来，真"酒香不怕巷子深"呀。《戏凤》当晚，场面之火爆为上海京剧院二十多天剧目展演之冠。当天晚上大轴《戏凤》上戏已是夜间近十一点了，座客居然直到终场无一人"抽签"。

《戏凤》一戏,唱到1988年上海海内外梅派名家大会演的那一次,更有非梅非荀、似梅似荀的成色,一看便知她展现的已然是童芷苓风格,或者说,已是地道的童派《戏凤》了。《戏凤》在京津,观众虽如潮涌,毕竟略有异议。但在上海,一时间口碑载道,只要是梅派中化出来的《戏凤》,放在梅派会演场合又有何不妥?上海人无此异议,说明上海观众的意识更为现代,观念更为开放。童氏风格也罢,童派也罢,它孕育和成长的热土在上海,就容易理解了。

第十三章　雁过留声

一、咱 们 有 缘

1987年秋某日，应童芷苓之邀，汪君知友朱继彭循址来到上海市西区中山公园近处的一座大楼，电梯升到第八层，便是童府。来客轻按门铃，屋内一声"谁呀？"又亮又脆，一听便知是童芷苓本人，这声音听了几十年，熟悉透了。她亲自开门迎客，首先入目的是一副奇特的画面，她一手扶着藤椅，一手执握手礼，一条腿屈跪椅上，全靠另一条腿支撑全身。藤椅四脚装有小轮，她推椅助步，十分利落，来客纳闷，不久前曾见报道：童芷苓自美国飞归，是坐着轮椅出机场的，脚伤不轻，说是脚背骨裂，今天怎么恢复得如此之快？

她的居所宽敞、幽静，来客一下被会客室的气氛所吸引。西南墙边是一架钢琴，其余墙上全是名家名画，水墨丹青；室内沙发环抱，花卉生香，中间一片开阔。只听脑后一阵轱辘声响，童芷苓再次迎上前来，忙请客人落座，并指着会客室说："这里是我家练功和排戏的地方，我一天也少不了它。"果然如此。

屋里隔桌落座，童芷苓接过保姆端来的香茗亲手奉上，有问必有所答，侃侃地谈，朗朗地笑，海阔天空，纵论戏剧人生，话题不拘，方位不限。她有遗憾，有愤慨，有自责，有欣慰；不隐瞒自己的观点，不讳言自己的弱点，心地透明似水晶，言谈奔放见豪情。在童芷苓看来，"俱往矣"，过去荣辱祸福正是过眼烟云，而"来日犹可追"，回到现实中来，立足于最后的人生冲刺，才是当务之急。她"老骥伏枥志千里，不用扬鞭自奋蹄"的壮烈情怀把来客的心弦拨动了……

话题闸门打开，一时难收，客人望着芷苓老师双眼，这时才敢细细端详她的真容，她一对星眸内涵丰富兼有语言功能，名不虚传；她鼻梁中挺，嘴角自然微翘，腮边双靥浅浅的，与台上无异；一头浓密的黑发，不见焗染的痕迹，依然本色；身材环肥燕瘦取其中，嗓子大，气息足，音色明亮，出字爽脆，不禁暗自为她高兴。是日她发型朴素，粉黛不施，一件粗毛衣，一条练功裤，一双软便鞋，找不出一丝"角儿"的谱来，明明是师生对坐叙话，恰似姐弟间叙旧，能不叫人受宠若惊？

说话忘了时间，朱先生见时近中午，便匆匆告辞，童老师起身扶车送客，电梯口还一再嘱咐："请多过来坐坐。"凭着这句话，尽管童老师经常往返大洋两岸，在家时日不多，今日的不速之客还是摇身一变成了日后的童家常客。

朱之访童，由汪一手牵线，朱心中忐忑不安，有心想接"令箭"，却又顾虑重重，还是先接触一下童老师再作道理。双方都在观察对方，谁也没有直奔主题。

1988年5月，上海首届海内外梅派名家大汇演拉开帷

童芷苓上海合影，左起朱继彭、童芷苓、童寿苓、汪沛炘

幕，整整十天众星闪烁，称得上是一次特大盛会。童芷苓出演两场，剧目是《戏凤》、《探母》两出。只是《探母》萧太后一角临时让席于杨荣环，不免遗憾。《戏凤》当天，乃是童家班天下：先由弟子王敏《虹霓关》开场，再由小苓的《坐宫》居次，大轴当然是芷苓和言兴朋的《戏凤》。台上的童芷苓一身白色袄裤，先已讨俏三分。真好一个李凤姐，活泼天真，调皮多情，流畅自然又柔美水灵，一颦一笑无不牵住全场视线。这出"俏"戏全在分寸把握，她的妙处在于既不流于纤巧，又不失之拙肉。

《戏凤》之夜，汪、朱两人被童邀去看戏，散场后一齐去后台道乏，只见张少楼等人正从化妆间撤退，一再地说，"大姐你早点休息"。此时上了岁数的童芷苓疲态尽显，后台却有人拿出相机要求同童老师合影，当场即被谢绝："我散戏后不照相。"说话时精气神已然大减，她当然十分在意自己的形象。汇演期间，时有记者在捧场，不约而同地赞美她是常青树、不老松，童老师则不卑不亢地说："我有自知之明，那是大家在捧场，到了哪一天，我觉得没'脸'见人了，我会自动退出舞台。"

未及一年，戏剧性的事情发生了。那一天正在童家聊戏经，童芷苓突然提到出书了。原来她日前已同汪沛炘商定由她当面邀请朱先生执笔。朱也是有备而来，自己毕竟不过一戏迷，能有多大道行，这等大事轮到一个"外行"头上，岂不是鬼使神差，万不能就此坏了童老师的写传大事，还是请她另找高人吧。

正待婉辞，芷苓老师却铁板钉钉："谁让咱们有缘呢！"童接着说开了这一"缘"字，"我们真的有缘，我的书早不写晚不写，偏在现在写，正好遇上您"，"我不在乎作者有多高的声价，有多老的资格，我有我的眼光，恰巧您就是我要找的人，缘分很重要，您就大胆地写吧"，"再说我和您又都是汪先生好友，您说巧不巧，难道这不是缘分吗？"

见朱先生还是进退失据左右为难，童老师干脆把话说穿了："听汪先生说起，您顾虑很大？"朱也实话实说："我不是不愿意，而是不敢。"童一点不担心："我已读过您的几篇文章，很喜欢您的风格和笔调，我也很看重您的评戏才华，朱先生就别推辞了，您就用我的素材写您的文章，我不会让您来承担责任。"听此言朱大感惊奇，童老师太礼贤下士了，完完全全的平民意识，太可敬了！此时的作者已是无话可说，童走上前来与朱先生双手紧握，童老师最后还是用这一句话作结："谁让咱们有缘呢？"

事后朱对汪倾诉了自己的复杂心理："出自我对童老师的尊敬，又深感她的知遇之情，我不得不肩负巨大的压力，接受这原本不该属于自己的使命，我只有鞠躬尽瘁全力以赴而已。"

二、金山之行

童芷苓真下工夫了，身在纽约的日子里写下了五十多页回忆素材，对一位六十七八的老人来说，太勉为其难了。她明白作者最需要的是她脑子里的活材料，这除了当面访谈别无良策。因此每逢她回上海总要安排尽可能多的零距离接触，采取的是双方时而一问一答时而共同回忆的方式。渐渐地老人家头脑被激发了，经这样由远而近、由浅入深、由点及面的回忆，竟发现童老师的脑子好得出奇，每次记忆闸门一打开，就会滔滔不绝，休想刹得住。一谈上戏，即使她已打上呵欠伸上懒腰，也会马上精神双目放光，真是奇了！

在上海的日子终究有限，何况她缠身之事又多，汪先生出了高招：把她请到地处上海远郊的金山石化地区小住一阵，那里可是桃花源呀！童芷苓连声叫好。于是她和二哥寿苓一起，带着一名随身小保姆，在朱老师陪同下驱车90公里，来到华东理工大学金山校区刘宗英校长家下榻。整整七天，汪、朱两位全周请假，陪同童家兄妹日日访谈，天天研讨，回忆越来越细，话题越谈越多，访谈记录用的是厚厚的硬面抄，竟一下用去六大本，她都被自己出色的战果惊呆了，"我说了这么多呀！像做梦一样，看我的脑子，好到今年只有十八（岁）了，哈哈……"

宾主双方很快彼此熟悉了，刘校长尤其关心她的"文革"磨难，童老师轻描淡写，只是略表而已，当时在她身上施行的种种暴行，由她说来竟是出奇的轻松：

"刚开始，我怕得要命，小小的一次抽打都顶不住，后来惯了，不管什么家伙，还是拳打脚踢，打在身上全一个感觉，我的神经有'特异功

童芷苓生活照

能'，就是麻木得快。"她又说"打多了就豁出去了，反倒把我头脑越打越清醒，不但打不怕，打不傻，更打不死。我小时候差点没病死，那时算过命，说我命里有贵人相助，我命硬，死不了！"她把惨痛的回忆当笑话说，可听者心头好沉重。

童芷苓语调显得尤其平和，听不出仇恨，听不出悲愤，不见她动情，也不见她诉苦，她缓缓地讲述着在她身上发生的惊天罪行，在座的个个压抑得透不过气来，这就是九死一生后涅槃重生的童芷苓。

大家不便再问，校长夫人此时说了一句安慰话："能健康地活下来，这是最重要的。"童微微一笑，"方才说的那是小儿科，比这大的多着呢！……打死过去了，用水浇醒，再变本加厉的毒打，又死过去了，再浇醒……直打到他们手软。我当时想法很简单：要死不打也死；要不死，任打也死不了，看谁熬得过谁，你打不死我就是我的胜利。"一看大家面露怵惕之色，她赶紧打住："不说了，不说了，我要做的事多着呢！哪还有时间老去想这些，没用。"接着她又变得诙谐起来，"他们好几个人用皮带抽我，嗨！居然奈何不了我，皮带倒

是断了好几根，那年头的皮带也真差劲，全是伪劣品，要都是真货，我哪能活到今天。"

童芷苓说到这当口已没法刹车了，"死过的人才知道死是什么感觉，没人不怕死的，我也怕，但一旦到了非死不可，死比活有价值了，自然就不怕了"。

无意中她说到了自己夫君："唉，'文革'给我的苦难再大，也抵不上我失去一个陈力呀！"众皆默然。"陈力很平凡，但我最需要的就是他那种平凡，他的感情全在心底里，我不能没有他。真的，眼下若有陈力在，现在写书哪有这么费劲，我的事全在陈力脑子里。"

应校方之请，童老师欣然出席学校师生代表的见面会。会上她一句不谈自己的名望和成就，而是以一个过来人的身份，呼吁大学生朋友多多支持京剧："京剧有过它光辉的历史，至今仍是国之瑰宝，我心甘情愿为它付出一切，现在我老了，但我还在关注着它，因为它是值得我们去付出的，甚至是去献身的。"她还满怀深情地说："过去京剧繁荣，少不了知识界和大学生的支持，见到你们，我很怀念那个美好时期……"不少师生原为慕名而来，也没有发言准备，受童老师感染，与会者居然争先恐后发言，都对京剧作了不同程度的声援，并祝愿童老师艺术常青，健康长寿……

散会后一个感人的场面出现了。此时不断有人涌进会场，童老师看出大家都有合影的意愿，便大步上前，先坐在了临时设置的合影座上，等候大家一一上前。谁也没想到这位艺术巨擘居然如此平易近人，根本没有一丝一毫的傲态和架子。又见她始终笑意盈盈，坐姿笔挺，接受着一位又一位的合影要求，照相一照就是半个多小时。事后校园内赞声一片，都说开了眼界：没看过童老师戏，却见识童老师"人"，哪有这样的顶尖艺术家！现今社会上那些半瓶子醋的"艺术家"一个个眼睛长在头顶心，身份本就没法比，那境界就差得更远了。更多的人认为：彼此素不相识，同我们这些戏盲合影值得吗？她的价值观决定了她的人品和境界，这才是真正上品的大艺术家。校园内童芷苓的名字不胫而走……

既来金山一趟，不去海边走走不免遗憾。于是，童老师约朱先生海边聊戏，真个好雅兴。没想海边漫步，引发了童老师对"海派"的抒怀。

童站立海边陷入沉思，原来是见海思"海"，她想到了海派，"听人说过，来上海久了就会成海派，周围大环境迟早会把人同化掉。我在上海唱了几十年戏，哪一出不按京派路子唱的呀！那时言二姐（慧珠）还老说我俩在海派地盘里一尘不染呢！"朱有意挑问："果真如此吗？"童说她并不排斥海派，"这么多年，亲眼目睹海派打出了大局面，海派戏还真有学问。大概我也受老观念影响吧，既然都说海派不正宗，我又何苦去套近乎呢？"

朱先生意识到一个好机会就在眼前，平时不便涉及海派话题，唯恐同她话不投机。此番童老师主动提到"海派"，正好乘机切入："那您其实还是对海派认可了，不是吗？"童想了一想："我受荀先生、赵先生（芙蓉草）影响很深，他们二位在上海一直很吃得开，有不少表演同海派有相通之处，他们借鉴南方玩艺儿不少。荀先生常在北方演，没人说他海派，赵先生后来老在上海演，就被不少人归到海派或是南派里去了。在上海耽久了，我慢慢也摸准了观众的口味，上海这地方看的是新，是变，喜欢竞争，欣赏面很宽……这些全跟我路子相合，这么说，我想我身上或许也带海派味了。"

童芷苓对"南方名旦"很感兴趣，"我非常欣赏那时南方一些名旦，如小杨月楼、赵君玉、毛剑秋、黄玉麟、王芸芳、刘筱衡……有的我没赶上，有的亲眼见识过，可惜他们走得太早了，把身上的绝活连同南派的好戏都带走了，他们几乎很少有接班人，多可惜"。朱不离话题，接问："你欣赏他们什么？"童不假思索："全面，他们太全能了，唱、做、念、打都有看头，连文带武，昆乱不挡的，会戏也极多，我还佩服他们胆大，真敢出新，真敢改戏，花样很多，而且表演风格十分生活化，我很欣赏。"朱马上接口："你说的那些方面不都是你的特色吗？你同他们大概是惺惺相惜吧！"说到这里，童老师笑了。

童的话题又转向了，说起了《纺棉花》一类娱乐戏，"南方杂唱杂活小玩艺儿真不少，凑在一起成了北方所说的'杂拌'，这是不是更海派了？哈哈……对了！时装登台的《纺棉花》本就是海派戏吧？"一下子她变得豁然开朗了，"哦，我懂了，不是都说上海这地方海纳百川吗？的确上海容得下各路风格，什么路子的戏上海人都不排斥，全国最开放的就是上海了，海外的、新潮的东西太多太多，西方文化和新潮文化也属上海最发达……这样一汇合，不就是海派文化吗？"

童老师在一块海边巨石前停下脚步，看来今天心情不错谈兴尤浓，时近黄昏，还不想刹住话头，她又提出新的话题："有人说我是海派，我是吗？"朱早料到有此一问，"你们圈内人怎么看我不清楚，不过老戏迷中绝大多数还是认定你是京派，但海派成色也不少，我看你是化入了大量海派元素的京派，不然就如汪先生所说的，是南北融合的京派，你同意吗？"童想了想，点点头，"嗨！我大概也就是京派里的海派了。不管它了，回去吧，这没太大意思，能被观众认可最重要"。童老师很欣赏"英雄不问出处"的说法，在她看来，管它南派北派、关东派、外口派，只要有真本事，有真玩艺儿，她就佩服，"看看人家是怎样走过来的，就知道志气比什么都重要"，"南派好角不少，北派也有棒棰。"

接着，童芷苓来到一棵大树底下的小草坪上，连比带划，学起了那些曾同过台的南方大牌。一会儿是麒老牌（周信芳）的庄周；一会儿是赵老开（赵如泉）的董卓；时而林树森的关云长；时而高百岁的楚霸王……模仿的全是这些大腕的注册商标式的身段动作。一看四下无人，索性轻抒歌喉唱开了，直到唱累了方才歇手，七旬老太神完气足地唱了整整三刻钟的独脚戏，煞是精彩。她还不无得意地说："我学得像不像呀？跟他们同台真来电，好刺激。"看她说得如此津津有味，简直就把自己融入海派大家庭了。

新中国成立后十七年，台下工农兵观众占了大多数，但主体还是上海人，能在上海（包括江南地区）拥有这么众多的新观众，而且大多又是有着不同成色的海派意识，说明童芷苓很好地顺应了上海一带观众的海派情调和海派趣味，她无疑也获得了广泛的海派人和。童芷苓那些大受欢迎的新戏如果没有海派元素和海派成色，那是很难想象的。当朱向童提出这一看法时，她颇觉新鲜："我倒是没想这一层，你说得极是"。

一周相处，童老师人格魅力给汪、朱印象至深，面对知音，她流露出些许无奈，访谈中迫使她直面心灵伤痕在所难免，须知心伤并不是能挥之即去的。她相信"公道在人心"和"清者自清，浊者自浊"，懂得用感恩心做人，用敬畏心做事，才会有"恩怨自然平，一笑泯恩仇"的胸怀，她把"文革"十载看成是复出十年腾飞升华的预备期，"没有'文革'就没有我今天，因为'文革'，我才会大彻大悟"，率性天成的童芷苓吐的全是她的心声。

有人顺境时一条龙，逆境时一条虫，童老师逆境中照样一条龙。童没有阳光也灿烂，让人不得不钦佩她强大的生命力。她除戏瘾外没有他瘾，戏瘾之大，连她自己都说"我不能一日无此君（戏）"。她文化不高，没学过高深的理论，但谈起戏来，常有鞭辟入里直中肯綮之妙，她那出"心灵归心情"的至真至实的话语常能暖人心胸、发人深省。而如今,童已步入巅峰,成了当今梨园最有统治力的旦角,往事如烟,经过时间的筛选,所有的过程也都成了美好。

金山之行收获颇丰,一连七天的争分夺秒,积累了足有十万字的素材文字,全是童芷苓回忆口述的活资料,对于这一成果,童本人喜出望外,连说了好几遍"想不到"。在告别了刘校长夫妇返回市区的途中,童芷苓一而再地重复着一句话:"我金山这趟真没白来,不虚此行呀!"

三、晚霞红遍

"雁过留声,人过留名",这是一句老话,名与声本为一体,但童芷苓有她自己的理解。

角逐名利,那是青壮年时代的事,及至"文革",愈长年岁,愈淡名利,暮年的童芷苓所思所想,唯有一条:如何争分夺秒,把平生所学留诸后世泽被后人。她的心秤上显然"声"重于"名",已是君子谋道不谋食的意境。投身京剧六十年,该有所交待了,童芷苓金山之行时,有过语重心长的一席话:"我童芷苓有何德能,能有今天,还不是前辈老先生带我出道扶我成长,他们留给我的财富,我没任何权利带走,这样上帝也不会让我进天国,把我一生所学、毕生创造留给后人,那是我的天责。"

正当她集中精力投入《童芷苓》一书,同时她还念念不忘出第二本书,并把这一秘而不宣的心愿直告汪、朱,据她所想,此书不在扬名而在扬艺,旨在后人有所得。她下定决心要把多年积累的经验和心得总结成书,详尽阐述她每出戏的剧本是怎样提炼的;对人物是怎样理解揣摩的;对戏是怎样变通改革的;对表演艺术是怎样出新的,不仅让人知其然,也要让人明白所以然,并在一系列"怎样"的后面再加上一连串的"为什么要这样?"她显得信心满满:"这本书内容全在我脑子里,我就对戏有记性,这比头一本书要容易多了。"

她愿将绝艺传薪火,尽其平生所学,决不让岁月带走花衫。童芷苓愈来愈觉得培养后人的重要性超过自己登台。早在"文革"复出伊始,她就收下第一位弟子詹萍萍。在她以后的日子里,足迹到处,拜师者不绝,于是大开山门,弟子一下达到二十余人。门人中大多带艺投师者,在各地剧团也皆身在主演之列、黑龙江于兰、天津李静、福建蔡淑云、北京王敏、上海李秋萍和黄小秋、广西何金霞、江苏张丽珠、贵州卢小玉等人和美国纽约的何恕、周龙章以及华盛顿的陈孝丽都是童芷苓的弟子。尽人皆知童是一位杰出的表演艺术家，至于她还是一位兼具导演才能的戏曲教育家，知者却是不多。

既受以师礼，当为弟子负责，在京剧滑坡的年代，有志学戏者显得有多难能可贵。她的态度十分明朗："在我童芷苓手里，绝不误人子弟，我不挂空头衔，什么本事我一件不留，只要她们拿得过去，我照给不误。"心胸磊落照人，教戏更是只争朝夕。她唯恐来日老迈教不了戏，故心急火燎盼徒早成，把力气用到十二分。叫人不可理解的是教者比学者更虔诚更忘我，她把"输出"当成"输入"，把他人受惠当成本人得利，这本账，对于不具奉献精神的人，是无法算得清楚的。

曾有一年，刚从香港、北京连演归来，本已劳累不堪，正遇何金霞上门投师，立刻约法三章，规定小何三个月内必须学会三个不同性格的主角戏——薛金莲、王熙凤、尤三姐，她把自己也绑上了战车，疲乏得几近虚脱。福建姜淑云和上海的弟子有一次好不易盼到童师回沪，原想烦师授戏，却不便开口，时正炎夏，喘气都冒汗，怎好意思。童芷苓不加考虑，毅然放弃海滨度假，把市内外弟子一起召集来家，每周三天，连续战起了高温。她一次次总讲，一遍遍启发，一段段示范，汗珠砸脚面，衣衫尽湿，打蜡地板上汗水滩滩可见，一个夏天，人形消瘦了一圈。天津李静常年学戏仅凭书信往来和音带寄送，当师父的于心不安，一次在津演期刚完，正准备打点行李，李静突然露面了，原来她是由外地日夜兼程赶来见老

童芷苓在家为学生排戏，前为童芷苓，后左起何金霞、詹萍萍、姜淑云

师的，谁知童师三天后就要登机，机票又没退成，这对一门心思学戏的李静未免太残酷了。童师不忍，于是推辞了所有公务，搁下本人亟待处理的私事，开足马力，整整为这位好学的弟子上了三天强化课，扎扎实实地教了《红娘》、《坐宫》、《宇宙锋》三出戏，一些重头段子示范何止十遍八遍。师生三天吃住全在一起，只因强化过度，天天汗流如注，以致事后病倒，外人看来，她似乎反欠了弟子一笔债。

童芷苓有教无类，授艺不限门派，凡有所求，必有所应，一样教不藏私。陈朝红本是李玉茹弟子，上门请教《勘玉钏》，童一教四个小时，让对方由衷感

童芷苓在天津与弟子李静合影

激，"深刻而难忘"；秦腔演员齐海棠恳请函授，童回以长信，分七大部分把从艺体会作了概要介绍，两人素无过从，童竟以"真经"相赠，风格、胸怀可见；上海吴江燕宗梅，三番五次求教，童不厌其烦，反赞其精神可嘉；北京刘希玲也宗梅，不远三千里跑来上海，面请《宇宙锋》秘笈，童不计酷暑之累，把希玲留宿家中，自晨至夜尽心传授，致使希玲学成后，告别之际，竟泪水纵横不能自制……

她收下的门徒均小有名声，她们无不冲着童师拿手戏而来，她何尝不想晚有弟子传芬芳，以她们为载体把自己艺术精华留后世。童芷苓教戏的精神人见人服，常为一个动作、一句唱念反复示范，《樊江关》一套趟马，一示范便是十几遍，一堂课下来，比自己演一出戏更累。无论弟子，还是友人，说起童之教戏，一如她研戏唱戏，竟是一样的拼命。

童芷苓海外友人圈里，不少皆旅美台客，时常聊起台湾的话题，尤其是被台岛奉为国粹的京剧。如今童芷苓誉满中华，唯独宝岛尚属空白，她哪能不憾意常在。

宝岛重大喜庆盛典常以国剧为圭臬，她不由对厥功至伟的台湾同人心生

第十三章 雁过留声

263

敬意。那里梨园旧人不少，昔时富连成社、中华戏校、上海戏校均有艺友在，如"台湾梅兰芳"顾正秋、"台湾四大须生"的胡少安、李金棠，还有李万春二弟"台湾活关公"李桐春等都是芷苓旧识，为此，她献艺台岛之念益切。"老四坤"之一章遏云50年代程派戏在台轰动一时，后在台大鹏艺校任教也颇有建树。老姐妹白玉薇在台湾可谓桃李满园，以戏曲教育享有大名。前例可鉴，热衷薪火相传的童芷苓焉能不动心。台湾艺教有市场，或许能物色到几名后来人也未可知，她播艺留种的念头更加速了访台的步伐。

曾几何时，艺术先于政治解冻，台湾无疑是大陆艺人最为渴望的码头市场，随着大陆人士赴台法令逐渐宽松，当行大牌挟拿手名戏来台征服翘首以待四十年的戏迷已为时不远。童芷苓敏锐地感知行情走向，台人戏迷骨干多为大陆人士，慕童之名久矣。美、台剧界消息相通，童在美风景独好，又三度蜚声香港，台湾好戏者怎会不知，何况又是鲁殿灵光之翘楚人物，若再无缘一见，童芷苓将成历史，台湾戏迷急盼心理童心如明镜，她正在快马加鞭。

1989年秋芷苓往返大洋两岸曾借道台湾，结识了一位当地名票张昭泰，张提出邀请，操办之事童便全权委托。童时已取得美国绿卡，这就为她铺平了访台之路，身份敏感因素已不复存在。于是台方演出承办人杨先生发出正式邀请，一代花衫泰斗童芷苓，就此成为第一个步出神话图腾，活生生站出来向台人通好的艺术大家。

1990年5月2日清晨两点，童芷苓母女由纽约飞抵台北桃园国际机场，舷梯上一露面，一袭亮丽的玫瑰红色纱质洋装，脸上薄施粉黛，戴上一副宽幅太阳镜的童芷苓立时成了欢迎人群注目的焦点。"她还是那么漂亮"，"老太太好年轻、好风度，看上去比她女儿大不了多少"，一时赞叹声四起。当天台报登出醒目大字"国宝级演员"，开足了宣传马力。她迎着欢迎人群走来，开口第一句话："我是代表大陆演员来打头阵的"，说得不卑不亢，恰到好处。几近半个世纪的暌违，得以遂现夙愿，记者招待会上不免亢奋，记者盛赞她奠定一代花旦宗师地位并大加称道童派风格，她谦逊作答，"这是戏迷架起来的"。刚到台北头几天，记者采访，同人聚首，旧友叙话，忙得不亦乐乎。

童所到之处皆离不开"年轻"话题，不少场合都会向她请教"年轻"的由来。说到底，此乃性格和心胸使然，一个性格开朗、乐观、充满阳光的人，一个自信、果敢、志存高远的人，一个襟怀坦荡、胸怀博大的人，一个意志坚强一直向前看的人，一定是一个永远年轻的人。至于童芷苓在舞台上刚一出场，前排观众还能看出几分年岁来，可不用几分钟，就会感到"老"相尽消，对她的实际年龄就会浑然不觉，这已不是性格使然，而是她的魅力所在了。

剧场定于6日中午在"国家剧院"售票口预售19日《王熙凤》座票，每人限购两张。消息传出，剧场电话被打爆，院方见上座势头大好，有意再续一场，芷苓却未置可否，且看第一场售座如何。谁知5日半夜，售票处门口已是人声嘈杂，到6日一大早，熙熙攘攘的人们早就排成长龙，不少是搭夜车赶来，全冲童芷苓，甚至不少老外也来凑热闹，挤在见首不见尾的长蛇阵中。两小时不到，门票抢购一空，这般盛况台北已多年不见。为满足向隅客，院方只得再次情商，芷苓心中窃喜，此行兆头不错，这才许下21日再演一场。

登台前的那几天，记者蜂拥上门，争先采集独家新闻。她斜躺在国宾饭店高级套房的睡榻之上，操起轻软甜脆的北京腔悠悠地大侃起戏经来，霎时天南地北、三山五岳尽入话题，往事滴滴穿成线，昔时的甜蜜与苦涩全在她那得意与失意交叉并存的回顾里重新在时空中浮沉。她娓娓道来，不事藻饰，也无遮拦，当人问起昔日恋情秘事，她无分爱河里的酸甜苦辣，竟自和盘托出，言语之间，她流露出一片开朗童真的先天性情，同时也掩饰不住艺术家一生在追求完美境界的自信和用心。她口吐莲花妙语连珠，全是她阳光性情的释放，此时的童芷苓纯真而透明。

兴奋难抑的童芷苓对《王熙凤》一剧信心满怀，"戏剧改革必须慎重，既要老戏迷承认，又要年轻人接受，《王熙凤》就是一次尝试"。记者问起创新和继承两者如何把握，她一言道出真谛："我既不当守财奴，也不当败家子。"掷地有声，精辟至极。童芷苓的口述经记者手笔，记述成文字作持续十多期的连载，且有大量彩照穿插其间，《童芷苓：粉墨人生半世纪》这一大块连篇长文，成了台人爱不释手的读物。全文"国宝"、"不可企及"一类褒词随处可见，台人眼里，童芷苓与"国宝"划上了等号。

定妆由台北专业化妆师王银丽承担，王的定妆术因人而异，童鼻梁高，双眼大而深，口型很美，王把童的鼻翼色彩打成粉而嫩，依其眼形轮廓线略往上扬，但不作过分强调，略嫌清淡，反现自然之美。长达五个小时的化妆和定装，芷苓对镜自端详，发现绷紧而光洁的脸庞全然掩饰了年纪的印痕，益显琏二奶奶娇俏冶艳，她满意地笑了，"我生平第一次让别人化妆，享福啰！"

19日首演，此间人士异口同声，都说童之唱念做舞无一不显露国宝级艺人风采。观众席卷起一阵阵春雷般的掌声，并为这位历尽生死磨难的花衫泰斗大喝满堂彩，胡少安赞不绝口："恍见当年南京模样，瞧她把喜怒哀乐勾勒得淋漓尽致，没想到嗓子还是这样好。"台湾名武生翁中芹、名小生曹复永连呼"大开眼界"。与她同台的张安平、朱胜丽都说受益匪浅。全场来宾冠盖云集，政界元老要人捧场者几占三分之一，国剧舞台已多年不见这番红火光景了。曲终人不散，观众拥向台前一睹芳华，试图看清台上艳丽无比的老太太庐山真面目。戏迷们上台献花场面动人，童芷苓以洋派风度把花撒向观众席。川流不息的献花人使她疲于应接，不得已请人一一代收，这才解了围。

莫道桑榆晚，晚霞红遍天。宝刀未老却雄风难再，常是英雄末路的悲凉，童芷苓则不属此类。轰动效应驱使台北记者掀起地毯式的造访，甚至围访。她本就健谈，加之言词诙谐、表情生动，滔滔不绝中不时口吐珠玑，众记者有如朝圣一般，个个虔诚极了。童芷苓对《王》剧的一番个人见解语惊四座，她点破最难处即在于把语言艺术（小说）变为视听艺术（戏剧），并表现为国剧而非话剧，她开门见山，直言以宝黛爱情故事为主线的红剧中，不少小说《红楼梦》里个性鲜明的人物在舞台上都显得苍白无力。王熙凤剧中配角而已，而凤姐恰恰又是曹雪芹笔下最为生动和最具活力的人物，各剧种对凤姐的描绘大多止于泼辣狠毒，失之肤浅，为让这一复杂人物活现于舞台，童作过多轮再创作，下过大工夫。她表示自己演人物，虽尊重国剧固有的节奏和音律，但更注重用展现生活气息的表演技法与传统艺术手段的融合，做到一不为行当所拘，二不为传统所拘，三不为剧种所拘，这"三不拘"的前提是"继承"。众人豁然，原来王熙凤身上的童芷苓风格正是三个"不拘"。难怪有记者当场便说，"听君一席话，胜读十年书"。

第二场《王熙凤》演出前晚十一点许，她开始上吐下泻，来势甚汹，夜里两点急召大夫诊治，止泻药加镇静剂双管齐下，演出那天中午，还吊了两瓶点滴略补体力。拖着疲软的身子，下午照样去戏院排戏，东道主深以为忧，童芷苓则外松内紧，唯恐乱了军心。上得台去，嗓子自然不比头场，脚下发飘，浑身绵软，她哪甘人前示弱，依然弓开满目，一点都不马虎，观众沉迷在她耀眼的风采之中,竟未发现台上望七老人居然是带病之身。

台北新生代剧场由著名坤净王海波出面邀演,童芷苓意在为女儿创造登台机会,当然一口应承。剧目敲定为25日《金玉奴》《醉酒》及27日全本《阎惜姣》,均由母女联手上台。港报称童芷苓魅力所向披靡,她那罕见的号召力再次为售座火爆所证实。20日票板一放,不到中午,两天戏票一张不剩,主办部门被各界索购的攻势压得喘不过气,只能徒呼奈何。宝岛各地和海外戏迷纷至沓来,童芷苓1982年香江盛景又现,好人缘为她送来再次极盛。

小苓以母亲为荣,有客来访,话匣不打自开,竟把妈妈介绍一个透,"我妈呀,平常对社会、人生观察十分细致,把生活融进了表演,她只要一说戏、一上戏,整个人就活啦! 突然会年轻十岁、二十岁"。女儿十分自豪地大谈母亲的超人能耐:"妈妈不吃老本,脑子比我们年轻人还要新……妈妈能把人物揣摩透了,老是能把你抓着,愈到后面戏味愈浓,不像有人一出场很亮,唱着唱着就淡了,台下聊天,抽签全来了,妈妈唱戏,能叫人一直跟戏走。"小苓连珠炮似地侃个不停,周围真有不少捧场的听客,只因言之不虚。

童氏母女演出最高价值为两千新台币,黑市炒到八千,粥少僧多,黄牛泛滥,乃至一票难求。25日《阎惜姣》的《闹院》《杀惜》由童芷苓担纲,台上扮十七八岁妙龄少女,报刊称其身手利落,艳惊全场。戏中跳椅、坐地的动作身手灵捷,与古稀高龄大不协调,观众又惊又疼,禁不住大声叫好。只是同台者俱按老路,戏路不合,留下一憾。小苓演《活捉》中阎氏,魂步冲而飘,碎步疾而俏,实为本地之仅见。戏中百旋身一招,罗裙散处,成一大片扇形,头发成匹如瀑布,长垂于地,身段之美、幼工之实令人屏息。此为其母亲炙,也是大陆传统演法,不过灯光未作营造,终使效果受损,又是一憾。

《金玉奴》一戏烦周金富饰金松,唱熟的老路子要换新,他一时接轨不上,这戏自然打了折扣。在台期间曾与李庆春有过一见,可惜庆春这位十二年前同过台的北京"金松"现已人老珠黄,广陵散盛筵不再,除却遗憾,焉有他哉! 芷苓只管内心叹息,台人却已心满意足,当地梅派新锐魏海敏惊呼"把角色全化了"。同人们无不翘起大拇指,台胞们对其俯仰自得、纵横自如的艺术胜境狂热褒扬,捧场势头一浪高一浪。

童芷苓以会艺为旨,以会友为乐,她打开了又一方社交天地。顾正秋是高居台湾国剧首席达四十年的人物，当年十八岁挑班，也是兼学四大名旦的全才道路，台湾京剧荒土今成一片绿洲，顾正秋当居首功。5月4日，顾邀芷苓便宴，在暖热的午后，一位大陆国宝级名家，一位台湾菊坛祭酒，第一次面对面开怀畅谈梨园古今事。她们彼此尊重，所言艺术理念尽中窍要，所见略同，可谓英雄之见。台湾对童、顾会面大加报道，以黑体大字登出篇题："两大名伶过招，各有精妙深处"，"时空分隔四十载，相逢了无鸿沟"，报纸的按语尤其抓人："王见王，世纪会。"

她拜会了老前辈俞大维等长者，俞是国民党元老、童芷苓的捧客，现已九十有余，见面恍若隔世，亲切中难免伤感，他对芷苓说："我和你母亲是同学，现在同窗们都不在了，我现在是你最亲的人了。"芷苓闻之酸鼻。

台湾新潮派代表郭小庄向童芷苓学戏

万春大哥的五弟环春来访，想起万春临终之憾，两岸弟兄终没能见上最后一面，让人唏嘘不已。

童芷苓会友效率奇高：有关肃霜业师戴绮霞，曾是台湾青衣王牌的徐璐，有当年同过台的于金骅，有大陆去台的郭锦华……还有当红女影星陆小芬。

台湾旦角眼下最走红的当推郭小庄和魏海敏，郭大胆出奇，老观众觉不够味，新观众则很欢迎；魏学葆玖、君秋，均循老路，甚受老戏迷热捧。童即将离台，郭小庄邀请心目中的一代宗师为她的"雅音小集"（艺校性质）诠释《金玉奴》，童欣然应允，两人就此结下师生情缘。魏高仰童的大名，又极欣赏《王熙凤》，遂心萌拜师之念。

5月30日，魏海敏一偿心愿，履行拜师仪式，成为童门下第一位台湾弟子。童芷苓戴着这位新弟子先前送的一对水钻镶坠耳环，接受拜师礼。魏当场亲昵地为老师戴上一条金项链留念，口中说着礼轻情义重，并频频递茶服弟子劳，惹得童师欢喜不止。魏深情地说，"老师浸淫京剧五十多年，融合各派精华，创出自我风格，今天拜师有幸，能亲炙名师，对自己成长将有重大影响"。童师席间提醒新弟子："学尽管学，但不要死学，要能发挥。"并预祝魏将来"必定成功"。

台湾艺校纷纷上门面请执教，她心里一百个愿意，因归期在即，一切全得付诸来年实现。台北文化建设委员会主任委员郭为藩先生亲自发出邀请，约她年底来

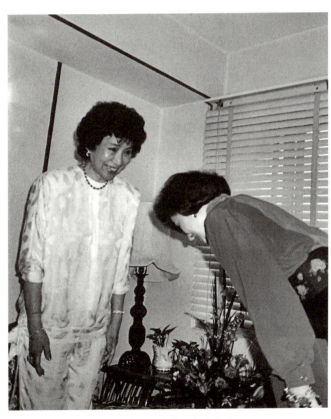

台湾青衣魏海敏拜师童芷苓

台参加"文艺季"活动,并对她赴台授徒教学表示由衷欢迎,不意间台湾成了她晚年播艺留种的沃土肥壤。

台湾盛筵未散,宾主双方意定约成,今冬台北重相会。童芷苓志得意满,登上了返回纽约的航班。

坤
伶
皇

座

第十四章　壮哉童芷苓、
　　　　　　美哉童芷苓

一、最后一搏

台北文艺季,拍定在11月份,童芷苓正厉兵秣马,谁知一件意外发生了。

6月初回至家中,身子总有异样感觉,经大夫诊治,竟患上了子宫癌,全家无不恐慌,她则神定气闲镇静自若,她相信美国高超的医术,谅无大碍。手术宜早不宜迟,8月28日,切除手术相当成功,仅歇15天,就接受连续25天的放疗,原先去美西和加拿大的演出计划全部取消,一切努力全瞄准了台湾文艺季这一既定目标。

消息一出,台湾传闻四起,都以为童芷苓再无可能来台履约了,她本人又何尝不苦恼。很多友人劝她切勿冒险,放疗大伤元气,何况又是七旬之人,务必从长计议。童也想推辞不去,光飞机上十几个小时的折腾就让人不寒而栗。众人力阻之下,一生诚信的童芷苓践约之想还是兀自未泯。光阴似箭,日月如梭,生命在一步步消失,这种焦灼与忧虑非言语所能表达。她不甘面对消逝的生命而无所作为,宁可把命扔在舞台上,也不能伤了众多知音的心。钴-60放疗后不到15天,她还是力排众议登上了飞机。台北方面本已不抱希望,竟不料纽约电报一到,童芷苓从天而降,台人一片惊叹,好一位"国宝",真敢用命买信义。

抵台后,她请大家但放宽心,"有那么多支持、爱护我的观众,一切疲劳都会一扫而空"。童这次应的是文建会之请,12月初在台北市社教馆公演两场《武则天》。半年前她饰演的王熙凤曾令几多观众咬牙切齿、心惊胆战,今番演的则是另一位厉害女人。她特别强调:"这回演的可是好女人了。"她指出《武》剧道白多于唱工,且有大量老戏里少有的内心戏,从正面角度刻画,也使观众对历史上女暴君的定论产生不同见解。经她诠释,武则天形象别开洞天。

小苓饰上官婉儿,演个性倔强、才华横溢、胆识过人且又深得武后赏识的角色,母女两人台上展开对手戏精彩可期,童课女极严,每一环节都务求到位,一老一少卯劲到了十二分。

到了26日那天,文武场面刚在对谱,尚欠默契,童芷苓心里不踏实,每夜都睡不安稳，反反复复，叫人又是感动又担忧。她身子尚虚，自下飞机就躺下坐不起来，全靠女儿张罗，衣箱、化妆、梳头师傅扶上扶下，但里外最忙的当然是小苓。对戏一环尽可由小苓当替身，可她仍然放心不下，还在现场事必躬亲，脸上汗水直

1991年童芷苓在台湾演出《武则天》，左一童小苓、左三童芷苓

流，就是不肯罢休。在场同人见了，不胜感慨："皱纹爬上额头，寸心至今尚丹。"

12月2日，《武则天》同台北观众见面了。是夜台上的风光和台下的狂热何用细说，但童芷苓所受身心之苦又岂为他人知。她上得台去便觉浑身散架，脚底下虚飘飘如踩棉絮，两眼冒星，几难支持。她苍白的脸色全仗铅华掩饰，可有谁知道此时的她遍体已冷汗阵阵。童芷苓类如今日之险，数十年未曾有过。危

急关头，台下掌声如潮、彩声如雷，看到台下那一群不舍不弃的戏迷，一股强烈的心劲喷薄而出，这种力量无敌无畏，由始至终，童芷苓如有神助，状态一下子全被激发。她横下一条心，今天宁教身败，不让名裂，要倒就倒在台上。顿时间，不知哪来一股内劲，她完全入戏了，台下居然看不出毫厘破绽，简直就是鬼使神差。这一晚她如履薄冰、如临深渊，好不易撑到剧终，谢幕时人已晃晃悠悠，全身虚脱。后台众人一齐拥上搀扶下场，险些儿就倒在台上。当人们知晓实情，谁也不敢相信

20世纪60年代童芷苓在《武则天》中饰武则天

273

方才所见的奇迹，"童芷苓真天人也！"

头关总算度过，12月3日的第二道关口仍岌岌可危，童芷苓吊起十二分心劲，再次豁出命去。后台空气极度紧张，小苓心中暗暗祈祷，祷告上苍保佑母亲化险为夷功德圆满……幸好次日状态略有回升，是晚展露的女政治家气度风范震全场，透过嘴角流转牵动，眼角微细调控，威仪四射，俨然一代君王，而其中训斥太子昏聩的一场戏，连唱四十句道尽对儿子的爱恨交集，武则天同时又是母亲。尤其最后一句浪花三叠，如鹤唳高塞、龙吟九霄，把集君母于一身的女皇此时此刻的复杂情感一泻无遗，极其荡气回肠，令人作击节叹。

谢幕之际，面对拥向台前的观众欢呼，童芷苓的欣慰稍纵即逝，一丝不祥之兆掠过心头：难道我的路已经走到尽头？昔日散戏，兴奋心情常聚而不散，如今精气神都随剧终而散，唉！好汉难言当年勇啦！她在后台不由感慨，"我毕竟老了，人总是要向年龄低头的"。以童芷苓性格，不到力不从心决不出此言。由她亲口发出这种无奈的叹息，闻者怎不怅然。

余暇的日子戏情难离，频频的会友，言必提一个"戏"字。

童芷苓君子坦荡荡，谈到从我做起，"西洋歌剧能在世界上延寿益年，十二亿华夏之孙就没有理由眼睁睁地看着'北京歌剧'（外国人对京剧的称谓）走向衰微。"她十分欣赏吴小如教授说的"京剧兴亡，匹夫有责"，童本人也多次说过："天上不会掉馅饼，一定要从自己做起。"童的今后打算人所关注，她至今未生退隐之心，可飞逝的光阴不留情，每一次登台对她都尤为珍贵，乘着精力犹在，力争再搏击几载以谢国内外知音。她对未竟之志终日耿耿于怀，闲居之日不思闲，为了七十年的人生经纬传，打从去年起，已着手自己的回忆录，亲自操笔记述粉墨人生的点点滴滴，在张张纸上重现她那沉浮遭际的一幕幕。她面对众多同行、友人、记者的关切，说起了写传的动因：年纪大了，脑子不听使唤，再不抓紧，无形中会把一生不少用精力和汗水换来的成果和自己种种值得记叙的东西忘个一干二净，这是从祖辈手里继承下来的，丢了太冤，何况还有自己大量新的体会和创造。演员能上几年学？许多往事能说不能写，因此总在物色作者。按童心思，既要写出旧时年代的闯业，又要说明自我奋斗的沉浮，更要总结厚积薄发的升华。委选的作者，力求传统与现代兼顾，写传与写评两全，观念和文字新老结合。她想起大学里不少教授学者均为此道中人，最后把这一写传心愿重托给了一位攻理工却好皮黄的中年教授。

台北一歇50天，元旦后的1991年1月26日，童芷苓弦鼓重张再度登台，一梅一荀演双出。为一飨戏迷，她演出梅派青衣戏《宇宙锋》和荀派花旦戏《铁弓缘》，前场加演童小苓《樊江关》，一个晚上每出戏都有看头。这场晚会由台北"工商妇女协会"主办，票售一空的全部收入作为该会爱心基金捐赠给台湾各慈善机构，童芷苓当然更得抖擞精神。对于《宇宙锋》童作何诠释演示，令戏迷引颈企盼了多日。她的唱、念、做、舞一派梅公风范，让人领略了她深厚的梅派功底；化妆、服装、技法及角色理解都融入了自创的童氏风格，教人看着新鲜，美不胜收，口碑之好当不在话下。2月下旬，童氏母女暂告小别，回纽约欢度春节，以期休整三四个月后，再渡重洋作第三次访台之行。

第三度登台也在"国家剧院"，该场子设备在台首屈一指，芭蕾舞台的灯光音响远比京剧考究，前台既大又深，后台也宽敞开阔，"国家剧院"相当于芭蕾

母女联袂演出《樊江关》，左为童芷苓饰樊梨花，右为童小苓饰薛金莲

1989年，童芷苓在美国演出《勘玉钏》，饰俞素秋

坤伶皇

座

场子，足令京剧艺人称羡。童芷苓拖着疲软之身连演两天大戏《勘玉钏》，也真够让人揪心。这回戏票还加了价，照旧营业鼎盛。只是两场戏毕，童芷苓再度濒临倒下的边缘，大夫们都说这还是大手术后没有休息的原因，无不规劝她千万不能再以命相搏了。

童芷苓自1990年台湾文艺季以来，每演一次，必在当地休养好长一段时间，以她一生的刚强性格，若非身体实在不允许，断不至此。如此健谈的童芷苓，面对台湾方方面面来访人士，当众畅谈梨园古今，纵横捭阖，妙语连珠，一抒胸臆，一表志向，这是她其乐无穷的时刻。今经常高挂谢客牌，不得已由小苓代劳或干脆挡驾，要不是精气神极度不济到了难以支撑的地步，绝对不会如此。

此时一桩料想不到的事找到了她，有人日前去大陆为她带来了颁发已两年的"金唱片奖"。原来1989年6月，大陆中国唱片总公司为创立以来唱片发行数量最多的艺术家授予表彰与纪念性的重奖，童芷苓获的奖是1963年与电影《尤三姐》同步发行的唱片和音带。上海获奖者18人，京、昆一行仅周信芳、俞振飞和童芷苓三人，童虽未去亲自领奖，时隔两年金唱片才到手，却也不胜欣慰。贺者纷纷上门，她手扶唱片感慨万千，这是第一次，也将是最后一次，她伤感"花艳来日将不再"，毕竟今生已过也。

她偶生决绝之想，但说什么也不能忘情心头那一片青青芳草地，她的舞台小天地。台湾是她1990年以来每年必到的去处，台北，更是她暮年登台的重镇，频频的台湾之行实现了她与心目中一位伟人会面的夙愿。

童芷苓从小就听到少帅张学良的不少传闻，是位顶天立地的英雄。陈氏夫人最初为芷苓起名时，便用上了少帅元配于凤至的名字，是为"至龄"（后改芷龄）。她还能回忆起初涉艺海的那个年头，有幸在台上望见过这位坐在台下看戏的风流倜傥的副总司令。她踏上台北，就急于想见一见少帅，但一直没能如愿。谁知三访台湾之后，机会不送自来，美国侨界把张请到纽约，特地为他举办一场百人伶票清唱大会，为其祝贺九十华诞，童芷苓在受邀之列，好不兴奋。那天人头簇拥，即席作歌者太多，她本想唱一小小选段，来几句《红娘》"琴心"中的"我小姐呀！红晕上粉面……"少帅此时发了话："你可是唱'小姐小姐多风采呀？'"她当然应了少帅的要求。

祝寿那天，张一袭深色西服，系一条浅色领带，戴一副茶色眼镜，虽华发稀疏，却精神矍铄。他说话沉稳有底气，经历半个多世纪的"长劫"过后，有今日光景，不啻人间奇迹。童该日盛装以赴，一身大红旗袍，围上线花披肩，戴上耳坠一对，翡翠绿玉，色彩谐调显得华贵雍容。演唱席上，张应童之请合影一幅留念，张手扶藤椅而坐，童恭敬地站立一侧，这一时空，弥可珍贵。

1993年10月，童芷苓应台北剧校邀请，从纽约飞台演《四郎探母》中的后公主。记得张先生有过叮咛，下回到台湾唱戏，一定得去请他，因后公主一角戏本不多，芷苓没去惊动，可张的兄弟张学森意外地来到后台，同芷苓当面订下了会见少帅的日子，她不胜之喜，这下赴台不虚此行了。

会面当天，华灯初上之时，她挤过拥塞的车流人群，冲向张府而去。少帅已坐候多时了，他穿一件宝蓝色对襟小袄，戴一副浅咖啡色眼镜，笑容满面起身与童握手，只是可惜赵一荻女士因病住院未能一见。茶

张学良先生九十华诞时，在纽约合影

香欢语之间，童提出再给少帅唱一段《红娘》，少帅连声说好。她款款唱起 [四平调]，少帅口跟着哼手击着拍，"你看小姐终日愁眉黛"一段唱完后，他直鼓掌不止，一时不免技痒，少帅也过起了戏瘾。他唱一段《失空斩》，还真有些余叔岩的味道。张接着又唱开了《卖马》、《乌龙院》，可谓逸兴遄飞。唱罢稍歇，他又点童的《凤还巢》、《坐宫》，两位轮流上弦大过其瘾。趁着少帅心情大好，芷苓想请他写上几个字，若有少帅题字，用于自己的艺传中，岂不见彩。她向身旁的张学森说了自己的意向，谁知他竟是一口一个不行。学森先生不敢张口是有缘故的，往日多少人求少帅写字都被打了回票，连公事他都不写。不过今天机会千载难逢啊，她还想试上一试，于是就在桌上拿起一张张府专用的纸笺，不得已而自己开口了，"您替我写几个字好不好？"少帅笑着点头，"啊！太好了"，终于给足了面子。少帅一言不发，自顾自地在琢磨，过不多时，他提起笔来写了"歌声绕梁"四个字，下题"书赠童芷苓女士"，并写上了"张学良书，十月十八日，九三年"的落款。告辞之时已近子夜，童芷苓兴奋难抑，等待她的又将是一个不眠之夜。

1994年2月，她应台北女青年会之约，与台湾同人联袂登台，演《尤三姐》"殉情"一折。她可是七十二岁高龄了，记得1982年赴港时已有人问起她将何时结束舞台生涯。时过十二年，好心的台湾友人也问起类似话题，童芷苓一说竟是滔滔大篇：本想在上海会集童家班两代人演上几场，可惜条件不具，今后有机会决不放弃；她自感扮相、嗓子还能支撑，也曾表示"除非我老到没人看了，自会主动退出舞台，不再勉强自己"；即使到了封刀的日子，她还有个心愿要实现："争取把《蝴蝶梦·大劈棺》改编一下，演成全新的《庄子弃妻》，告别舞台前争取多留下一笔纪念，好让学生再接过一出新戏"；她依然一如既往的乐观，"自己戏快唱不动了，学生们却年富力强，我的教戏生涯还长着呢！"

童芷苓年复一年在成功和挫折的后面都不肯留下句号，她淡然云烟，只把京剧事业追到天涯海角，童芷苓从来不谈"终点"，因为她的事业根本就没有终点。

二、壮美人生

（一）最后的日子

1994年2月，童芷苓最后一次赴台之行，居然唱了《尤三姐》中"殉情"一折，消息传来，令人怏怏。此时汪沛炘已知童患上癌症，体质每况愈下，莫非她情殉京剧的大限已近？童芷苓真不该再去台湾，更不该演此不吉利的戏。汪心中老是忐忑不安，谁知竟被她一语言中，《殉情》真成了她的谢幕戏，天意耶？

她先回上海，在华东医院住下作进一步检查，此前她很少对人提起癌字，不希望自己淹没在一片安慰声中，童老师信心犹在，还在计划着明天。但住院期间，已能观察到她情绪不比往常，因为她有时会露出平时少见的焦躁和沉默，她似乎意识到了什么，可心中依然惦记着戏，还在筹划着写第二本书，筹划着效法太老先生王瑶卿在戏曲教育园地盛开童派之花。

一天，童芷苓突然给汪、朱两位去了电话，原来她已擅自出院，说是医院方面不抓紧、太拖沓，等不及了，决定另谋医路，据说秦皇岛有名医，她准备一试。汪、朱大表怀疑，请她务须三思，切不可轻信江湖郎中，童似乎对草根医生抱有希望，任凭如何劝说均无济于事。童意已决，遂独自一人抱病登上往返八千里的长途。

没隔几天她失望而归，不知是没能找到其人，还是"神医"也徒有虚名，她没给答案。事后得知，她是挤上火车作这次冒险之旅的，返程时一直站到济南才有了座，即使全程硬座票，老人家也受不了呀！这事太离谱了。童老师为求阳寿，已变得不太冷静，连枪法也乱了。见面之时童面容憔悴，疲惫不堪，绝症病人不惜如此折腾，到底为的是什么？还不是忘不了她心中的理想，真天可怜见。

汪、朱两人与童老师最后一次见面是在她居处不远的一家餐厅，分手之际，童老师竟用双手重重相握，照样满面笑容，破天荒地把客人送出好长一段路……很快纽约一边的电话来了，童老师再次表露了急于见书的急迫心理，难道病情恶化了？她一再地说："谢谢，多费心。"可听得出，童老师已在作最大努力，保持着她一贯说话的平和与流畅。

童芷苓自知病重，无奈地放下手里的一切，住入当初那家为她动手术的医院，一家纽约最好的癌症医院。诊断结果，结论是癌细胞已经扩散，化疗药物已无反应。院方束手无策，当年冬天，不得不向她遗憾地表示病已不治。最后童芷苓转入一家著名的癌症康复医院（Calvary 医院），这是一家以精心护理著称

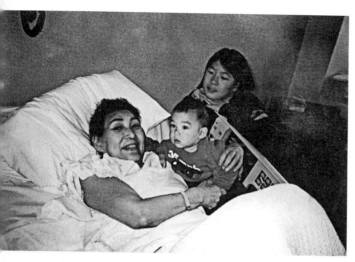

1995年6月在纽约Calvary医院与孙女郁金香、外孙萧安觉合影

的教会医院，童芷苓身边，陈吉和小苓兄妹俩轮流陪伴，不离左右。这一时期，只要看到报上介绍，哪里有名中医，即邀来一治，简直到了有病乱投医的地步，几乎能做的全做了。西医既已无能为力，唯求中医妙手回春，有幸联系上了治癌高手丁大夫，童全家寄予厚望，谁料治疗过程中丁大夫撒手西归先童而去了，这一打击是致命的，自丁大夫离去，童芷苓病况就急转直下了。

童芷苓太吃硬了，让人难以置信，一如"文革""抗暴"时那个打不死的童芷苓。癌症的折磨痛得她死去活来，可当众人面却是笑容可掬，甚至谈笑风生，反过来还在劝慰他人。明明痛得额头上大颗汗珠直掉，脸上全不以为事，护理人员还以为她嫌病房或被子太热了，因为根本看不出她龇牙咧嘴的极度痛苦状。面对剧痛，童芷苓说话从不凄凄惨惨，显得出奇的神定气闲、语意轻松，让人大惑不解，这哪是重症病人呀！就连最贴身的小苓都难以觉察妈妈到底什么时候在熬着剧痛。

童芷苓还在嘱咐女儿：今后唱戏要挑熟戏唱，她多想再教小苓几出，女儿又何尝不想再抢一些时间多学上几出，可实在是不忍心。宁让妈妈多留几口气多养几分神，所以尽挑高兴的话题。母女两人都在努力宽慰对方，双方尽以笑脸对笑脸，内心之苦，尽不在言中。

已知来日无多，童芷苓安详地过着最后的一天又一天，她在静以待日了。真令人纳闷，她还能保持着惯有的笑容，始终以一种乐观形象示人。此时此刻，已不谈戏的才力，而是见人的厚度了。

经上海华东师范大学出版社的努力，《童芷苓》一书终于提前付印，汪君用国际特快专递直送纽约。童老师终于等到了自己的传记，陈吉和小苓轮流在母亲病榻畔读传，一天一换，每日一章。两个月光景全书读完，童老师一直保持着精力的高度集中，神智也相当清楚，她以惊人的意志力提升起最后的那股精气神，专心听完了每一章。就在她听毕全书后没几天，便进入了弥留状态。

1995年7月6日，中国京剧花衫的一代天骄童芷苓溘然归天。她带着不甘、带着眷恋离开了这个世界，享年仅七十三岁。以她强大的艺术生命力，终究还是英年早逝呀！夫君陈力长她九岁，先她九年而逝，同为七十有三，伉俪情深，修下了这段生死情缘。

童芷苓、陈力伉俪的上海墓地

童芷苓逝世消息媒体没作任何报道，噩耗是通过不同渠道源源传入国内，人们的感慨和痛惜发自内心，而无半点矫情，因为童芷苓艺事成就和演艺境界是公认的客观存在，口碑之佳，人缘之好，让人们难以释怀。童芷苓带走了花衫一片天空，京剧界又走了一位大师级人物，南北京剧戏迷惆怅之余当为之一哭。

童芷苓内心曾乞求过阳寿，"我老在想，只需再给我十年……"她去世后的十年，整个大气候大非昔日可比，开放多了，也宽松多了，加上现代科技的助推效应，一切都在朝着有利于她实现理想抱负的方向发展。天妒英才呀！童芷苓本来是可以为后世留下更为丰厚殷实的宝贵遗产的，因为她的艺术创造后劲还有的是。

童芷苓的早逝不无缘由：她自恃体质过人，医院大夫俱都属顶尖水平，太过自信了，以致经常透支自己的健康和生命；她全然活在艺术里，唯知事业，不顾其他，即使绝症加身，兀自置之度外，以致健康状况迅速滑落；她经"文革"十年摧残，伤及身心根本，正如俞振飞先生所言："'文革'中芷苓遭遇之惨烈，在我们这一行中是属于顶尖的。"就以她腿骨骨折而言，明明钻心的痛，因她的强自咬牙旁人居然不能察知，见她无甚痛苦表示，连大夫也不免误诊了。她虽能强自扛住身上多种伤病，毕竟还是被"文革"折了阳寿。

童过早离世另有心累之故，童曾对人言及心中烦恼："我累呀，我是心累。"她又不止一次地说过，不把戏和人物琢磨透了，决不拿出手去，好多戏都割爱了，因为加工后还是没能过自己这一关。"我心思全用在这上面了，天天都这样过的，你们说累不累？"她对汪、朱两位曾如是说。

她把关的标准太高，自我要求过于苛刻，老在同自己较劲，长此以往，成了自我折磨。要让童氏风格成为她每一出戏的基调，这需激发出多大的创造性，需投入多大的心力，正是长年心累过度要了她的命。

童芷苓升入仙界，她哪里知道不过半年之遥，汪沛炘先生也潸然病故了。自童离世，他逢人言必提童老师，人后常垂泪不止，老见他拿着童老师给他的最后一封信，口中喃喃自语："童老师是活活累死的呀！她真不应该走这么早。"并最后告知朱老师："最近老是梦见童老师。"没想到这竟成了汪君的遗言，一周后等到朱与汪再次相遇，已是阴阳相隔了。令人难以置信呀，汪君果真成了童老师的"死士"，汪的梦兆感应一语成谶，留下了这段少有人知的童迷情结，童老师在天之灵，知是不知？

（二）勤奋的天才

童芷苓享名一辈子，她那显赫的艺史常为人们津津乐道，她那骄人的功业谁不称羡，不少人道她得天独厚，她果真是天之骄子吗？

童芷苓条件上乘，禀赋过人，多年来众所公认，俞振飞说她"绝顶聪明，闻一知三";老舍说"她是不可多得的一块材料";黄佐临称道她"有惊人的模仿力";吴小如赞她"冰雪聪明";王金璐夸她"论聪明谁也比不上"……很多人称她天赋异禀,指的是她出众的戏情和灵性。

有的人被视为天才,然而当少年的狂想逐步褪去时,却发现除了天才的梦外一无所有。童芷苓成就功业,先天禀赋仅是条件,而后天人工才是关键,她的成功在于一生的勤奋不辍。她的影界导师黄佐临曾说:"演剧如同奏乐绘画一样,天赋和技术永远是双并立,二者不得少其一。"中国剧协在童芷苓表演艺术的名家研讨会上虽也承认她是天才,但大多更把她的成功归结到一个"勤"字。

"小四"少时学戏已是走火入魔,从艺初期便是女拼命三郎。自投师荀慧生起,渐次接受师父授以的"五多"艺训,其核心就是"勤":"多看",凡荀师登台必去一看,众多名家俱在她偷艺名册之中,即使兄弟剧种、电影话剧也乐此不疲;"多学",她转益多师,成名后不改初衷,各大名派、各类旦行有学无类,而且学必有成;"多练",她的大练功量见者无不称奇,她不以为苦,反觉乐在其中,练就了全成自己的,所以很有成就感,一直练到癌症缠身尚且不肯罢休;"多演",她上台之频在同行中也属少见,新中国成立前戏院老板把她当成"牛",平均一年演期长达八个月以上。上海京剧院时期的五六十年代,她是同李玉茹并列演出场次最多的主演。即便"文革"后她还在国内外频频演出了十多年;"多思",是她最大特色,她戏之精彩多半在于此。她脑子里转的全是戏,能在"老"中思出"新"来;"无"中思出"有"来;"熟"中思出"生"来。虽然拜荀,然在荀戏中常能焕发出自己风格;她之学程,全在有选择的化用;她没得梅先生亲炙,学梅采用"拿来主义",化入自己戏中,无一不是"思"的成果。

童芷苓数十年如一日,在浩瀚无涯的学山艺海中以勤为径、以苦作舟,勤与苦成了她艺术人生的主旋律。

有人说:"若如饥似渴地学,有心者得之,无心者失之,饥而好学不易,饱而知饥更难。"童芷苓便是永远饥饿不知饱的一位。大文豪萧伯纳有句名言:"伟大的热情跟天才一样的少。"童芷苓天赋诚可贵,热情价更高。勤奋,是热情的产物;而造诣,应是勤奋的产物。

(三)不灭的信念和牢固的志向

童芷苓认为,自己既然爱戏爱疯了,而且国粹也确实值得去爱,那就理应把它当作自己的终生事业。为了实现自己当大演员、当艺术家,进而创建个人艺术风格和建树童派的理想和目标,值得用自己的一生去投入,终生不悔。

六十年京剧人生,见证了童芷苓的生活就在舞台上,她的一辈子就活在戏里。戏,她已溶化在血液中,离了它,很难想象童芷苓能否活得了。不管面对多大逆境,遭遇多大险阻,最后她总能化险为夷,跨过一个个障碍,登上一级级台阶,直奔目标而去,她整个人生赖以支撑的就是不灭的信念和牢固的志向。

为了京剧事业,她甚至把婚姻推迟到了三十二岁,就是唯恐一旦嫁作人妇极可能因此断了事业路,两者相较戏为重,直到老天恩赐一位甘愿全力辅佐她事业的陈力先生,这才圆了鸳梦。

50年代为竞演新戏,正患肺结核在京疗养的童芷苓以戏养病,她那三出初创的新戏"三记",就在养病期间研制成功,这一拼,赶上了戏改时代的浪头。

为了抢占创新的高地,走在排演新戏的前列,她在承担长年累月繁重的演出同时,尽其所能争取更多的新戏成果,五六十年代推出新剧共计十五出,成了唱新戏的高产户,至于两条腿走路的艰辛和汗水,她不在乎。

为了戏,家里的一切全托付给了丈夫,她也常因没当好妻母而自责不已,以致对丈夫的歉意常在。

为了戏,她不管对方官有多高权有多大,一概据理力争。她只知真理面前人人平等,也不问得罪了权贵会导致什么严重后果,一心只知对戏负责,由此埋下祸患的种子毫无察觉。

为了心中的事业,面临杀身之祸,兀自一味地认死理,"文革"中她被断了重续艺缘之路,这对童芷苓不啻致命一击。在生不如死的"文革"漫漫长夜,为有朝一日能重登舞台,她以顽强的生命力,经受住非人的刑罚和苦役,唯求留得青山在以期大地重光的一天。炼狱中的苦修苦熬,只为一个信念:我要唱戏,一定要把失去的时间夺回来。要不是心中宏愿,她怎能涅槃重生,何况这一熬就是十二年。

复出后的童芷苓年事已高,其艺事却奇迹般地"单臂上扬",童芷苓不仅涌现了第二春,而且达到了鼎盛,在童芷苓身上出现的辉煌,若没有"文革"浩劫年月中的十年面壁、十年积聚,便不会有"文革"后的十年腾飞、十年升华;若没有她一生坚持的信念和志向，没有为京剧理想鞠躬尽瘁的忠贞，断不至此。

看童芷苓一生承载骄傲和光荣的艺史，其痴绝癫狂的恋戏情结常人难及，她只有一个魂，那就是戏魂。

灾难性的十二年，尚且斩不断她的艺术长链，一旦铁链已成钢索，还有什么能阻断她的去路？

京剧滑坡，市场萎缩，名家凋零，后继乏人，面临京剧诸多不景，童芷苓以其花甲之年，自1979年至1994年间枯枝发芽，铁树开花，最后一跃而为海内外京剧花衫首席，位居"泰斗"之尊，这一切全发生在她复出后的十六年。童芷苓认为，"只要心中春意在，就没有唤不回的春天"。她的"春意"，不就是心中的心志和信念吗？

（四）壮美的谢幕

问世间京戏为何物，直叫人生死相许。童芷苓所思所想，所作所为，几乎全以京剧为纲。她由沉而浮靠自励，由衰而盛靠自奋，无论什么人和事，都冲淡不了她对事业的执着、追求和奉献。为把每一出戏修成传世精品，为把平生所学悉数薪传后人，为建树并完善自己毕生以求的童派……哪怕是拼到生命的最后一刻。

童芷苓生性刚强，乃至刚烈，意志力惊人。她有过人的自信，坚信"精诚所至，金石为开"，"世上无难事，只怕有心人"，她要做的就是精诚和有心。她在世的最后五年，也即不幸罹癌的那段岁月，她五次赴台，虽状态一次不如一次，可她并不以为自己的人生已到尽头。一生中多少坎坷，多少艰难都一一被她踩在脚下，因此她仍看好自己的前景，根本不作隐退之想。台北登台险情不断，1991年两场大戏《勘玉钏》居然性命相扑。险象环生之中台上的童芷苓如同换了一个人，状态竟出奇的好，简直神了，连上帝也动了恻隐之心。大夫们一再警告她随时会有意外，切莫再犯险了。须知世上一切事物皆有极限，童芷苓过于自信她无往而不胜的意志力了。

为人一场，要活得有声有色，只有经历过大劫大难，才谈得上生命本义上的大彻大悟，灾难与不幸虽能打击人的心灵，可也能冶炼人的血性，生命的诱惑就在于凡尘种种失望之余又一次次收拾起破碎的心情，坦然面对未来，这才称得上生存的美丽。童芷苓十年炼狱破译了深层的人生密码，升华为一颗不落的巨星，在人生金秋得到一份丰厚回报便是胜于雄辩的力证。童芷苓早已过了为名利而拼搏的年月，如今的她，已然强烈地意识到自己负有神圣的使命感，义无反顾毅然决然地走上了为京剧事业献身之路。

童芷苓不怨天尤人，不信鬼、不信邪，做自己命运的舵手，是她坚定的人生信条，因此她崇尚一条相信自己、激励自己的不断进取不断突破的人生路。她的对手或"假想敌"永远是她自己，她对艺术人生的理解永远是突破，即使风格已成，童派初具，她还在力求完善，一往无前，哪怕面对癌症，也不终止她以生命搏击事业的壮举。汪君说得好：她是春蚕，直到生命终止吐丝方休；她是蜡烛，必到烧完自身，光热始尽。

著名书法家赖少其曾为童芷苓题字"大无畏"，真可谓精到之极。童芷苓已然到了"生命诚可贵，事业价更高"的境界，她心中全由艺术所支配，人道戏道浑然一体物我两忘，个人安危、个人得失又岂能奈何她？

不少享有大名的艺术家多满足于守成，再难有所突破，怕的是砸了牌子损了英名。童芷苓则不然，越是暮年越奋发，越是艰险越向前，她不怕挫折，不惧非议，不为盛名所累，心中只有事业，太大无畏了。

有人虽作进取，可难有大步跨越，实因盛名之下，凡事求稳成了金科玉律。像童芷苓那样一辈子都在涉险进取，毕生都在寻求突破的艺术家，才是真正的艺术家，因为艺术家的要素是突破。

安于自己的人生理想，安于自己的事业追求，加上安于自己的幸福家庭和孝顺儿女，还有什么不可释怀的苦恼呢？及至晚年，也看不到她有什么自怨自悲，因为在她眼里永远看的是前方、是光明，一直充满着乐观向上的精神。因此，童芷苓是个快乐的人。

童芷苓常说，"文革"在她的一生中是极为关键的一段经历。"文革"给自己上了十年人生课，渐渐地她变得能观察人生了，对戏中人物的琢磨分析也见长了。她还认为，没有"文革"就不会有后来的童芷苓，"文革"磨练了她的意志，也让她学会了过电影（意练、默戏）的本领。她曾有过铿锵之言："'文革'鬼门关都闯过来了，还有什么样的路走不过去呀！"童芷苓是一个大彻大悟的人。

从来乐观、豁达的童芷苓到了晚年，处世近乎修道。不计仇隙，只讲理解；不作苛求，寄望明天。"和为贵，忍为高"成了她处世理念，"相逢一笑泯恩仇"更是她消弭人际块垒的利器，她又是一个襟怀宽广、拥有阳光心理的人。

童芷苓政治上是天真的，嗅觉是迟钝的，同她艺术上的颖悟聪慧反差悬殊，实因她的心思太钟情于艺术上。童难免有时对大气候产生不适应，或是一时辨不清是非方向，自己朴素的认知就会同社会现实相抵触，以致"沉"了下去。可贵的是她对京剧的忠贞不贰，使她得以坚持不懈，一旦当她适应了大气候，就会自己作出调整，蓄势待时的童芷苓此时爆发出的巨大的上升势头便会益发不可收拾。童芷苓更是一个成功的人。

童芷苓"入魔"一生，注定她要痛苦一生。然而失而复得、苦尽甘来的"甜"才是更具人生价值的甜。她认定舞台是救身救心的良药，一生驰骋，其乐无穷，烦恼与不幸全都化为烟云，直到羽化成仙，她还是带着一缕戏魂魂归天国。童芷苓是生命意义上真正幸福的人。

举凡成功者谁无遗憾，童芷苓概莫能外。在她最后岁月中，没有比时间更宝贵的了。她仍然在作冲刺，去夺取已然不再属于她的时间。她尚有未竟之志：表演艺术的精益求精，童氏风格戏的扩大积累，童派后人队伍的壮大提高……这诸多方面几已挤干了她的精气神。毕生追求完美的童芷苓，尽管到了生命的终极，还是走不到绝对意义上的终点，如果童芷苓为此遗憾，那遗憾将是注定的。退后一万步来说，即使她完美的目标达到了，必然还有新的遗憾，因为她眼里永远还有明天。如果真要说遗憾，那还是有的，就是童芷苓的生命仅七十三岁便戛然而止，上天还是没能给予她所祈求的十年阳寿。

事业有缺谁来补，唯有自己当女娲，童芷苓总感到艺缘未尽，然而事业永远没个完，女娲终究难补天，可人生毕竟有终点。因此，注定了童芷苓人生篇末必然是壮美的谢幕。

明知不可为而为之，直搏到生命的终点，九死而无悔，能说不是一种壮美吗？

三、有志者事竟成

（一）流派

一部京剧史上下二百余年，谁不想掌门立派？童芷苓蜚声半个多世纪，艺事处于巅峰，可有"童派"问世，人们众说纷纭。

20世纪五六十年代之交，正是童芷苓踌躇满志、开创童芷苓风格之时，走在艺术上升通道中的她，心中怀着美好的憧憬，直奔创派的目标而去。要不是那个"史无前例"，腰斩了历史，时隔十五六年，在她东山再起之日早已是另一番光景了。造化弄人，天时不在，童芷苓只能徒呼奈何。

京剧史上还从未有过坤角立派的先例，新中国成立后哪怕坤旦艺事再高超，也终难问津流派，传统旧律的制约，使童派的破茧而出，成了难以逾越的障碍。更何况"童派"创建正值京剧滑坡年代，大气候的缺失也在很大程度上拖累了童派的"加冕"。

京剧流派的创立有其必要的条件，有关论述很多，最为概要的还是马少波先生的"三条"：一是凡有卓越建树的艺术大家，无一不是在师承上打好基础；二是必须在稳固的传统基础上结合自身条件从剧目、唱法、表演艺术各个方面进行创造性的提高和发展，在宗法一家基础上"艺无常师"，多方面的博采众长，变化运用，化为己有，逐渐建立起自己的独特风格；三是必须有本派的后继者，否则一时赫赫，过后渺渺。与之对照，童芷苓三者兼备，即继承有成，创新有方，薪火有传。如果再要加上一条，那就是继承创新和薪传都必须得到广大观众的认可和拥护，艺术水平在行内应属翘楚。

1. 继承有成　童的继承有纵横向结合，也有行内外结合，博大而精深。她有荀髓，兼有梅韵和秋声，"艺无常师"的她学兼王瑶卿、芙蓉草、筱翠花、尚小云、徐碧云、黄桂秋、韩世昌等大名家；她习京昆，可也涉猎评、梆、川、汉、扬等兄弟剧种；更为他人不及的是另擅电影和话剧两门，而且还属出众的高手。如此全面的继承，如此综合的技艺，童的家底怎不令人艳羡？怪不得行内外人士公认她"本钱足，是全才"。她演全了旦中各行，青衣、花旦、闺门旦、玩笑旦、泼辣旦、刺杀旦、旗装旦一应俱全；青衣花衫和刀马花衫两擅；彩旦、老旦也能见彩，连武旦戏都不缺，是一位地地道道的高水平的全旦行。

童对荀的继承主要是创作方法的继承，50年代末荀先生称童在众弟子中"学得最好"，指的就是创作方法。有人质疑她改了荀戏，是否减了成色？荀夫人不以为然："慧生欣赏这样做，否则派而不流，荀派就没生命力了。"事情总是这样奇怪，先貌后神，像中反不像；遗貌取神，反不像中见像，表面不似神却似，这或许就是童芷苓继承的高境界吧！

2. 创新有方　童芷苓变革求新，有她的主心骨：既要生活化，又要艺术美，追求的是似与不似间的妙境。看她的戏新意盎然，稍加细察，可以找出师承前人的痕迹，可又不全是，就在这似与不似间凸显出崭新的童芷苓风格：明丽而深沉，华美又质朴。她的唱既有荀慧生神龙见首不见尾的含蓄多变，又根据戏情所需糅入各家声腔，让人听来则是另具新意的童芷苓声腔。尤其在她新编新演的小本戏里，如《尤》、《武》、《王》、《谢》诸剧，她唱工的抒情功能显得格外广谱化，而且更多的是她自己谱制的大量新腔。童芷苓念白创新则独步海内，由于她完成了将京白和话白融为一体的大手笔，使她演活了武则天、王熙凤、钱二嫂、赵一曼……老戏经她出新，益发韵味十足，新戏由她排演，呈现的是全新童氏风格，如《尤》、《武》、《王》、《送肥记》、《赵》、《谢》之外，另有《秋江》、《玉簪记》、《龙女牧羊》、《二度梅》、《新台恨》……即使演他人演过的新戏，照样能另辟蹊径，新中出新，如《柳荫记》、《佘赛花》、《猎虎记》。至于做派方面的创新便更是童芷苓的强项了。

3. 剧目积累　流派创始人均有自己本派小本戏，童一如四大名旦，既孜孜以求老戏新演的"移步不换形"，又念念不忘排演新戏的"大步走新路"。童积累的新戏有二十多出，其中小本戏也有好几出。至于传统老戏她都有一个去芜存菁、滋润优化的过程，并同步融入童氏风格，如《戏凤》、《杀惜》、《樊江关》、《四郎探母》（铁镜公主、萧太后）、《打渔杀家》、《苏武牧羊》、《劈山救母》、《活捉三郎》、《大登殿》……对于流派经典戏，如《宇宙锋》、《红娘》、《勘玉钏》、《凤还巢》、《汉明妃》、《香罗带》、《杜十娘》、《金玉奴》等，童芷苓的"移步不换形"看来不离大路，然而风格内涵已然大不同。恰如吴小如教授的名言："举凡名家，无不通大路，但绝不是大路货。"看她诸多老戏，几乎每一出童氏风格都能跃然眼前，这就是童芷苓的创新功力所在。

童芷苓老戏新演不下30出，加上她的新戏，两者相加总计在五十出左右。在她那一代这已是一个相当惊人的数字。

4. 薪火有传　童芷苓复出后收下第一位弟子詹萍萍，到1990年台湾魏海敏拜入门下，弟子总计有二十来人，遍及大江南北和港台、美国。弟子们皆带艺投师，在当地大多是剧团骨干，有着不同程度的号召力。至于中外票界人士和私淑者就更多了，虽不尽以"童"为标榜，却也为童派的传播推波助澜。

众家弟子继承了童芷苓复出后所演二十多出戏中的大部分，全是一色的童派路数。有的弟子如李静、李秋萍等人已致力于童派传承,第三代的"小童派"正在成长之中。纽约、华盛顿各地的美国弟子何恕、陈孝丽和台湾弟子魏海敏、郭小庄的演出和教学同样也在为传承作贡献。

继承者中条件最为上佳且最得实授者非童小苓莫属,她不仅承袭了母亲的形貌和天性,还具有妈妈的几分神韵,会戏也最多,当为童派第一传人。在小苓身上,童芷苓寄托了更多的传承期望,小苓有嗓子有扮相有个头,一身幼工不亚其母,继童首选没有比童小苓更为理想的了。

童芷苓传给女儿的戏除了童派剧目外,还教过一些童晚年不曾贴演的戏如《穆桂英》、《破洪州》,以及自己从未演出过的《李慧娘》等,拓宽女儿戏路的同时,始终以童派风格相号召。2007年上海举办童芷苓八十五周年诞辰的纪念演出,并举办有五六十位专家出席的童芷苓表演艺术研讨会,童小苓从纽约来沪,献演了全本《尤三姐》,令行内人士吃惊不小。她显然已从其母身上学到了静字诀和大气感,不仅台风过人,而且脱尽火气,一出《尤三姐》几近童芷苓的翻版,逸夫舞台全场一片赞叹,童芷苓有女如此,也当瞑目。

5. 创作团队 童芷苓创新有成的戏,大多是在童家班时期或与张森林、查长生等名乐师一批老搭档共同创作中形成的。一直到"文革"后复出,有了剧协诸名家和京剧院一批演出伙伴的全力合作,童芷苓渴求多年的创作团队终于出现了,虽然相对松散,没有行政组织的保证,但全是志同道合的自愿结合。自1979年末到80年代中期,童派轮廓正现,且不断处于完善之中,与创作团队的回归大有关系。这一团队中何慢、吕君樵、郑拾风、陈西汀、许思言等全是大名鼎鼎的戏剧家、剧作家和名导演,其中还有朱楚善这样的新晋导演中的实力派;乐师中张森林、查长生、马锦良全属上海滩一等一的高手;演员成员中童祥苓、张南云、王梦云、黄正勤、孙正阳、詹萍萍、吕爱莲,有时还有艾世菊,加上女儿童小苓都属这支团队,这在80年代,堪称一支豪华团队。童芷苓如愿以偿了,实际上,童派形成应在此时。

台下的童芷苓一直是低调人,早在1979年人们面提童派时,她总是一个劲儿地说"且慢提童派"。80年代初,童派之谓日趋频繁,她反不见喜,还在一味表示"这是戏迷把我架上去的"。她从不让人造势、炒作、包装,而是一次次地婉辞人们对童派的黄袍加身。80年代中期,"童派"屡屡见诸报端,连媒体也加盟了"童派"的"劝进"行列，童芷苓倒是焦虑起来了，因为她不是一个自我溢美之人。童心目中的童派规格高看一线，远不是眼下的现有水平，在创派一事上，她一如既往地在同自己较劲。

50年代一大批著名坤旦中最有创派可能的应是童芷苓。由于"文革"原因，名坤们不是早殁，便是登台日稀，近乎半隐。一时也有人发出某派、某派的声音，但未见规模，难延其势。当年名坤虽众，如今环顾四周，毕竟寥落，童芷苓虽说基本具备条件，却始终穿不过某种"竹幕"。是京剧大气候所致，还是受制于坤角建派不予入册的传统陈规？不得而知。

曾几何时，童芷苓有过深深的人生感叹："本来那时（'文革'前）我们编演的戏，许多剧团都采用、模仿，当时形势很有可能发展成童派，只是……"换言之，童派早在60年代初就已起步。观众、戏迷们大多还记得，那时她的《尤三姐》、《武则天》、《送肥记》，连同《全本秋江》和《彩楼记》、《赵一曼》等戏都先后走出上海，在外地开花结果了，尤其是《尤三姐》和《送肥记》造成了轰动效应，群起仿效之风更盛。

1979年起，"童派"呼声先在东南亚、港澳台响起，继而大陆戏迷响应，并屡屡经媒体见于报章。在大洋彼岸的美国，一方京剧票社最为繁盛的西方国土，打起了集全美票社之力的"童派国剧研究社"旗号，旗帜鲜明地为童派扬威正名，影响遍及整个北美。国内的童派之说也时有耳闻，童派已深深扎进了广大观众、戏迷和知音的心。

"童派"之谓，最大源头还是发自广大新老观众的口碑，一提童芷苓，多与"童派"挂上钩，就是在行内举办的名家研讨会场合，也出现了"童派"的字眼。众多观众称"童派"，是投给"童派"的最好选票。对艺术流派的认定与否，只有观众才是真正的上帝。

（二）化境

1982年在上海举办的一次童芷苓表演艺术研讨会上，上海剧协主席何慢先生说起一桩旧事：一天排练场上，童芷苓有把电子琴加入《尤三姐》的设想，导演甚是为难，便请教于她：那还像京剧吗？童不假思索地说："我演，就像京剧。"导演再问为什么，童一锤定音："化。"一时语惊四座，童芷苓也太自信了吧！但当场点头认可者还真不少，她敢作此狂言，基于她"胸有成竹气自华"，基于她已然"化"出了累累成果。那时复出仅三年，有童氏"化"字功的剧目已有十来出，让人无从置喙，也让人不得不信。

童芷苓自有她的想法：没经过消化的轻易不用，如一定要用，就非经自己变通不可，明明是学别人的，还不能让人看出来。她多次强调学老前辈一定要慎重，用肯定是要用的，千万不能传到自己手里糟蹋了，如用不好，干脆不用，要用就一定要"化"开来用才行。但"化"谈何容易，一要十八般武艺样样精通，拿来就有；二要头脑有灵性、有悟性，乃至无师自通。"化"不是谁想化就能化的。童芷苓不少妙构皆临场即兴而来，台上"活口"加活演，叫人怎么学？全在自己修炼。童芷苓能达到这种火候，是她多年"化"出来的。

实因童芷苓的做工和念白太出众，唱工反而居次了。其实童的唱工造诣极高，早在40年代兼学四大名旦时，童的唱工才华就为众多行内外人士所称道。到她自创风格的年代，她那富含变化的唱腔，重在唱戏、唱情、唱人，重在情感内涵和节奏力度的变化。她一开唱，眼里、脸上、身上全是戏，紧紧与唱相协调。唱来充满了立体美。

京剧板式中她最喜欢 [散板]、[摇板]，自由度大的板式可供她恣意驰骋，还有就是 [南梆子]、[四平调] 这类长于抒情的板式。她历次赴台，身体状态日非，但她的唱工依然雷动全场，何故？还是因她唱情感人使然，她不求险腔取胜，不为讨彩而发，有时偶尔也有鹤唳九天的激扬高腔，可更多的还是平易委婉、旋律多变的腔，有时甚至近于叙话，就因唱情到位，唱出了人物"心戏"，正如戏迷称道的那样："彩声会从肚子里被她勾了出来。"

童芷苓50年代中后期逐步走上了用"心"演戏的探索之路，一方面表现在她对剧本的精研、对人物的渗透和对人物内心密码的深度解读，最大限度地释放出人物的内心活动，并艺术地让观众随她一起进入体验。童芷苓的成功恰恰是在京剧领域化用了电影和话剧的艺术元素，从而形成了一种有别于老流派的新型流派。另一方面，表现在综合运用她所拥有的全部表现手段，不仅风格上化入了荀、梅、程、王各家，在"四功五法"中还增加了她在联合国演讲示范时专门提到的"心法"。她多年致力于传统表演手法与生活化表演的和谐，在此基础上艺术性地表现了生活真实。她的新戏强调内心情感，把握内心节奏，注重心绪强化，这与西方崇尚的内心演技派已然相通。正因如此，童芷苓1981

年访美时,内心演技派大师斯特拉、艾德拉对她赞不绝口,彼此有着太多的共同语言。

体验性艺术和表现性艺术的结合就是以京剧为代表的中国戏曲,传统京剧中的表现性往往是第一位的,而童芷苓在强化"表现"的同时深化了体验,达到了两个拳头都硬的境界,也达到了体验和表现在"化"中达到和谐的高度。

在继承大师创作方法基础上,童芷苓突出了"心"和"化","心"是演心戏,"化"是指化用,化用是为"心戏"服务的,两者结合,童芷苓艺事便直趋化境。

她的"化"无处不在,让人有一种说不清楚的感觉,她的戏化用了各家之长,妙在浑然天成,不见斧凿,使人醒目的是满台童芷苓风格,此皆"化"之功也。童的"化"还在于生活化表演和传统表现手段的和谐,既让人在美妙的京剧技艺中看到生活化表演,又能让人在强调生活真实的同时突出艺术真实,从而在戏中让人能时时欣赏到京剧的艺术美。

"化境",这正是近乎自由王国的境界。事实上童芷苓确已达到了信手拈来皆成文章的高度,但任凭腾挪变化,她始终不离"京"字,不离京剧固有的内在规律,让人觉得她演的的确是京剧,这就是学问。

人们津津乐道的是童派的技术内容,须知童派也有丰富的学术内容。即使没有高深的理论武装,照样在她六十年艺事实践中经由不断的学、悟、创,而逐渐由自发转向自觉,走上了一条符合戏曲规律和尊重戏曲美学的光明大道,这对童芷苓而言,应是偶然中之必然。她在朴素的语言中会不时口吐珠玑,诸如"败家子和守财奴"的提法;"新眼光和高科技"的提法;对观众引导和适应兼顾的提法;艺术家贵在突破的提法;艺术竞争出戏出人出流派的提法;演戏演的是节奏的提法;演心戏要有心法,要有心理节奏的提法……若无厚实的艺事内涵和丰富的舞台经验,童芷苓决计说不出这类精辟见解,即使附庸风雅,一听也便知是假。

童芷苓有自己的审美追求,剧本也罢,舞台也罢,她眼里容不得一粒沙子。她懂得鉴别,她懂得取舍,其审美境界与昔时已不可同日而语。她所追求的正是戏曲美和时代美的统一。

童芷苓包括心戏在内的情感表演向来受人所重。戏曲是体验和表现相结合的艺术,戏曲讲究"情动于衷而形于外",不同于影视、话剧的体验派艺术,戏曲要把生活上升为诗化的、洗练的、夸张的、有强烈感染力的审美形式。京剧的情感表演,无论从生活出发去创造,还是向影视、话剧去借鉴,情感表现必须加工为戏曲的体验和表现,做到真实性(生活化)和戏曲美的统一,童芷苓无疑是这方面的杰出代表。因为她敢于把电影、话剧手法化于戏曲之中,并在探索和实践中取得重大成果。

说童芷苓艺入化境,洵非虚誉。

(三)敢为天下先

在京剧中寻找人生的童芷苓,一辈子立志、拼搏、超越、突破,从而创下了一系列第一和之"最"。

40年代童芷苓上座极盛,在当时坤伶辈中非冠即亚,被誉为"坤伶皇座";百艺杂陈的娱乐戏风靡剧坛,时尚潮流把她推为坤界"杂家"第一人——"劈纺大王";"十旦九荀"的荀派群体中的第一传人;影剧双栖的骄子,舞台和银幕两边飘红的女伶之魁;夺京剧与电影、话剧融化创新的首席。

"文革"后东山再起,复出的老一代旦行名家中,状态之佳、成果之丰、声名之隆、影响之大,童芷苓当推第一;80年代香港公演盛况为"文革"后任何一次赴港大陆艺术团所不及。众多名家在香江都留下上佳的记录,相对言之,演出最频、评价最高、观众最为狂热,且在港能十多年来长期保持盛势的还是童芷苓。

美国纽约美华艺术中心颁发的"亚洲最杰出艺人奖"是颇具权威性的一个奖项,由她实现了零的突破,成了大陆获此殊荣的第一人;京剧唱进联合国,童又开辟新纪元,有此突破性业绩的仅童芷苓一人;大陆演员赴台湾,童芷苓打的是头阵,在台湾,能授以"国宝级演员"封号的,也唯有第一个踏上宝岛的童芷苓。

若论出台之频繁,童芷苓名列前茅自不待言。新中国成立前,在童芷苓走红的40年代,她每年演期之长和上台的频繁程度已难考证,但肯定是其中佼佼者。"文革"后的十九年,她的演出走向,遍及京津沪和六大行政区,还遍及港澳台和美国东西部,创"文革"后京剧演员演出地域空间之最。"文革"复出后登台次数,据不完全统计,当在350场左右。如此频繁上台,如此五湖四海,"文革"后侪辈中又有何人?这一数字也足以保证童芷苓的又一之"最"。面对京剧市场萎缩,名家登台日稀的现实,即使正当盛年的一代,演出时空也十分有限,何况老辈?像童芷苓那样满世界跑,甚至一如当年,在各地一期一期地公演，简直难以想象。

童芷苓身体力行弘扬国粹于海外舞台。在中国京剧票社最为繁盛的美国，美东、美西分别以纽约和洛杉矶为中心，联合全美各大票社成立了东西部两大"童派国剧研究社"，海外传"道"，有此盛景，也只有童芷苓了。

"文革"后，经童芷苓精心设计、精心加工，且充分体现童芷苓表演风格（或童派风格）的剧目有《宇宙锋》、《杀惜》、《金玉奴》、《戏凤》、《铁弓缘》、《武则天》、《尤三姐》、《红娘》、《勘玉钏》、《谢瑶环》、《王熙凤》、《活捉》、《打渔杀家》、《四郎探母》（萧太后）、《四郎探母》（坐宫、盗令）、《樊江关》、《苏武牧羊》、《龙凤呈祥》、《大登殿》、《庄子弃妻》等二十余出，其中半数是童派小本戏和荀、梅两家流派戏，另一半是传统骨子老戏，童派风格贯穿在全部三大类剧目中。童芷苓以其花甲、古稀之年，"文革"后在剧目上如此丰富多彩，而且贵在每戏较昔日都有大幅度提升，无一不闪耀出自己所创的艺术风格，这一数字也堪称童芷苓之最。

经粗略估算，童芷苓会戏当在350出以上。就以新中国成立后起算，新编戏和改编戏加在一起，新戏共有20出，如《龙女牧羊》、《二度梅》、《新台恨》、《佘赛花》、《彩楼记》、《孟丽君》、《三请樊梨花》、《劈山救母》、《赵一曼》、《送肥记》、《十二寡妇征西》等。这一数字在新中国成立后旦行中也属凤毛麟角。新中国成立后骨子老戏和流派经典戏中的童芷苓风格出新的有《樊江关》、《金玉奴》、《苏武牧羊》、《勘玉钏》、《铁弓缘》、《宇宙锋》、《戏凤》、《杀惜》、《汉明妃》、《红娘》、《普罗蒂》、《四郎探母》等十多出，与新戏加在一起，呈现童芷苓风格的剧目有35出左右，这在新中国成立后旦行中也属屈指可数。如把新中国成立后（包括"文革"复出后）其他演出剧目算在一起，总数将多达60出以上，这又是一项天文数字。

童芷苓登上了当代花衫的巅峰，也留下了奋发图强的精神楷模和变革图新的创作样板，如果说她少时已闪萤火之光，长成渐显星宿之辉，那20世纪后期的童芷苓则是皓月之明了。

博大而精深的艺术胜境，常使人可望而不可及，入川虽难，终有登蜀之道，只要学到她心与志一的坚强意志，锲而不舍的修行功夫，博采兼收的艺术修养，与时俱进的创造精神，坚持不懈的进取信念，就不是不可逾越的。

但愿往事并不如烟，我们是不应该忘记童芷苓的，就像不应该忘记曾为人类奉献过美的所有艺术家一样。

但愿童芷苓的艺术一生能在今天得以光大。她的大成之路值得今人深思。

精彩的故事可以虚构，但精彩的人生不能编造，时间是最公正的审判官。

不受魔，不成佛；

有志者，事竟成。

图书在版编目（CIP）数据

坤伶皇座：童芷苓/朱继彭著.—上海：上海
人民出版社,2014
（菊坛名家丛书）
ISBN 978 - 7 - 208 - 12407 - 3

Ⅰ.①坤… Ⅱ.①朱… Ⅲ.①童芷苓(1922～1995)
—传记 Ⅳ.①K825.78

中国版本图书馆 CIP 数据核字(2014)第 139372 号

责任编辑　马瑞瑞
封面设计　傅惟本

· 菊坛名家丛书 ·
坤伶皇座：童芷苓
朱继彭　著
世 纪 出 版 集 团
上海人民大版社出版
（200001　上海福建中路 193 号　www.ewen.cc）
世纪出版集团发行中心发行
上海商务联西印刷有限公司印刷
开本 720×1000　1/16　印张 18.75　插页 6　字数 270,000
2014 年 9 月第 1 版　2014 年 9 月第 1 次印刷
ISBN 978 - 7 - 208 - 12407 - 3/K · 2251
定价 45.00 元